알고리듬 III

KB208662

이렇게 하면
나도 프로그램을
잘 만들 수 있다

알고리듬을 만들 때 배열이 어떻게 사용될까?

김석현 지음

머리말

알고리듬은 프로그램의 주춧돌입니다.

많은 알고리듬 책들이 출간되어 있습니다. 어떻게 알고리듬을 만드는지를 설명하는 것이 아니라 이미 선배들에 의해서 만들어진 많은 정렬과 검색 알고리듬을 개념적으로 설명합니다. 그리고 특정 프로그래밍 언어로 코드를 구현해 놓고, 빅오 표기법 (Big-Oh Notation)으로 알고리듬의 수행 소요시간에 대한 수학적인 평가만을 강조하고 있습니다.

보통 사람들을 위해 쓰인 책이 아니라 소위 천재라고 하는 사람들을 위해 쓰인 책이라는 느낌이 듭니다. 알고리듬 책을 읽다 보면, 잘 이해가 되지 않습니다. 따라서 모든 알고리듬을 외우고자 합니다. 이러한 상황이다 보니 알고리듬은 어려운 것이고 프로그래밍과 상관이 없는 것처럼 보이고, 등한시하는 경향이 있습니다.

실제 예로 컴퓨터 공학 전공 학생에게 알고리듬 과목은 전공 필수 과목인데도 기피과목 중 하나가 되어 버렸습니다. 학생들 사이에는 흔히 "학점 받고 싶으면, 알고리듬은 듣지 마라.", "프로그램을 만드는 데 쓸모도 없는 걸 왜 배우는지 모르겠다.", "외우고, 산술계산만 잘하면 성적은 나올 것이다." "어차피 회사 가면 알아서 배운다." 등등 말들이 나돌고 있고, 알고리듬 과목은 매우 지루하고 단순한 암기 과목에 불과하다는 인식이 팽배합니다.

매우 잘못된 생각입니다. 왜냐하면, 프로그래밍은 문제를 풀어 알고리듬을 만들고, 만들어진 알고리듬으로 프로그래밍 언어를 사용하여 프로그램을 만드는 일입니다. 따라서 프로그래밍과 알고리듬을 떼려야 뗄 수 없는 것입니다. 프로그래밍을 잘하기 위해서는 먼저 알고리듬을 잘 이해해야 합니다. 그리고 문제를 풀어 알고리듬을 만들 수 있어야 합니다. 알고리듬은 프로그래밍의 기초입니다. 알고리듬은 프로그래밍의 시작이자 프로그램의 주춧돌이고 받침돌입니다.

이 책은 왜 알고리듬이 중요한 것인지, 어떻게 문제를 풀어 알고리듬을 만드는지, 어떻게 알고리듬으로 프로그램을 만드는지를 누구나 이해할 수 있도록 설명하고 있습니다. 그래서 나만의 프로그램을 만들고자 하는 사람이면, 나이, 성별, 학력, 전공과 상관없이 누구나 알고리듬을 만드는 방법을 배워 훌륭한 프로그램을 만들어 보다 편한 세상을 만들 수 있기를 바라는 것입니다.

이 책을 집필하는 데 있어 많은 분에게 도움을 받았습니다. 그분들에게 지면을 통해서라도 감사하다는 말씀을 드리고 싶습니다.

2015년 1월

김 석 현

"이렇게 하면 나도 프로그램을 잘 만들 수 있다(나프잘)" 시리즈로 공부란?

나프잘 시리즈로 공부한다는 것은 소프트웨어 개발 분야를 체계적으로 배우고 자주 경험하여 문제를 익숙하게 잘 다루는 방법과 문제 해결 능력을 갖추도록 하는 것입니다.
시험을 대비해서 성적을 잘 받기 위해 많은 문제 유형의 패턴을 머리로 외워서 정답을 찾는 능력을 갖추도록 하는 것이 아닙니다. 우리가 살아가는 데 있어 부닥치는 복잡한 문제를 풀어 컴퓨터가 처리하도록 하는 프로그램을 만들어 보다 편한 세상을 만드는 법을 배우는 것입니다.
따라서 새로운 방법으로 공부해야 합니다. 나무를 보고 숲을 보고자 했다면, 숲을 보고 나무를 보는 방법으로 바꾸어야 합니다.

1. 나에게 투자하십시오.

공부하려고 하면 책은 사야 합니다. 공부하고자 하면서 책은 사지 않으려고 합니다. 이미 공부할 마음이 없는 것입니다. 하다가 어렵고 힘들면 하지 않겠다는 생각이면 공부할 마음이 없는 것입니다. 처음 하는 것이라 낯설어서 익숙하지 않으므로 어려운 것은 당연합니다. 또한, 어려우므로 배우는 것 아닙니까.
끝까지 최선을 다하지 못하고, "어렵다!", "어렵다!"라면서 자신에게 최면을 걸다 보면, 어느 순간 어렵다는 이유로 변명하고 도중에 그만두게 됩니다. 이러한 생각이면 시작하지 마십시오. 돈, 시간, 노력 낭비입니다. 차라리 다른 분야를 공부하는 것이 좋습니다.
익숙해지는 데 시간과 노력이 필요합니다. 책도 사고, 많은 시간 동안 노력해야 합니다. 자신에게 투자해야 합니다. 투자 없이 이익을 챙기고자 한다면, 도둑놈이거나 사기꾼입니다. 세상에 공짜는 없다는 것을 명심하십시오.

2. 나 자신을 알아야 합니다.

누구나 자신은 항상 천재라고 생각하는 경향이 있습니다. 처음이라면서 한 번 읽으면 이해해야만 한다고 생각하는 것 같습니다. 소설이나 만화책처럼 누구나 알고 있는 지식과 경험으로 읽으면 머릿속에 그림이 그려지면서 이해가 잘 되면 얼마나 좋겠습니까?

누구나 알고 있는 지식과 경험만으로 이해할 수 없는 전문분야를 다루는 책을 한 번 읽고 이해하려는 것은 과욕입니다. 내가 알고 있는 지식과 경험으로 이 책을 보는 데 한참 부족하다는 것을 인정하십시오.

3. 내 것인 체하지 마십시오.

책을 사서 책꽂이에 장식한다고 내 것이 되지 않습니다. 책을 읽고 머리로만 이해했다고 내 것이 되지 않습니다. 책을 읽고 읽어 머리로 이해하고, 몸으로 실천할 수 있어야 비로소 책은 내 것이 됩니다.

4. 숲을 봅시다.

정독하지 마시고, 빠르게 훑어보기로 여러 번 읽도록 하세요. 전체 그림을 그려야 합니다. 최소한 세 번 이상을 빠르게 읽어 어떠한 내용이 어떠한 순서로 어디에 있는지를 확인하고, 자신에 맞게 어떠한 내용을 어떠한 순서로 읽어야 하는지를 목차로 만드십시오. 또한, 용어들에 익숙해지도록 해야 합니다. 용어 사전을 만들어 보는 것도 좋은 방법입니다.

5. 나무를 봅시다.

책의 내용을 개략적으로 이해했다면, 문제를 풀어 생각을 정리한 결과물을 만들어 내십시오. 문제를 풀어 결과물을 만들 때 모르는 부분이 있으면 나무를 보듯이 책에서 관련 부분을 찾아 정독하고 적용하십시오.

아는 것이 없어 못 한다든지, 모르기 때문에 못한다든지 핑계를 대지 마십시오. 책에서 제시하는 대로 따라서 해 보세요. 도전하십시오. 도전하지 않으면, 절대 하나도 얻지 못합니다. 그리고 문제를 풀 때 머리로 다 푼 다음 종이와 연필로 정리하지 마십시오.

논리는 상식, 세계인이 이해하도록 하고자 하면, 보편적 사고에 맞게 정리된 것을 말합니다. 결과물을 만들 때는 상식에 맞게 생각하고 정리되는지를 점검하십시오.

알고 있는 범위에서 최고의 결과물을 만든다는 생각으로 최선을 다하세요. 설령 결과물이 책의 내용과 많이 다를지라도 결과물을 만들 때는 나 자신을 바치세요.

6. 발표합시다.

자신이 만든 결과물을 사람들에게 이야기해 보세요. 환자와 학생이 가져야 하는 자세는 나의 상태를 의사나 선생에게 정확하게 알리는 것입니다. 책에서 제시한 것에 따라 만든 결과물을 친구, 선배 혹은 선생에게 발표하세요. 발표할 때는 가르친다는 생각으로 하세요. 가장 많이 배울 수 있는 것은 내 생각을 다른 사람에게 정확하게 전달해 보는 것입니다. 다시 말해서 가르치는 것입니다. 따라서 가르치는 것은 배우는 것입니다.

7. 피드백을 즐겨야 합니다.

나의 결과물을 본 사람에게 반드시 느낌이나 조언을 구하세요. 설령 칭찬이 아니라 쓴소리일지라도 조언을 구하세요. 칭찬보다는 쓴소리를 달게 받아들여야 합니다. 이때는 조용히 듣기만 하세요.

그렇게 함으로써 결과물에서 잘된 부분과 잘못된 부분, 비효율적인 부분과 효율적인 부분을 명확하게 찾을 수 있을 것입니다. 다시 말해서 내가 아는 것과 모르는 것을 명확하게 구분할 수 있을 것입니다. 또한, 남의 생각을 듣다 보면 새로운 생각을 할 수 있게 됩니다.

8. 시나브로 되풀이하십시오.

피드백으로 알게 된 잘못된 부분과 비효율적인 부분을 바로 잡거나 개선해야 합니다. 그렇게 하려면, 이해하지 못한 것을 집중적으로 공부해야 합니다. 이때 책에 관련 내용을 찾아 정독하고 적용하십시오.

잘못된 부분과 비효율적인 부분을 없애고자 하거나 피드백에서 얻은 새로운 생각으로 문제를 풀기 위해서 4, 5, 6, 7번을 반복해야 합니다. 이렇게 여러 번 하게 되면, 책의 내용이 머리로 기억되는 것이 아니라 몸으로 기억하게 될 것입니다. 따라서 몸으로 기억하기 위해서는 많은 노력과 시간이 필요합니다. 몸으로 기억하면, 작업 환경이 만들어 지면, 몸이 스스로 움직이게 되고, 훌륭한 결과물을 만들어 내게 됩니다. 창의적인 혹은 창조적인 작업은 이러한 방식으로 순환적입니다.

사람의 기억력이란 영원하지 않는데, 몇 시간 공부하고, 며칠 후에 머리에 기억되어 있는지 없는지를 확인하는 바보 멍청이가 되지 않도록 하십시오.

9. 나만의 방법을 만듭시다.

책에서 배운 방법이 가장 효율적인 것이 아닐 것입니다. 많은 문제에 적용해 보면, 비효율적인 부분이 발견되거나, 적용되지 않을 수 있습니다. 이럴 때는 책에서 배운 방법을 개선하거나 재구성해서 효율적인 나만의 방법을 만들어야 합니다.

10. 우리를 사랑합시다.

성공하고자 하거나 삶의 의미를 찾고자 한다면, 나를 위해 살기 보단 다른 이들을 위해 살아야 합니다. 다른 이들을 위하다 보면 좋은 아이디어를 찾을 수 있습니다. 좋은 아이디어를 찾았으면, 다른 이들을 위해 "내가 하지 않으면 누구도 할 수 없다"는 의무감을 갖고, 나만의 방법으로 일을 즐겨야 합니다. 그래서 소비적인 가치보다는 생산적인 가치를 만들어, 우리 모두 더 살기 좋은 세상을 만들도록 노력하십시오.

>> 일러두기

1. 이 책을 읽기가 어렵다고 생각되시면, "C & JAVA 프로그래밍 입문" 편 세 권을 먼저 읽어 보세요. 최소한 1권인 노랑은 반드시 읽어 보고, 알고리듬 편을 읽을 때 찾아 읽고 적용하도록 하십시오.

2. 발표와 피드백은 네이버 카페 "프로그래밍을 배우자"를 이용하십시오. cafe.naver.com/parkcom1990

3. C언어나 JAVA언어 같은 프로그래밍 언어를 공부하는 방법은 1장부터 마지막 장까지 정독하지 마십시오. 미친 짓입니다. 기필코 1장부터 마지막 장까지 정독하면서 공부하고자 한다면, 프로그래밍 언어를 배울 때는 어떠한 기능을 언제, 어떻게 사용하는지를 공부하십시오. "왜 이렇게 해야 할까?"라는 생각을 완전히 지우십시오. 왜냐하면, 문법은 반드시 지켜야 하는 약속이기 때문입니다.

4. 나프잘로 공부할 때 C언어나 JAVA언어로 구현하는 부분에서 C언어나 JAVA언어의 문법을 모른다고 C언어나 JAVA 언어의 문법부터 공부하고 하겠다는 생각을 버리고 철저하게 제시되는 알고리듬마다 구현 방법에 집중하십시오. 이때 C언어나 JAVA언어 같은 프로그래밍 언어로 알고리듬을 프로그램으로 변환할 때 필요한 기능을 설명하고 구현 방법을 설명하고 있습니다. 필요한 기능에 대해 설명이 부족하다고 생각되면, 그때 C언어나 JAVA언어 책에서 찾아 읽고 적용하도록 하십시오. 그렇게 많은 문제를 C언어나 JAVA언어로 구현해 보면 C언어나 JAVA언어의 문법이 몸에 체득되어 있을 것입니다.

Contents

많은 데이터가 기억장소에 저장되어야 하는 데, 데이터 하나를
저장하는 변수(Variable)로 독립된 기억장소를 할당하여 사용하여
처리한다면, 어떻게 해야 할까? 결론은 처리할 때 죽을 맛이다.
한번 해 보자.

algorithm

무엇이 문제일까?

01

|CHAPTER|

무엇이 문제일까?

객관식 시험을 보았다. 시험지에 출제된 문항은 열 개다. 객관식 시험 문제의 정답이 입력되고, 열 명의 학생이 작성한 답안이 번호 순으로 입력되었을 때 채점하는 알고리듬을 작성하라. 한 문제에 대해 맞았을 때 10점으로 매긴다. 60점 미만이면 *로 표시하자.

[입력]
10개의 정답과 열 명의 학생에 대해 번호순으로 학생 한 명당 10개의 답안이 입력된다.

[출력]
번호, 점수 그리고 등수를 출력한다.

[예시]
[모범답안]

4	3	4	2	1	3	2	1	4	2

[학생답안] 한 줄에 한 명의 학생의 답안이다. 10명에 대해 입력된다.

4	3	4	2	1	3	1	2	2	4
3	4	1	2	2	3	1	2	4	2
4	3	4	2	1	3	2	1	4	2
3	3	3	2	2	2	4	4	4	1
4	3	2	1	1	2	3	4	3	2
1	2	3	4	4	3	2	1	2	3
4	3	4	2	1	3	2	1	4	4
4	3	2	4	1	3	2	1	4	3
3	4	2	1	3	2	1	4	4	2
4	3	4	1	2	3	3	2	2	3

번호	점수	등수	표시
1	60	4	
2	40	5	*
3	100	1	
...	...	...	

제시된 문제를 보면, 많은 데이터가 처리되어야 한다는 것을 알 수 있다. 입력되는 데이터만 해도 10개의 정답과 학생 한 명당 10개의 답안이 열 명의 학생에 대해 입력되어야 하므로 100개이다. 또한, 열 명의 학생에 대해 10개의 점수와 10개의 등수, 그리고 합해서 10개의 공백과 별표(*)까지 무려 140개의 데이터를 처리해야 한다.

이렇게 많은 데이터가 기억장소에 저장되어야 하는 데, 데이터 하나를 저장하는 변수(Variable)로 독립된 기억장소를 할당하여 사용하여 처리한다면, 어떻게 해야 할까? 결론은 처리할 때 죽을 맛이다. 한번 해 보자. 먼저 여러분이 풀어보자.

1.1 배경도

많은 데이터를 처리해야 하는 알고리듬이나 프로그램을 변수 개념으로 만들 때 어려움이나 비효율적인 면을 몸으로 체험하도록 하자. 왜? 이 책에서 설명해야 하는 내용을 배워야 하는 이유이기 때문이다.

먼저 배경도(Context Diagram)를 작도하자. 모듈을 그린다. 가운데에 타원을 그리고 모듈 이름을 적는다. 그리고 왼쪽에 타원 쪽으로 향하는 화살표를 그려 입력데이터를 적고, 오른쪽에 타원에서부터 멀어지는 화살표를 그려 출력데이터를 적는다.

10개의 정답은 입력되어 반드시 기억장소에 저장되어야 한다. 입력되는 학생 답안과 비교하여 채점해야 하기 때문이다. 학생 열명에 대해 100개의 학생 답안은 입력되어 반드시 저장하지 않더라도 10개의 학생 답안을 저장해야 하고 학생 열명에 대해 점수는 반드시 저장되어야 한다. 등수를 매기기 위해서는 10개의 점수가 다 있어야 하므로 점수는 반드시 저장되어야 한다. 그리고 점수에 의해 평가한 결과인 표시도 출력해야 하므로 10개의 표시가 다 있어야 하므로 표시는 반드시 저장되어야 한다.

10개의 정답과 10개의 답안이 입력되어야 한다. 10개의 답안을 입력하는 것을 10번 해야 한다. 100개를 저장할 필요 없이 학생 한 명당 10개의 답안을 입력받아 정답과 비교하여 처리하면 되므로 배경도에서는 열 개의 답안만 입력데이터로 적었다. 10개의 점수, 10개의 등수 그리고 10개의 표시가 출력되어야 한다.

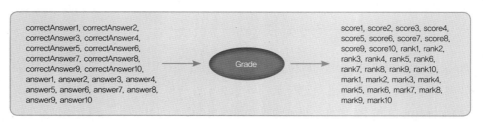

물론 10개의 정답과 한 명의 학생의 답안 10개를 번호순으로 같이 입력하도록 한다면, 정답과 답안을 입력하는 데 필요한 각각 변수 한 개씩 2개의 변수만 필요하다. 그렇지만, 정답과 답안을 동시에 입력한다는 것은 논리에 맞지 않고, 10명의 학생 답안을 입력할 때 정답도 같이 입력되어야 하므로 정답에 대해 입력 오류도 발생할 수 있으므로 이러한 방식은 좋지 않다. 그래서 10개의 정답을 모두 입력받아 놓고, 학생 한 명당 10개의 답안을 입력하는 방식으로 설계했다.

1.2 자료명세서와 처리과정

배경도의 Grade 모듈에 대해 알고리듬을 설계해 보자. 변수 개념으로 많은 데이터를 처리하는 것이 번거롭다는 것만 이해하면 되므로 배경도의 Grade 모듈에 대해 알고리듬을 설계해 보자. 자료명세서와 처리 과정을 작성해 보자.

자료명세서는 학생 수 10명에 대해 기호상수 STUDENTS로 정리하고, 배경도에 적힌 50개의 데이터에 대해 정답과 답안은 입력, 점수, 등수, 표시는 출력으로 구분하고 정답, 답안, 점수와 등수의 자료형은 정수, 표시는 문자로 정리하자. 자료명세서는 여러분이 직접 정리해 보자.

처리 과정을 적어 보자. 다음과 같이 정리될 것이다. 자세한 내용은 3장에서 공부하자.

1. 정답들을 입력받는다.
2. 학생 수만큼 반복한다.
       2.1. 답안들을 입력받는다.
       2.2. 점수를 매기다.
       2.3. 평가하다.
3. 학생 수만큼 반복한다.
       3.1. 등수를 매기다.
4. 학생 수만큼 반복한다.
       4.1. 점수, 등수, 표시를 출력한다.
5. 끝내다.

1.3 나씨-슈나이더만 다이어그램

자료명세서와 처리 과정으로 나씨-슈나이더만 다이어그램을 작도해 보자.

처리 과정에서 처리 단계 "5. 끝내다."에 대해 작도해 보자. 맨 위쪽과 맨 아래쪽에 순차 구조 기호를 작도하고, 맨 위쪽 순차 구조 기호에 start를 적고, 맨 아래쪽 순차 구조 기호에 stop을 적는다.

start

stop

다음은 자료명세서에 정리된 데이터를 변수로 선언하자. start가 적힌 순차 구조 기호 아래쪽에 순차 구조 기호를 작도하자. 순차 구조 기호에 자료명세서에 적힌 데이터들을 쉼표로 구분하여 적자.

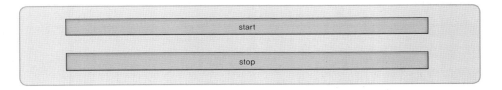

start
STUDENTS = 10, correctAnswer1, correctAnswer2, correctAnswer3, correctAnswer4, correctAnswer5, correctAnswer6, correctAnswer7, correctAnswer8, correctAnswer9, correctAnswer10, answer1, answer2, answer3, answer4, answer5, answer6, answer7, answer8, answer9, answer10, score1, score2, score3, score4, score5, score6, score7, score8, score9, score10, rank1, rank2, rank3, rank4, rank5, rank6, rank7, rank8, rank9, rank10, mark1, mark2, mark3, mark4, mark5, mark6, mark7, mark8, mark9, mark10
stop

"1. 정답들을 입력받는다." 처리단계에 대해 작도해 보자. 처리단계의 명칭에서 알 수 있듯

이 입력이다. 입력은 전형적인 순차 구조이다. 그래서 변수를 선언하는 순차 구조 기호 아래쪽에 순차 구조 기호를 작도하자. 그리고 순차 구조 기호에 read를 적고, 입력받은 데이터를 저장할 변수들을 쉼표로 구분하여 적자. 열 개의 정답을 입력받아야 하므로 정답 변수들을 쉼표로 구분하여 적는다.

```
                              start
STUDENTS = 10, correctAnswer1, correctAnswer2, correctAnswer3, correctAnswer4, correctAnswer5,
correctAnswer6, correctAnswer7, correctAnswer8, correctAnswer9, correctAnswer10, answer1, answer2,
answer3, answer4, answer5, answer6, answer7, answer8, answer9, answer10, score1, score2, score3,
score4, score5, score6, score7, score8, score9, score10, rank1, rank2, rank3, rank4, rank5,
rank6, rank7, rank8, rank9, rank10, mark1, mark2, mark3, mark4, mark5, mark6, mark7, mark8,
mark9, mark10
    read correctAnswer1, correctAnswer2, correctAnswer3, correctAnswer4, correctAnswer5,
        correctAnswer6, correctAnswer7, correctAnswer8, correctAnswer9, correctAnswer10
                              stop
```

"2. 학생 수만큼 반복한다." 처리단계에 대해 작도해 보자. 학생 수는 열 명이다. 반복횟수가 정해진 경우이다. 이럴 때 for 반복구조를 작도해야 한다. 반복횟수를 저장해야 하는 반복제어변수가 필요하다. 자료명세서와 나씨-슈나이더만 다이어그램에 반복제어변수 i를 추가하자.

```
                              start
STUDENTS = 10, correctAnswer1, correctAnswer2, correctAnswer3, correctAnswer4, correctAnswer5,
correctAnswer6, correctAnswer7, correctAnswer8, correctAnswer9, correctAnswer10, answer1, answer2,
answer3, answer4, answer5, answer6, answer7, answer8, answer9, answer10, score1, score2, score3,
score4, score5, score6, score7, score8, score9, score10, rank1, rank2, rank3, rank4, rank5,
rank6, rank7, rank8, rank9, rank10, mark1, mark2, mark3, mark4, mark5, mark6, mark7, mark8,
mark9, mark10, i
    read correctAnswer1, correctAnswer2, correctAnswer3, correctAnswer4, correctAnswer5,
        correctAnswer6, correctAnswer7, correctAnswer8, correctAnswer9, correctAnswer10
                              stop
```

ㄱ자형 반복 구조 기호를 작도하자. 반복 구조 기호에 for 키워드를 적고 소괄호를 여닫자. 반복제어변수의 초기식을 작성하여 소괄호에 적고, 조건식에 대해서는 최대치, 변경식에 대해서는 증감치를 쉼표를 구분하여 소괄호에 적자.

```
                                    start

    STUDENTS = 10, correctAnswer1, correctAnswer2, correctAnswer3, correctAnswer4, correctAnswer5,
    correctAnswer6, correctAnswer7, correctAnswer8, correctAnswer9, correctAnswer10, answer1, answer2,
    answer3, answer4, answer5, answer6, answer7, answer8, answer9, answer10, score1, score2, score3,
    score4, score5, score6, score7, score8, score9, score10, rank1, rank2, rank3, rank4, rank5,
    rank6, rank7, rank8, rank9, rank10, mark1, mark2, mark3, mark4, mark5, mark6, mark7, mark8,
    mark9, mark10, i

       read correctAnswer1, correctAnswer2, correctAnswer3, correctAnswer4, correctAnswer5,
            correctAnswer6, correctAnswer7, correctAnswer8, correctAnswer9, correctAnswer10

    for ( i = 1, STUDENTS, 1 )


                                    stop
```

학생이 열 명이므로 열 번 반복해야 하므로, 초깃값은 1이다. 초기식은 i = 1이다. 조건식
은 i가 STUDENTS보다 작거나 같은지 관계식 i ≤ STUDENTS이다. 관계식을 적는 것
이 아니라 최대횟수인 STUDENTS만 적는다. 변경식은 1씩 증가해야 하므로 i = i + 1이
다. 조건식에서처럼 식을 적는 것이 아니라 상수만 적어야 한다. 더해지는 값인 증가치 1
만 적어야 한다.

"2.1. 답안들을 입력받는다." 처리단계에 대해 작도해 보자. 처리 단계의 명칭에서 알 수 있
듯이 입력 기능이다. 전형적인 순차 구조라서 순차 구조 기호를 작도하자. 그리고 순차 구
조 기호에 read를 적고, 입력되는 데이터를 저장하는 변수들을 쉼표로 구분하여 적자. 학
생 한 명에 대해 열 개의 답안을 입력받아야 하므로, 답안 변수들을 쉼표로 구분하여 적자.

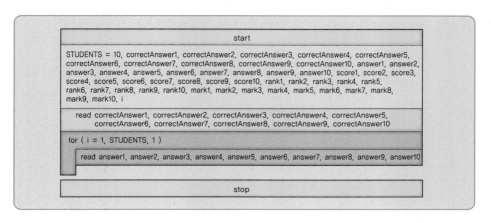

"2.2. 점수를 매기다." 처리단계에 대해 작도해보자. 입력된 열 개의 정답과 열 개의 답안
에 대해 차례로 같은지 비교하여 같으면 맞은 개수를 세어야 한다. 몇 개 맞았는지를 저장

하는 변수가 하나 필요하다. 자료명세서와 나씨-슈나이더만 다이어그램에 개수 count를 추가해야 한다.

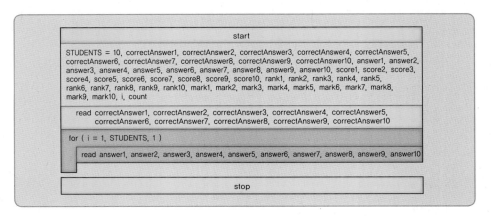

맞으면 개수를 하나씩 세어야 한다. 개수 count는 누적되어야 한다. 따라서 초기화되어야 한다. 그렇지만 count는 초기화보다는 원위치로 해야 한다. 왜 그러할까? 초기화한다면, 열 명의 학생이 맞힌 개수가 될 것이다. 열 명의 학생이 맞힌 개수가 아니라 학생 한 명당 맞힌 개수를 세어야 한다. 기억 기능이므로 순차 구조이다. 답안들을 입력하는 순차 구조 기호 아래쪽에 순차 구조 기호를 작도한다. 순차 구조 기호에 count = 0 치환식을 적는다.

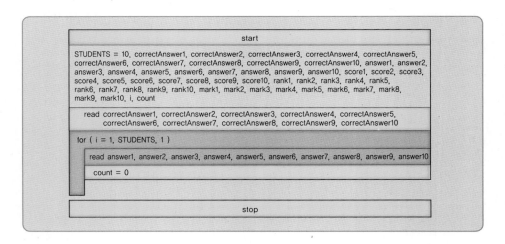

다음은 정답과 답안을 비교하여 맞으면 개수를 세어야 한다. 단순 선택 구조이어야 한다. 먼저 비교해야 하므로 선택 구조 기호를 작도해야 한다. 조건식은 첫 번째 정답 correctAnswer1과 첫 번째 답안 answer1이 같은지를 평가해야 한다. 따라서 조건식은 correctAnswer1

= answer1이다. 조건식을 역삼각형 영역에 적고, 왼쪽 삼각형에 TRUE, 오른쪽 삼각형에 FALSE를 적는다.

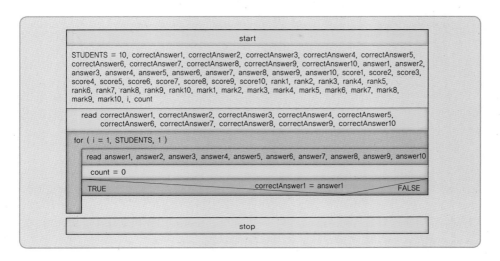

맞으면 개수를 세어야 한다. 산술 연산과 기억 기능이므로 전형적인 순차 구조이다. TRUE가 적힌 삼각형 크기만큼 선택 구조 기호 아래쪽에 순차 구조 기호를 그린다. 순차 구조 기호에 count를 하나씩 증가하는 식을 작성하여 적는다.

```
                              start
STUDENTS = 10, correctAnswer1, correctAnswer2, correctAnswer3, correctAnswer4, correctAnswer5,
correctAnswer6, correctAnswer7, correctAnswer8, correctAnswer9, correctAnswer10, answer1, answer2,
answer3, answer4, answer5, answer6, answer7, answer8, answer9, answer10, score1, score2, score3,
score4, score5, score6, score7, score8, score9, score10, rank1, rank2, rank3, rank4, rank5,
rank6, rank7, rank8, rank9, rank10, mark1, mark2, mark3, mark4, mark5, mark6, mark7, mark8,
mark9, mark10, i, count
    read correctAnswer1, correctAnswer2, correctAnswer3, correctAnswer4, correctAnswer5,
         correctAnswer6, correctAnswer7, correctAnswer8, correctAnswer9, correctAnswer10
for ( i = 1, STUDENTS, 1 )
    read answer1, answer2, answer3, answer4, answer5, answer6, answer7, answer8, answer9, answer10
    count = 0
    TRUE              correctAnswer1 = answer1              FALSE
    count = count + 1
                              stop
```

틀리면 아무런 처리 없이 아래쪽으로 실행 제어만 이동시킨다. FALSE가 적힌 삼각형 크기만큼 순차 구조 기호를 그린다. 순차 구조 기호에는 아래쪽으로 향하는 화살표만 작도한다.

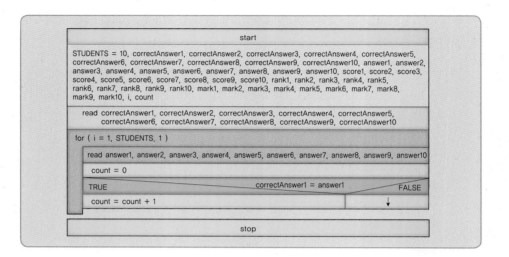

다음은 두 번째 정답 correctAnswer2와 두 번째 답안 answer2를 비교하여 맞으면 개수를 세고 틀리면 아래쪽으로 실행 제어만 이동하도록 작도해야 한다. 첫 번째 정답 correctAnswer1 과 첫 번째 답안 answer1을 비교할 때처럼 제어 구조 기호들을 작도한다.

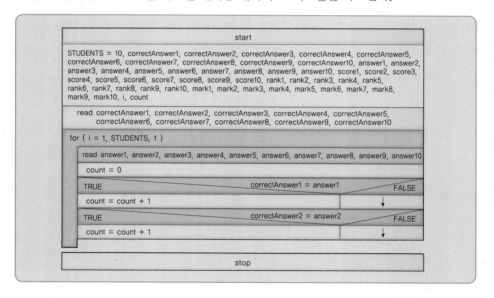

세 번째부터 열 번째까지 정답과 답안을 비교하여 개수를 세는 제어 구조를 여러분이 직접 작도해 보자.

```
                              start

STUDENTS = 10, correctAnswer1, correctAnswer2, correctAnswer3, correctAnswer4, correctAnswer5,
correctAnswer6, correctAnswer7, correctAnswer8, correctAnswer9, correctAnswer10, answer1, answer2,
answer3, answer4, answer5, answer6, answer7, answer8, answer9, answer10, score1, score2, score3,
score4, score5, score6, score7, score8, score9, score10, rank1, rank2, rank3, rank4, rank5,
rank6, rank7, rank8, rank9, rank10, mark1, mark2, mark3, mark4, mark5, mark6, mark7, mark8,
mark9, mark10, i, count

    read correctAnswer1, correctAnswer2, correctAnswer3, correctAnswer4, correctAnswer5,
         correctAnswer6, correctAnswer7, correctAnswer8, correctAnswer9, correctAnswer10

for ( i = 1, STUDENTS, 1 )

    read answer1, answer2, answer3, answer4, answer5, answer6, answer7, answer8, answer9, answer10

    count = 0

    TRUE                        correctAnswer1 = answer1                    FALSE
    count = count + 1                                                         ↓
    TRUE                        correctAnswer2 = answer2                    FALSE
    count = count + 1                                                         ↓
    TRUE                        correctAnswer3 = answer3                    FALSE
    count = count + 1                                                         ↓
    TRUE                        correctAnswer4 = answer4                    FALSE
    count = count + 1                                                         ↓
    TRUE                        correctAnswer5 = answer5                    FALSE
    count = count + 1                                                         ↓
    TRUE                        correctAnswer6 = answer6                    FALSE
    count = count + 1                                                         ↓
    TRUE                        correctAnswer7 = answer7                    FALSE
    count = count + 1                                                         ↓
    TRUE                        correctAnswer8 = answer8                    FALSE
    count = count + 1                                                         ↓
    TRUE                        correctAnswer9 = answer9                    FALSE
    count = count + 1                                                         ↓
    TRUE                        correctAnswer10 = answer10                  FALSE
    count = count + 1                                                         ↓

                              stop
```

이렇게 해서 학생 한 명에 대해 맞힌 개수를 세게 된다. 다음은 맞힌 개수에 10을 곱하여 점수를 구해서 해당 학생의 점수로 저장해야 한다. 첫 번째 반복이면 첫 번째 학생의 점수 score1에 저장해야 하고, 두 번째 반복이면, 두 번째 학생의 점수 score2에 저장해야 한다. 번호순으로 입력되기 때문이다.

이번에는 다중 선택 구조를 사용하여 해당 학생의 점수를 저장해야 한다. 열 번째 정답 correctAnswer10과 열 번째 답안 answer10을 비교하여 개수를 센 선택 구조 기호 아래쪽에 선택 구조 기호를 그린다. 반복횟수가 학생의 번호와 같으므로 i를 조건식에 사용하여 1부터 10까지 정수형 상수와 같은지 관계식을 작성하여 조건식으로 역삼각형 영역에 적는다. 왼쪽 삼각형에 TRUE를 적고, 오른쪽 삼각형에 FALSE를 적는다. TRUE가 적힌 삼각형 아래쪽에 순차 구조 기호를 작도하고 해당 학생의 점수에 저장한다. FALSE가 적힌 삼각형 아래쪽에는 다시 선택 구조 기호를 작도하는 방식으로 다중 선택구조를 만든다.

나씨-슈나이더만 다이어그램에 해당 부분을 작도해 보면, 오른쪽으로 치우쳐 작도되게 되어 반복 구조 기호도 아래쪽으로 늘려 그려야 하고, 개수를 세는 선택 구조 기호들도 오른쪽으로 늘려 그려야 해서 보기가 쉽지 않을 것이다. 이러한 문제들을 피하고자 편집상 해당 부분만 따로 작도하도록 하겠다. 여러분은 따로 작도된 부분도 반복 구조에서 처리하는 내용이라는 점은 잊지 않도록 하자.

첫 번째 선택 구조는 첫 번째 학생의 점수 score1에 저장해야 하므로 선택 구조 기호를 그리고 선택 구조 기호에 학생 번호가 1인지 확인하는 조건식으로 i = 1을 적어야 한다.

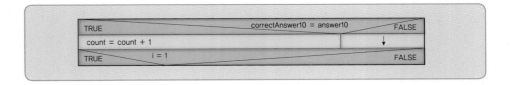

1번 학생이면, 맞힌 개수에 10을 곱하여 점수를 구해서 score1에 저장해야 한다. 산술 연산과 기억 기능이므로 TRUE가 적힌 삼각형 아래쪽에 삼각형 크기만큼 순차 구조 기호를 그린다. 그리고 오른쪽 값으로는 산술식 count * 10을 적고 왼쪽 값으로는 score1을 적어 치환식을 적는다.

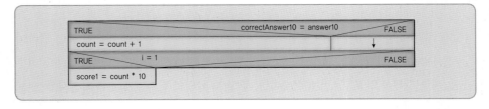

다음은 2번 학생의 점수를 구하는 제어 구조를 작도해 보자. 1번 학생이 아니라서 선택 구조 기호에 적힌 조건식 i = 1을 평가했을 때 거짓일 때 제어 구조를 작도해야 한다. i = 1이 적힌 선택 구조 기호에서 FALSE가 적힌 삼각형 크기만큼 아래쪽에 선택 구조 기호를 그

려야 한다. 선택 구조 기호의 역삼각형에 2번 학생인지 확인해야 하므로 조건식 i = 2를 적는다. 왼쪽 삼각형에 TRUE를 적고, 오른쪽 삼각형에 FALSE를 적는다. 조건식 i = 2를 평가했을 때 참이면, 2번 학생의 점수를 구하여 저장하면 된다. TRUE가 적힌 삼각형 크기만큼 아래쪽에 순차 구조 기호를 그린다. 순차 구조 기호에 count에 10을 곱하여 점수를 구하는 식을 오른쪽 값으로 score2를 왼쪽 값으로 치환식을 적으면 된다.

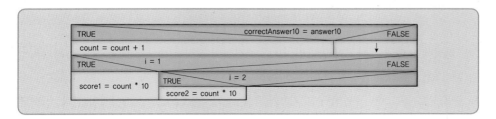

3번 학생부터 10번 학생까지 점수를 구하는 제어 구조를 여러분이 직접 작도해 보자. 작도하는 데 매우 번거롭고 귀찮을 것이다. 여하튼 이러한 선택 구조를 다중 선택 구조라고 한다. 여기까지 하면 열 명의 학생에 대해 채점을 했다.

다음은 "2.3. 평가하다." 처리단계에 대해 작도해 보자. 구해진 점수가 60점 미만이면 별표로 표시해야 한다. 60점 이상이면 공백으로 처리해야 한다. 양자 선택 구조이다. 이 처리도 학생마다 해야 하므로 특히 학생마다 표시 변수에 별표나 공백을 저장해야 하므로 "2.2. 점수를 매기다."에서처럼 번호를 확인하는 선택 구조가 필요하다.

1번 학생에 대해 처리하고자 한다면, i = 1 조건식으로 적힌 선택 구조에서 참으로 평가되었을 때 점수를 구하는 식이 적힌 순차 구조 기호 아래쪽에 선택 구조 기호를 그린다. 조건식은 1번 학생 점수 score1이 60보다 작은지 관계식 score1 〈 60이다. 조건식을 적는 역삼각형에 관계식을 적는다. 다음은 양자 선택 구조이므로 TRUE가 적힌 삼각형 아래쪽에 삼각형 크기만큼 순차 구조 기호를 그리고, 1번 학생 표시 mark1에 '*'를 저장하는 치환식을 적으면 되고, FALSE가 적힌 삼각형 크기만큼 아래쪽에 순차 구조 기호를 그리고 1번 학생 표시 mark1에 공백을 저장하는 치환식을 적는다.

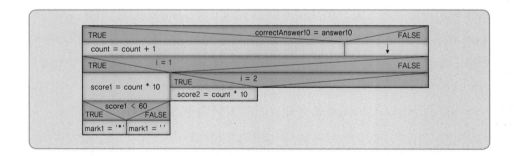

2번 학생에 대해 처리하고자 한다면, i = 2 조건식이 적힌 선택 구조에서 참으로 평가되었을 때 TRUE가 적힌 삼각형 아래쪽 점수를 구하는 식이 적힌 순차 구조 기호 아래쪽에 선택 구조 기호를 그린다. 선택 구조 기호에 적힌 조건식은 score2 < 60이어야 한다. 참이면 별표를 저장하는 치환식이 적힌 순차 구조 기호, 거짓이면 공백을 저장하는 치환식이 적힌 순차 구조 기호가 그려져야 한다.

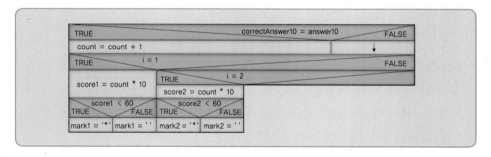

● 3번 학생부터 10번 학생까지 평가하는 제어 구조를 여러분이 직접 작도해 보자.

작도하기가 매우 번거롭고 짜증 나게 할 것이다. 또한, 그려진 제어 구조를 보면, 이해하기도 쉽지 않고, 정리되지 않는 기분이 들 것이다. 이럴 때 나씨-슈나이더만 다이어그램에서는 다른 다중 선택 구조를 제공한다. 이러한 다중 선택 구조를 case 구조라고 한다. case 구조는 위에서 만들어진 다중 선택 구조처럼 같은지를 확인하는 등가 비교이고 관계식에 사용된 자료형이 정수일 때만 사용할 수 있다.

case 구조를 그리는 방법은 다음과 같다. 선택 구조이므로 먼저 선택 구조 기호를 그린다. 조건식을 적는 역삼각형에 관계식이나 논리식을 적는 것이 아니라 등가 비교식에 사용된 변수나 첨자 연산자를 사용하여 배열요소를 적는다. TRUE가 적힌 삼각형 아래쪽에 조건식의 개수만큼 순차 구조 기호를 그리고 등가 비교식에 사용된 정수형 상수를 적는다. 정수형 상수가 적힌 순차 구조 기호 아래쪽에 제어 구조 기호를 그려 제어 구조를 작도한다. TRUE 쪽에는 반드시 default가 적힌 순차 구조 기호를 그리고, 시스템에 의해서 처리되어야 하는 제어 구조를 작도해야 한다.

앞에서 작성한 다중 선택 구조를 case 구조로 작도해 보자. 먼저 선택 구조 기호를 그린다. 조건식에 사용된 변수 i를 조건식을 적는 역삼각형에 적는다.

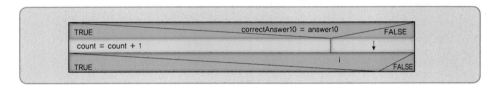

TRUE가 적힌 삼각형 아래쪽에 조건식의 개수만큼 이 문제에서는 열 개의 순차 구조 기호를 그리고, 조건식에 사용된 상수, 1, 2, 3, … 10을 적는다. 마지막은 default가 적힌 순차 구조 기호를 그린다.

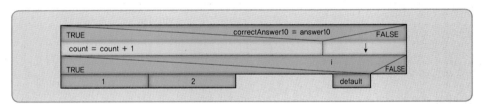

정수형 상수가 적힌 순차 구조 기호 아래쪽에 점수를 구하는 식을 적은 순차 구조 기호와 평가하는 선택 구조 기호와 순차 구조 기호들을 그린다.

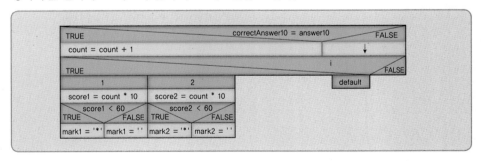

● 3번 학생부터 10번 학생까지 여러분이 직접 작도해 보자.

default가 적힌 순차 구조 기호 아래쪽에 순차 구조 기호를 그리고, 아래쪽으로 향하는 화살표를 그린다. 이 문제에서는 시스템에 의해서 처리되어야 하는 내용이 없다.

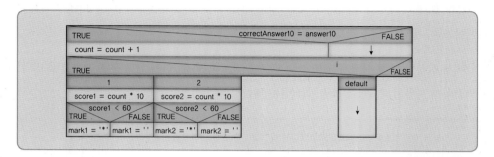

거짓일 때도 처리할 내용이 없다. FALSE가 적힌 삼각형 아래쪽에 순차 구조 기호를 그리고 아래쪽으로 향하는 화살표를 그린다.

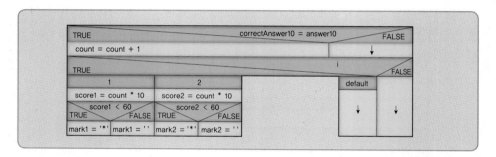

이렇게 해서 "2. 학생 수만큼 반복한다." 처리단계에 대해 작도가 끝났다. 여기까지 나씨–슈나이더만 다이어그램을 정리하면 다음과 같다. case 구조는 편집상 마무리 짓지 못했다. 여러분이 마무리해 보도록 하자.

start

STUDENTS = 10, correctAnswer1, correctAnswer2, correctAnswer3, correctAnswer4, correctAnswer5, correctAnswer6, correctAnswer7, correctAnswer8, correctAnswer9, correctAnswer10, answer1, answer2, answer3, answer4, answer5, answer6, answer7, answer8, answer9, answer10, score1, score2, score3, score4, score5, score6, score7, score8, score9, score10, rank1, rank2, rank3, rank4, rank5, rank6, rank7, rank8, rank9, rank10, mark1, mark2, mark3, mark4, mark5, mark6, mark7, mark8, mark9, mark10, i, count

read correctAnswer1, correctAnswer2, correctAnswer3, correctAnswer4, correctAnswer5, correctAnswer6, correctAnswer7, correctAnswer8, correctAnswer9, correctAnswer10

for (i = 1, STUDENTS, 1)

read answer1, answer2, answer3, answer4, answer5, answer6, answer7, answer8, answer9, answer10

count = 0

TRUE — correctAnswer1 = answer1 — FALSE
count = count + 1

TRUE — correctAnswer2 = answer2 — FALSE
count = count + 1

TRUE — correctAnswer3 = answer3 — FALSE
count = count + 1

TRUE — correctAnswer4 = answer4 — FALSE
count = count + 1

TRUE — correctAnswer5 = answer5 — FALSE
count = count + 1

TRUE — correctAnswer6 = answer6 — FALSE
count = count + 1

TRUE — correctAnswer7 = answer7 — FALSE
count = count + 1

TRUE — correctAnswer8 = answer8 — FALSE
count = count + 1

TRUE — correctAnswer9 = answer9 — FALSE
count = count + 1

TRUE — correctAnswer10 = answer10 — FALSE
count = count + 1

TRUE — correctAnswer10 = answer10 — FALSE
count = count + 1

TRUE — i — FALSE

1	2	3	default	
score1 = count * 10	score2 = count * 10	score3 = count * 10	↓	↓
score1 < 60	score2 < 60	score3 < 60		
TRUE / FALSE	TRUE / FALSE	TRUE / FALSE		
mark1 = '*' / mark1 = ' '	mark2 = '*' / mark2 = ' '	mark3 = '*' / mark3 = ' '		

stop

● 처리 단계 3과 4는 여러분이 직접 작도해 보자.

처리 단계 2를 참고하면 작성할 수 있을 것이다. 제어 구조가 비슷하기 때문이다. 귀찮아하지 말고, 반드시 작성해 보도록 하자. 단순 선택 구조, 양자 선택 구조, 다중 선택 구조까지 모든 선택 구조를 정리할 수 있다.

1.4 구현

다음은 C언어로 구현해 보자. 배경도와 나씨-슈나이더만 다이어그램으로 구현하는 방법을 공부해 보자. 또한, case 구조가 C언어로 어떻게 구현되는지를 공부해보자.

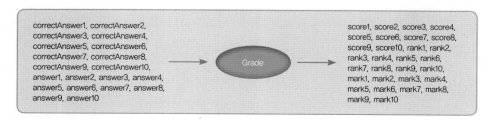

배경도에서 모듈 이름 Grade를 원시 코드 파일 이름으로 하여 원시 코드 파일 Grade.c 를 만들자. 원시 코드 파일의 첫 번째 줄에 한 줄 주석으로 원시 코드 파일 이름을 적자.

C코드
```
// Grade.c
```

배경도를 참고하여 프로그램에 관해 설명을 달도록 하자.

C코드
```
// Grade.c
/ ***********************************************************
  파일 이름 : Grade.c
  기   능 : 정답들, 답안들을 입력받아 채점하고, 등수를 매기도록 하자.
  작 성 자 : 김 석 현
  작성 일자 : 2014-12-17
 ***********************************************************/
```

배경도를 보면 모듈이 하나이다. 함수를 하나 만들어야 한다. 그런데 함수 하나를 가지지만 만들어진 프로그램은 실행되어야 한다. 그렇다면, main 함수를 작성해야 한다. 왜냐하면, main 함수는 운영체제에 의해서 호출되는 함수이기 때문이다. main 함수를 선언하자.
main 함수는 권장하는 함수 원형이 있다. 권장하는 함수 원형을 적자.

C코드

```
// Grade.c
/ ***********************************************************
  파일 이름 : Grade.c
  기    능 : 정답들, 답안들을 입력받아 채점하고, 등수를 매기도록 하자.
  작 성 자 : 김 석 현
  작성 일자 : 2014-12-17
  ***********************************************************/
// 함수 선언
int main( int argc, char *argv[] );
```

main 함수가 선언되었으므로 다음은 main 함수를 정의하자. 나씨-슈나이더만 다이어그
램으로 함수를 정의하자.

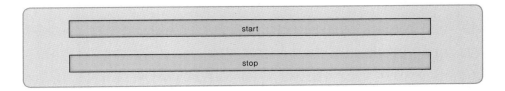

함수 원형을 그대로 적고 마지막에 있는 세미콜론을 지워 함수 머리를 만들자. 나씨-슈나이
더만 다이어그램에서 start가 적힌 순차 구조 기호에 대해 함수 머리가 적힌 줄에 중괄호를 열
고, stop이 적힌 순차 구조 기호에 대해 다음 줄에 중괄호를 닫아 main 함수 몸체를 만들자.

C코드

```
// Grade.c
/ ***********************************************************
  파일 이름 : Grade.c
  기    능 : 정답들, 답안들을 입력받아 채점하고, 등수를 매기도록 하자.
  작 성 자 : 김 석 현
  작성 일자 : 2014-12-17
  ***********************************************************/
// 함수 선언
int main( int argc, char *argv[] );

// 함수 정의
int main( int argc, char *argv[] ) {
}
```

main 함수 몸체에서는 자동 변수 선언문, 제어문, return 문장을 차례로 작성하면 된다.

```
STUDENTS = 10, correctAnswer1, correctAnswer2, correctAnswer3, correctAnswer4, correctAnswer5,
correctAnswer6, correctAnswer7, correctAnswer8, correctAnswer9, correctAnswer10, answer1, answer2,
answer3, answer4, answer5, answer6, answer7, answer8, answer9, answer10, score1, score2, score3,
score4, score5, score6, score7, score8, score9, score10, rank1, rank2, rank3, rank4, rank5,
rank6, rank7, rank8, rank9, rank10, mark1, mark2, mark3, mark4, mark5, mark6, mark7, mark8,
mark9, mark10, i, count
```

변수를 선언하는 순차 구조 기호를 C언어로 구현해 보자. 기호상수는 매크로를 작성해야
하고, 변수는 자동변수로 선언해야 한다.

기호상수부터 C언어로 구현해 보자. 기호상수에 대해서는 매크로를 작성해야 한다. 매크
로 형식은 다음과 같다.

C코드

```
#define 매크로이름 치환문자열
```

매크로는 한 줄에 하나씩 작성되어야 한다. 줄의 맨 처음에 #define를 적고, 공백 문자를
두고 기호상수 STUDENTS를 매크로 이름으로 적는다. 매크로 이름 뒤에 공백 문자를 두
고 정수형 상수 10을 치환 문자열로 적는다. 원시 코드 파일에서 매크로가 작성되는 위치
는 대부분 프로그램을 설명하는 주석 다음이다.

C코드

```
// Grade.c
/ *****************************************************************
    파일 이름 : Grade.c
    기   능 : 정답들, 답안들을 입력받아 채점하고, 등수를 매기도록 하자.
    작 성 자 : 김석현
    작성 일자 : 2014-12-17
    *****************************************************************/
// 매크로
#define STUDENTS 10

// 함수 선언
int main( int argc, char *argv[] );

// 함수 정의
int main( int argc, char *argv[] ) {
}
```

다음은 함수 블록에 작성되어야 하는 문장들에서 먼저 변수 선언 문장부터 작성해 보자. C
언어에서 자동 변수 선언 문장의 형식은 다음과 같다.

C코드
```
auto 자료형 변수이름[=초깃값];
```

C언어에서 제공하는 자료형을 정리해야 한다. 정답, 답안, 점수, 등수는 정수형이다. 음수가 필요치 않고, 값의 범위가 0에서 100 사이의 값으로 충분히 처리될 수 있다. 따라서 unsigned short int 이면 충분할 것이다. 세 개의 키워드로 자료형을 처리한다는 것이 번거롭겠다. typedef 로 자료형 이름 UShort를 만들어 사용하자. 자료형 이름을 선언하는 위치는 함수를 선언하는 위치보다는 앞이다.

C코드
```
// Grade.c
/ ***************************************************************
   파일 이름 : Grade.c
   기    능 : 정답들, 답안들을 입력받아 채점하고, 등수를 매기도록 하자.
   작 성 자 : 김 석 현
   작성 일자 : 2014-12-17
***************************************************************/
// 매크로
#define STUDENTS 10

// 자료형 이름 선언
typedef unsigned short int UShort;

// 함수 선언
int main( int argc, char *argv[] );

// 함수 정의
int main( int argc, char *argv[] ) {
}
```

표시는 문자형이다. C언어에서는 char이다. 자료형이 정리되었다. 자동변수를 선언해 보자. 변수를 선언하는 순차 구조 기호에 적힌 순서대로 correctAnswer1부터 선언하자.

main 함수 블록에서 들여쓰기하고 변수를 선언하자. 먼저 auto를 적어야 하는데 적지 않더라도 컴파일러에 의해서 추가되므로 대부분 생략한다. 그래서 생략하도록 하겠다. 자료형 UShort을 적고 공백 문자를 두고 변수 이름 correctAnswer1을 적고 마지막에 세미콜론을 적자.

C코드
```
// Grade.c
/ ***********************************************************
    파일 이름 : Grade.c
    기     능 : 정답들, 답안들을 입력받아 채점하고, 등수를 매기도록 하자.
    작 성 자 : 김 석 현
    작성 일자 : 2014-12-17
    ***********************************************************/
// 매크로
#define STUDENTS 10

// 자료형 이름 선언
typedef unsigned short int UShort;

// 함수 선언
int main( int argc, char *argv[] );

// 함수 정의
int main( int argc, char *argv[] ) {
    UShort correctAnswer1;
}
```

보통 변수는 의미가 다르므로 한 줄에 하나씩 선언한다. 그렇지만, correctAnswer1, correctAnswer2, correctAnswer3처럼 의미가 같을 때는 한 줄에 선언해도 무방하다.

한 줄에 여러 개의 변수를 선언할 때는 자료형을 적고 공백을 두고 변수이름들을 쉼표로 구분하여 적고 줄의 끝에 세미콜론을 적는다.

C코드
```
// Grade.c
/ ***********************************************************
    파일 이름 : Grade.c
    기     능 : 정답들, 답안들을 입력받아 채점하고, 등수를 매기도록 하자.
    작 성 자 : 김 석 현
    작성 일자 : 2014-12-17
    ***********************************************************/
// 매크로
#define STUDENTS 10

// 자료형 이름 선언
typedef unsigned short int UShort;

// 함수 선언
int main( int argc, char *argv[] );

// 함수 정의
int main( int argc, char *argv[] ) {
    UShort correctAnswer1, correctAnswer2, correctAnswer3,
```

```
        correctAnswer4, correctAnswer5, correctAnswer6, correctAnswer7,
        correctAnswer8, correctAnswer9, correctAnswer10;
}
```

한 줄에 여러 개의 변수를 선언할 때는 너무 길어 편집기에서 좌우로 스크롤이 되지 않도록 하자. 두 줄 이상 여러 줄로 변수를 선언하자.

C코드
```
// Grade.c
/ *****************************************************************
   파일 이름 : Grade.c
   기    능 : 정답들, 답안들을 입력받아 채점하고, 등수를 매기도록 하자.
   작 성 자 : 김 석 현
   작성 일자 : 2014-12-17
   *****************************************************************/
// 매크로
#define STUDENTS 10

// 자료형 이름 선언
typedef unsigned short int UShort;

// 함수 선언
int main( int argc, char *argv[] );

// 함수 정의
int main( int argc, char *argv[] ) {
    UShort correctAnswer1, correctAnswer2, correctAnswer3,
        correctAnswer4, correctAnswer5, correctAnswer6,
    correctAnswer7, correctAnswer8, correctAnswer9, correctAnswer10;
}
```

답안들, 점수들, 등수들 관련 변수들을 여러분이 직접 선언해보자.

C코드
```
// Grade.c
/ *****************************************************************
   파일 이름 : Grade.c
   기    능 : 정답들, 답안들을 입력받아 채점하고, 등수를 매기도록 하자.
   작 성 자 : 김 석 현
   작성 일자 : 2014-12-17
   *****************************************************************/
// 매크로
#define STUDENTS 10

// 자료형 이름 선언
typedef unsigned short int UShort;
```

```
// 함수 선언
int main( int argc, char *argv[] );

// 함수 정의
int main( int argc, char *argv[] ) {
    UShort correctAnswer1, correctAnswer2, correctAnswer3,
        correctAnswer4, correctAnswer5, correctAnswer6,
    correctAnswer7, correctAnswer8, correctAnswer9, correctAnswer10;
    UShort answer1, answer2, answer3, answer4, answer5, answer6,
        answer7, answer8, answer9, answer10;
    UShort score1, score2, score3, score4, score5, score6,
        score7, score8, score9, score10;
    UShort rank1, rank2, rank3, rank4, rank5, rank6, rank7, rank8,
        rank9, rank10;
}
```

다음은 표시들 관련 변수를 선언해 보자.

C코드
```
// Grade.c
/ ********************************************************************
    파일 이름 : Grade.c
    기    능 : 정답들, 답안들을 입력받아 채점하고, 등수를 매기도록 하자.
    작 성 자 : 김 석 현
    작성 일자 : 2014-12-17
   *********************************************************************/
// 매크로
#define STUDENTS 10

// 자료형 이름 선언
typedef unsigned short int UShort;

// 함수 선언
int main( int argc, char *argv[] );

// 함수 정의
int main( int argc, char *argv[] ) {
    UShort correctAnswer1, correctAnswer2, correctAnswer3,
        correctAnswer4, correctAnswer5, correctAnswer6,
    correctAnswer7, correctAnswer8, correctAnswer9, correctAnswer10;
    UShort answer1, answer2, answer3, answer4, answer5, answer6,
        answer7, answer8, answer9, answer10;
    UShort score1, score2, score3, score4, score5, score6,
        score7, score8, score9, score10;
    UShort rank1, rank2, rank3, rank4, rank5, rank6, rank7, rank8,
        rank9, rank10;
    char mark1, mark2, mark3, mark4, mark5, mark6, mark7, mark8,
        mark9, mark10;
}
```

반복제어변수 i와 count는 여러분이 직접 변수를 선언해 보자.

C코드

```
// Grade.c
/ ********************************************************************
   파일 이름 : Grade.c
   기    능 : 정답들, 답안들을 입력받아 채점하고, 등수를 매기도록 하자.
   작 성 자 : 김 석 현
   작성 일자 : 2014-12-17
   ********************************************************************/
// 매크로
#define STUDENTS 10

// 자료형 이름 선언
typedef unsigned short int UShort;

// 함수 선언
int main( int argc, char *argv[] );

// 함수 정의
int main( int argc, char *argv[] ) {
    UShort correctAnswer1, correctAnswer2, correctAnswer3,
        correctAnswer4, correctAnswer5, correctAnswer6,
    correctAnswer7, correctAnswer8, correctAnswer9, correctAnswer10;
    UShort answer1, answer2, answer3, answer4, answer5, answer6,
        answer7, answer8, answer9, answer10;
    UShort score1, score2, score3, score4, score5, score6,
        score7, score8, score9, score10;
    UShort rank1, rank2, rank3, rank4, rank5, rank6, rank7, rank8,
        rank9, rank10;
    char mark1, mark2, mark3, mark4, mark5, mark6, mark7, mark8,
        mark9, mark10;
    UShort i;
    UShort count;
}
```

다음은 처리 과정으로 코드에 관해 설명을 달도록 하자. 한 줄 주석으로 처리 단계를 옮겨 적는다.

```
// Grade.c
/ ****************************************************************
    파일 이름 : Grade.c
    기    능 : 정답들, 답안들을 입력받아 채점하고, 등수를 매기도록 하자.
    작 성 자 : 김 석 현
    작성 일자 : 2014-12-17
    **************************************************************** /
// 매크로
#define STUDENTS 10

// 자료형 이름 선언
typedef unsigned short int UShort;

// 함수 선언
int main( int argc, char *argv[] );

// 함수 정의
int main( int argc, char *argv[] ) {
    UShort correctAnswer1, correctAnswer2, correctAnswer3,
        correctAnswer4, correctAnswer5, correctAnswer6,
    correctAnswer7, correctAnswer8, correctAnswer9, correctAnswer10;
    UShort answer1, answer2, answer3, answer4, answer5, answer6,
        answer7, answer8, answer9, answer10;
    UShort score1, score2, score3, score4, score5, score6,
        score7, score8, score9, score10;
    UShort rank1, rank2, rank3, rank4, rank5, rank6, rank7, rank8,
        rank9, rank10;
    char mark1, mark2, mark3, mark4, mark5, mark6, mark7, mark8,
        mark9, mark10;
    UShort i;
    UShort count;

    // 1. 정답들을 입력받는다.
    // 2. 학생 수만큼 반복한다.
        // 2.1. 답안들을 입력받는다.
        // 2.2. 점수를 매기다.
        // 2.3. 평가하다.
    // 3. 학생 수만큼 반복한다.
        // 3.1. 등수를 매기다.
    // 4. 학생 수만큼 반복한다.
        // 4.1. 점수, 등수, 표시를 출력한다.
    // 5. 끝내다.
}
```

다음은 "1. 정답들을 입력받는다." 처리단계에 대해 입력하는 순차 구조 기호를 C언어로 구현해 보자.

```
read correctAnswer1, correctAnswer2, correctAnswer3, correctAnswer4, correctAnswer5,
     correctAnswer6, correctAnswer7, correctAnswer8, correctAnswer9, correctAnswer10
```

C언어에서는 키보드 입력과 모니터 출력은 라이브러리 함수를 사용해야 한다. 먼저 라이브러리 함수 설명서를 참고하여 어떠한 라이브러리 함수를 사용할지를 결정해야 한다. 많은 입출력 관련 라이브러리 함수들을 제공하지만, 키보드 입력에는 scanf 함수, 모니터 출력에는 printf 함수가 많이 사용된다.

다음은 먼저 라이브러리 함수를 사용하고자 한다면, 먼저 라이브러리 함수 원형을 복사하도록 지시해야 한다. 사용하고자 하는 라이브러리 함수 원형이 적혀있는 헤더 파일에서 전처리기가 복사하도록 지시해야 한다. 매크로 형식은 다음과 같다.

C코드

```
#include <헤더파일이름>
```

헤더 파일은 라이브러리 설명서에서 확인할 수 있습니다. scanf 함수와 printf 함수의 함수 원형이 적힌 헤더 파일은 stdio.h이다.

매크로는 한 줄에 하나씩 작성되어야 한다. 먼저 #include를 적고 공백 문자를 두고 부등호를 열고 닫는다. 부등호에 헤더 파일 이름을 적는다. 원시 코드 파일에서 매크로 위치는 프로그램을 설명하는 주석과 #define 매크로 사이이다.

C코드

```
// Grade.c
/ *******************************************************************
   파일 이름 : Grade.c
   기    능 : 정답들, 답안들을 입력받아 채점하고, 등수를 매기도록 하자.
   작 성 자 : 김 석 현
   작성 일자 : 2014-12-17
   *******************************************************************/
// 매크로
#include <stdio.h> // scanf, printf

#define STUDENTS 10

// 자료형 이름 선언
typedef unsigned short int UShort;
```

```
// 함수 선언
int main( int argc, char *argv[] );

// 함수 정의
int main( int argc, char *argv[] ) {
    UShort correctAnswer1, correctAnswer2, correctAnswer3,
        correctAnswer4, correctAnswer5, correctAnswer6,
    correctAnswer7, correctAnswer8, correctAnswer9, correctAnswer10;
    UShort answer1, answer2, answer3, answer4, answer5, answer6,
        answer7, answer8, answer9, answer10;
    UShort score1, score2, score3, score4, score5, score6,
        score7, score8, score9, score10;
    UShort rank1, rank2, rank3, rank4, rank5, rank6, rank7, rank8,
        rank9, rank10;
    char mark1, mark2, mark3, mark4, mark5, mark6, mark7, mark8,
        mark9, mark10;
    UShort i;
    UShort count;

    // 1. 정답들을 입력받는다.
    // 2. 학생 수만큼 반복한다.
        // 2.1. 답안들을 입력받는다.
        // 2.2. 점수를 매기다.
        // 2.3. 평가하다.
    // 3. 학생 수만큼 반복한다.
        // 3.1. 등수를 매기다.
    // 4. 학생 수만큼 반복한다.
        // 4.1. 점수, 등수, 표시를 출력한다.
    // 5. 끝내다.
}
```

다음은 scanf 함수 호출 문장을 작성해야 한다. 함수 호출 문장을 작성하기 위해서는 함수 원형을 참조해야 한다. 왜냐하면, 함수의 입출력 정보를 알아야 하기 때문이다.

C코드

```
int scanf( const char *format [,argument]... );
```

첫 번째 매개변수 입력서식(format)은 입력하는 데이터 개수와 데이터의 자료형을 문자열 리터럴로 지정해야 한다. 데이터 개수는 % 기호로 입력되는 데이터 개수만큼 적으면 되고, 자료형은 형 변환문자를 % 기호 다음에 적으면 된다.

10개의 정수형 데이터를 입력해야 하므로 % 기호를 10개 적어야 한다. 자료형이 unsigned

short int이므로 형 변환 문자 hu를 % 기호마다 뒤에 적으면 된다.

두 번째 매개변수 인수(argument)는 입력받은 데이터를 저장할 변수의 주소이다. 서식형식에서 지정한 데이터 개수만큼 변수의 주소를 지정해야 한다.

...는 가변인수를 말한다. 매개변수의 개수가 고정적이 아니라 가변적이라는 것이다. 없을수도 있고 무한개일 수도 있다는 것이다. 여기서는 10개의 데이터를 입력받아야 하므로 10개의 변수의 주소를 지정해야 한다. 변수의 주소를 구하는 방법은 변수 이름 앞에 주소 연산자 &를 적어 식을 작성하여 적으면 된다. correctAnswer1 변수의 주소를 구하는 식은 &correctAnswer1이다.

변수 선언문장과 구분하기 위해 빈 줄을 하나 삽입하고, scanf 함수 호출 문장을 작성한다. scanf 함수 이름을 적고, 소괄호를 여닫고, 소괄호에 서식 형식 문자열부터 시작하여 쉼표로 구분하여 주소를 구하는 식을 입력받은 데이터 개수에 맞게 적는다. 마지막으로 줄의 끝에 세미콜론을 적어 호출 문장으로 처리되도록 한다.

C코드

```c
// Grade.c
/ ***************************************************************
    파일 이름 : Grade.c
    기    능 : 정답들, 답안들을 입력받아 채점하고, 등수를 매기도록 하자.
    작 성 자 : 김 석 현
    작성 일자 : 2014-12-17
 ***************************************************************/
// 매크로
#include <stdio.h>

#define STUDENTS 10

// 자료형 이름 선언
typedef unsigned short int UShort;

// 함수 선언
int main( int argc, char *argv[] );

// 함수 정의
int main( int argc, char *argv[] ) {
    UShort correctAnswer1, correctAnswer2, correctAnswer3,
        correctAnswer4, correctAnswer5, correctAnswer6,
    correctAnswer7, correctAnswer8, correctAnswer9, correctAnswer10;
    UShort answer1, answer2, answer3, answer4, answer5, answer6,
        answer7, answer8, answer9, answer10;
    UShort score1, score2, score3, score4, score5, score6,
        score7, score8, score9, score10;
```

```
    UShort rank1, rank2, rank3, rank4, rank5, rank6, rank7, rank8,
        rank9, rank10;
    char mark1, mark2, mark3, mark4, mark5, mark6, mark7, mark8,
        mark9, mark10;
    UShort i;
    UShort count;

    // 1. 정답들을 입력받는다.
    scanf("%hu %hu %hu %hu %hu %hu %hu %hu %hu %hu", &correctAnswer1,
        &correctAnswer2, &correctAnswer3, &correctAnswer4,
        &correctAnswer5, &correctAnswer6, &correctAnswer7,
        &correctAnswer8, &correctAnswer9, &correctAnswer10);

    // 2. 학생 수만큼 반복한다.
        // 2.1. 답안들을 입력받는다.
        // 2.2. 점수를 매기다.
        // 2.3. 평가하다.
    // 3. 학생 수만큼 반복한다.
        // 3.1. 등수를 매기다.
    // 4. 학생 수만큼 반복한다.
        // 4.1. 점수, 등수, 표시를 출력한다.
    // 5. 끝내다.

}
```

다음은 "2. 학생 수만큼 반복한다." 처리단계의 반복 구조 기호를 C언어로 구현해 보자.

```
for ( i = 1, STUDENTS, 1 )
```

C언어에서는 for 반복문을 제공한다. C언어에서 for 반복문의 형식은 다음과 같다.

C코드

```
for(초기식; 조건식; 변경식) {
    // C언어 문장(들)
}
```

for 키워드를 적고 소괄호를 여닫는다. 소괄호에 차례로 초기식을 적고 세미콜론으로 구
분하여 조건식과 변경식을 적으면 된다. 소괄호에 반복 구조 기호에 적힌 초기식을 그대로
옮겨 적고, 조건식과 구분하기 위해서 세미콜론을 적는다. 다음은 조건식을 적는데, C언어

에서는 관계식이나 논리식을 적어야 한다. for 반복 구조 기호에서 STUDENTS인데, i가 STUDENTS보다 작거나 같은지에 대한 관계식이다. 따라서 초기식과 구분하는 세미콜론 뒤에 관계식 i <= STUDENTS를 적는다. 다음은 세미콜론으로 구분하고 변경식을 적으면 된다. for 반복 구조 기호에서 1인데, 반복제어변수 i를 1씩 증가하는 산술식과 치환식으로 표현된 누적이다. 많이 사용되는 표현은 i++이다.

닫는 소괄호 뒤에 중괄호를 열고, 다음 줄에 중괄호를 닫아 제어블록을 만든다. 제어블록은 한꺼번에 처리되는 C언어 문장들, 다시 말해서 복문을 구현하는 개념이다. 처리 과정을 보면 하위 처리 단계가 세 개이므로 최소한 세 개의 문장이 처리되어야 하므로 제어블록을 반드시 만들어야 한다.

C코드

```
// Grade.c
/ **********************************************************************
   파일 이름 : Grade.c
   기    능 : 정답들, 답안들을 입력받아 채점하고, 등수를 매기도록 하자.
   작 성 자 : 김석현
   작성 일자 : 2014-12-17
 **********************************************************************/
// 매크로
#include <stdio.h>

#define STUDENTS 10

// 자료형 이름 선언
typedef unsigned short int UShort;

// 함수 선언
int main( int argc, char *argv[] );

// 함수 정의
int main( int argc, char *argv[] ) {
    UShort correctAnswer1, correctAnswer2, correctAnswer3,
        correctAnswer4, correctAnswer5, correctAnswer6,
    correctAnswer7, correctAnswer8, correctAnswer9, correctAnswer10;
    UShort answer1, answer2, answer3, answer4, answer5, answer6,
        answer7, answer8, answer9, answer10;
    UShort score1, score2, score3, score4, score5, score6,
        score7, score8, score9, score10;
    UShort rank1, rank2, rank3, rank4, rank5, rank6, rank7, rank8,
        rank9, rank10;
    char mark1, mark2, mark3, mark4, mark5, mark6, mark7, mark8,
        mark9, mark10;
    UShort i;
    UShort count;
    // 1. 정답들을 입력받는다.
```

```
scanf("%hu %hu %hu %hu %hu %hu %hu %hu %hu %hu", &correctAnswer1,
    &correctAnswer2, &correctAnswer3, &correctAnswer4,
    &correctAnswer5, &correctAnswer6, &correctAnswer7,
    &correctAnswer8, &correctAnswer9, &correctAnswer10);
// 2. 학생 수만큼 반복한다.
for(i = 1; i <= STUDENTS; i++) {
    // 2.1. 답안들을 입력받는다.
    // 2.2. 점수를 매기다.
    // 2.3. 평가하다.
}
// 3. 학생 수만큼 반복한다.
    // 3.1. 등수를 매기다.
// 4. 학생 수만큼 반복한다.
    // 4.1. 점수, 등수, 표시를 출력한다.
// 5. 끝내다.

}
```

다음은 "2.1. 답안들을 입력받는다." 처리단계의 순차 구조 기호를 C언어로 구현해 보자.

처리 과정이나 나씨-슈나이더만 다이어그램을 보면 for 반복문의 제어블록에 구현되어야
한다. 코드를 읽기 쉽도록 들여쓰기하여 구현하자. 여러분이 직접 구현해 보자. 잘되지 않
으면, 정답들을 입력하는 순차 구조 기호를 구현한 것을 참고해 보자.

다음은 "2.2. 점수를 매기다." 처리단계의 제어 구조 기호들을 C언어로 구현해 보자.

먼저 개수를 원위치하는 순차 구조 기호부터 구현해 보자. 치환식이 적힌 순차 구조 기호
는 치환식을 그대로 옮겨 적고 줄의 끝에 세미콜론을 적어 문장으로 처리하도록 구현하면
된다. for 반복문의 제어블록에 들여쓰기하여 작성하면 된다.

```
// Grade.c
/ ****************************************************************
   파일 이름 : Grade.c
   기   능 : 정답들, 답안들을 입력받아 채점하고, 등수를 매기도록 하자.
   작 성 자 : 김 석 현
   작 성 일 자 : 2014-12-17
   **************************************************************** /
// 매크로
#include <stdio.h>

#define STUDENTS 10

// 자료형 이름 선언
typedef unsigned short int UShort;

// 함수 선언
int main( int argc, char *argv[] );

// 함수 정의
int main( int argc, char *argv[] ) {
    UShort correctAnswer1, correctAnswer2, correctAnswer3,
        correctAnswer4, correctAnswer5, correctAnswer6,
    correctAnswer7, correctAnswer8, correctAnswer9, correctAnswer10;
    UShort answer1, answer2, answer3, answer4, answer5, answer6,
        answer7, answer8, answer9, answer10;
    UShort score1, score2, score3, score4, score5, score6,
        score7, score8, score9, score10;
    UShort rank1, rank2, rank3, rank4, rank5, rank6, rank7, rank8,
        rank9, rank10;
    char mark1, mark2, mark3, mark4, mark5, mark6, mark7, mark8,
        mark9, mark10;
    UShort i;
    UShort count;

    // 1. 정답들을 입력받는다.
    scanf("%hu %hu %hu %hu %hu %hu %hu %hu %hu %hu", &correctAnswer1,
        &correctAnswer2, &correctAnswer3, &correctAnswer4,
        &correctAnswer5, &correctAnswer6, &correctAnswer7,
        &correctAnswer8, &correctAnswer9, &correctAnswer10);

    // 2. 학생 수만큼 반복한다.
    for(i = 1; i <= STUDENTS; i++) {
        // 2.1. 답안들을 입력받는다.
        scanf("%hu %hu %hu %hu %hu %hu %hu %hu %hu %hu",
            &answer1, &answer2, &answer3, &answer4, &answer5,
            &answer6, &answer7, &answer8, &answer9, &answer10);

        // 2.2. 점수를 매기다.
        count = 0;
        // 2.3. 평가하다.
    }
```

```
    // 3. 학생 수만큼 반복한다.
      // 3.1. 등수를 매기다.
    // 4. 학생 수만큼 반복한다.
      // 4.1. 점수, 등수, 표시를 출력한다.
    // 5. 끝내다.
}
```

다음은 정답과 답안을 비교하여 맞으면 개수를 세는 선택 구조를 C언어로 구현해 보자. C
언어에서는 if 선택문을 제공한다. C언어에서 if 선택문의 형식은 다음과 같다.

C코드
```
if(조건식) { // 참일 때
    // C언어 문장(들)
}
else { // 거짓일 때
    // C언어 문장(들);
}
```

if 키워드를 적고 C언어에서 조건식은 무조건 소괄호로 싸야 하므로 소괄호를 여닫아야 한
다. 소괄호에 선택 구조 기호에서 역삼각형에 적힌 관계식을 옮겨 적는다. 이때 관계 연산
자에 주의해야 한다. C언어에서는 치환 연산자 = 와 관계 연산자 ==를 명확하게 구분한다.
관계 연산자를 =가 아니라 ==로 바꾸어 적으면 된다. 단문이므로 제어블록을 설정하지 않
아도 되지만 코드를 읽기 쉽도록 하고, 개발 과정에서 추가되는 문장들을 위해 제어블록을
설정하자. 닫는 소괄호 뒤에 중괄호를 열고 다음 줄에 중괄호를 닫아 제어블록을 설정하자.
제어블록에는 조건식을 평가했을 때 참일 때 처리해야 하는 C언어의 문장(들)을 들여쓰기
하여 적는다. 선택 구조 기호에서는 TRUE가 적힌 삼각형 아래쪽에 있는 순차 구조 기호에
대해 산술식과 치환식으로 구성되는 식 문장(Expression Statement)으로 작성하면 된다.
산술식과 치환식이 적힌 순차 구조 기호에 대해서는 기호에 적힌 식(들)을 그대로 옮겨 적
고 줄의 마지막에 세미콜론을 적어 식 문장으로 처리되도록 해야 한다.

```
C코드    // Grade.c
/ *********************************************************
    파일 이름 : Grade.c
    기   능 : 정답들, 답안들을 입력받아 채점하고, 등수를 매기도록 하자.
    작 성 자 : 김 석 현
    작성 일자 : 2014-12-17
    *********************************************************/
// 매크로
#include <stdio.h>

#define STUDENTS 10

// 자료형 이름 선언
typedef unsigned short int UShort;

// 함수 선언
int main( int argc, char *argv[] );

// 함수 정의
int main( int argc, char *argv[] ) {
    UShort correctAnswer1, correctAnswer2, correctAnswer3,
        correctAnswer4, correctAnswer5, correctAnswer6,
        correctAnswer7, correctAnswer8, correctAnswer9, correctAnswer10;
    UShort answer1, answer2, answer3, answer4, answer5, answer6,
        answer7, answer8, answer9, answer10;
    UShort score1, score2, score3, score4, score5, score6,
        score7, score8, score9, score10;
    UShort rank1, rank2, rank3, rank4, rank5, rank6, rank7, rank8,
        rank9, rank10;
    char mark1, mark2, mark3, mark4, mark5, mark6, mark7, mark8,
        mark9, mark10;
    UShort i;
    UShort count;

    // 1. 정답들을 입력받는다.
    scanf("%hu %hu %hu %hu %hu %hu %hu %hu %hu %hu", &correctAnswer1,
        &correctAnswer2, &correctAnswer3, &correctAnswer4,
        &correctAnswer5, &correctAnswer6, &correctAnswer7,
        &correctAnswer8, &correctAnswer9, &correctAnswer10);

    // 2. 학생 수만큼 반복한다.
    for(i = 1; i <= STUDENTS; i++) {
        // 2.1. 답안들을 입력받는다.
        scanf("%hu %hu %hu %hu %hu %hu %hu %hu %hu %hu",
            &answer1, &answer2, &answer3, &answer4, &answer5,
            &answer6, &answer7, &answer8, &answer9,
            &answer10);

        // 2.2. 점수를 매기다.
        count = 0;
        if(correctAnswer1 == answer1) {
```

```
            count = count + 1;
        }
        // 2.3. 평가하다.
    }
    // 3. 학생 수만큼 반복한다.
        // 3.1. 등수를 매기다.
    // 4. 학생 수만큼 반복한다.
        // 4.1. 점수, 등수, 표시를 출력한다.
    // 5. 끝내다.
}
```

C언어에서는 산술식과 치환식으로 표현된 누적에 대해 다음과 같이 다양하게 표현할 수 있다.

C코드
```
count = count + 1;
count += 1;
++count;
count++;
```

관습적으로 많이 사용되는 표현은 count++; 이다.

다음은 조건식을 평가했을 때 거짓인 경우를 구현해 보자. 선택 구조 기호에서 FALSE가 적힌 삼각형 아래쪽에 있는 순차 구조 기호를 구현해 보자. 처리할 내용이 있으면 else 키워드를 적고 중괄호를 여닫아 제어블록을 설정하고, 제어블록에 들여쓰기하여 C언어 문장으로 구현하면 된다. 그렇지만 처리할 내용이 없으면 else 절을 생략해도 된다. 처리할 내용이 없다는 아래쪽으로 향하는 화살표가 작도되어 있으므로 else 절은 생략한다.

● **두 번째 선택 구조 기호부터 열 번째 선택 구조 기호들은 여러분이 직접 구현해 보자.**

여기까지 하면 맞힌 개수를 세었다. 다음은 맞힌 개수에 10을 곱하여 점수를 구하여 해당 학생의 점수에 저장하는 제어 구조 기호들을 구현해 보자.

나씨–슈나이더만 다이어그램에서 case 구조를 어떻게 C언어로 구현하는지 공부하자. C언어에서는 유사한 기능으로 switch ～ case 문장이다. case 구조에서 TRUE가 적힌 삼각형 아래쪽 제어 구조를 구현하는 기능이다. C언어에서 switch ～ case 문장의 형식은 다음과 같다.

C코드
```
switch(식) {
    case 상수: [{]
        // C언어 문장들
    [}]
    break;// break 문장
    default:
        // C언어 문장들
}
```

switch 키워드를 적고 조건식을 적어야 하므로 소괄호를 여닫고, 나씨–슈나이더만 다이어그램에서 역삼각형에 적힌 i를 소괄호에 적는다. 소괄호 뒤에 중괄호를 열고, 다음 줄에 중괄호를 닫아 제어블록을 반드시 설정해야 한다.

C코드
```
switch(i) {
}
```

제어블록에는 숫자가 적인 순차 구조 기호의 개수만큼 case 문장을 작성한다. 들여쓰기하고 case 키워드를 적고 한 칸 띄우고 숫자를 적고, 숫자 뒤에 콜론을 적는다. 이를 라벨(Label)이라고 한다. TRUE 쪽 삼각형 아래쪽에 1이 적힌 순차 구조 기호를 case 문장으로 작성해 보자. 들여쓰기하고 case 키워드를 적고 한 칸 띄우고 1을 적고 바로 콜론을 적는다.

C코드
```
switch(i) {
    case 1:
}
```

단문이면 제어블록을 설정하지 않아도 된다. 대부분 case 제어블록에서 처리해야 하는 C언어 문장을 레이블 뒤에 적는다. 1이 적힌 순차 구조 기호 아래쪽에 산술식과 치환식이 적힌 순차 구조 기호이므로 기호에 적힌 식(들)을 그대로 옮겨 적고 줄의 끝에 세미콜론을 적도록 하자.

C코드
```
switch(i) {
    case 1: score1 = count * 10;
}
```

2가 적힌 순차 구조 기호와 아래쪽에 산술식과 치환식이 적힌 순차 구조 기호를 구현해 보자. 다음 줄에 들여쓰기하고 case 키워드를 적고, 한 칸 띄우고 2를 적고 바로 뒤에 콜론을 적는다. 그리고 산술식과 치환식을 옮겨 적고 줄의 끝에 세미콜론을 적는다. 다음과 같이 구현된다.

C코드
```
switch(i) {
    case 1: score1 = count * 10;
    case 2: score2 = count * 10;
}
```

이렇게 구현되면 문제가 있다. case 1이 실행되고 난 후 switch 블록을 벗어나는 것이 아니라 아래쪽으로 이동하여 case 2도 실행되므로 1번 학생의 점수가 2번 학생의 점수가 되기 때문에 문제가 있다. 그래서 나씨-슈나이더만 다이어그램에서 보는 것처럼 case 1이 실행되면 바로 switch 블록을 벗어나도록 구현되어야 한다. for, while, switch 제어블록을 벗어나도록 하는 문장이 break 문장이다. 따라서 case 문장이 실행되고 난 후 바로 break 문장이 실행되도록 해야 한다. break를 적고 세미콜론을 적어 문장으로 처리되도록 한다.

C코드
```
switch(i) {
    case 1: score1 = count * 10; break;
    case 2: score2 = count * 10; break;
}
```

● 3이 적힌 순차 구조 기호부터 시작하여 10인 적힌 순차 구조 기호까지 여러분이 직접 구현해 보자.

default가 적힌 순차 구조 기호를 구현해 보자. default가 적힌 순차 구조 기호 아래쪽에 작도된 순차 구조 기호에 아래쪽으로 향하는 화살표만 그려져 있다. 처리할 내용이 없다는 것이다. 그러한 경우 default 문을 생략할 수도 있다. 그렇지만 앞으로 개발 과정에서 코드가 추가될 때를 생각해서 생략하지 않도록 하자. 대부분 default 문은 마지막이므로 반드시 break 문장을 실행시킬 필요는 없다. 일관되게 코드를 작성한다는 의미로 break 문장도 작성하도록 하자.

C코드
```
switch(i) {
    case 1: score1 = count * 10; break;
    case 2: score2 = count * 10; break;
    case 3: score3 = count * 10; break;
    ...
    default: break;
}
```

여기까지 원시 코드가 작성되면, "2.2. 점수를 매기다."에 대해 구현되었다. 원시 코드를 정리해 보자.

C코드
```
// Grade.c
/ **********************************************************************
   파일 이름 : Grade.c
   기    능 : 정답들, 답안들을 입력받아 채점하고, 등수를 매기도록 하자.
   작 성 자 : 김 석 현
   작성 일자 : 2014-12-17
********************************************************************** /
// 매크로
#include <stdio.h>

#define STUDENTS 10

// 자료형 이름 선언
typedef unsigned short int UShort;

// 함수 선언
int main( int argc, char *argv[] );

// 함수 정의
int main( int argc, char *argv[] ) {
    UShort correctAnswer1, correctAnswer2, correctAnswer3,
        correctAnswer4, correctAnswer5, correctAnswer6,
    correctAnswer7, correctAnswer8, correctAnswer9, correctAnswer10;
    UShort answer1, answer2, answer3, answer4, answer5, answer6,
        answer7, answer8, answer9, answer10;
    UShort score1, score2, score3, score4, score5, score6,
        score7, score8, score9, score10;
    UShort rank1, rank2, rank3, rank4, rank5, rank6, rank7, rank8,
        rank9, rank10;
    char mark1, mark2, mark3, mark4, mark5, mark6, mark7, mark8,
        mark9, mark10;
    UShort i;
```

```
UShort count;

// 1. 정답들을 입력받는다.
scanf("%hu %hu %hu %hu %hu %hu %hu %hu %hu %hu", &correctAnswer1,
    &correctAnswer2, &correctAnswer3, &correctAnswer4,
    &correctAnswer5, &correctAnswer6, &correctAnswer7,
    &correctAnswer8, &correctAnswer9, &correctAnswer10);

// 2. 학생 수만큼 반복한다.
for(i = 1; i <= STUDENTS; i++) {
    // 2.1. 답안들을 입력받는다.
    scanf("%hu %hu %hu %hu %hu %hu %hu %hu %hu %hu",
        &answer1, &answer2, &answer3, &answer4, &answer5,
        &answer6, &answer7, &answer8, &answer9, &answer10);

    // 2.2. 점수를 매기다.
    count = 0;
    if(correctAnswer1 == answer1) {
        count = count + 1;
    }
    if(correctAnswer2 == answer2) {
        count = count + 1;
    }
    if(correctAnswer3 == answer3) {
        count = count + 1;
    }
    if(correctAnswer4 == answer4) {
        count = count + 1;
    }
    if(correctAnswe5 == answer5) {
        count = count + 1;
    }
    if(correctAnswer6 == answer6) {
        count = count + 1;
    }
    if(correctAnswer7 == answer7) {
        count = count + 1;
    }
    if(correctAnswer8 == answer8) {
        count = count + 1;
    }
    if(correctAnswer9 == answer9) {
        count = count + 1;
    }
    if(correctAnswer10 == answer10) {
        count = count + 1;
    }
    switch(i) {
        case 1: score1 = count * 10; break;
        case 2: score2 = count * 10; break;
        case 3: score3 = count * 10; break;
```

```
            case 4: score4 = count * 10; break;
            case 5: score5 = count * 10; break;
            case 6: score6 = count * 10; break;
            case 7: score7 = count * 10; break;
            case 8: score8 = count * 10; break;
            case 9: score9 = count * 10; break;
            case 10: score10 = count * 10; break;
            default: break;
        }
        // 2.3. 평가하다.
    }
    // 3. 학생 수만큼 반복한다.
        // 3.1. 등수를 매기다.
    // 4. 학생 수만큼 반복한다.
        // 4.1. 점수, 등수, 표시를 출력한다.
    // 5. 끝내다.
}
```

case 구조에서 FALSE가 적힌 삼각형 아래쪽에 실행해야 하는 제어구조가 있다면, switch ~ case 문장 앞에 if 선택문장을 작성하고 else절을 만들어 구현되어야 한다. 이때 조건식은 역삼각형에 적힌 변수(나 배열요소)와 TRUE가 적힌 삼각형 아래쪽에 작도된 순차 구조 기호들에 적힌 아래쪽 정수형 상수들로 관계식을 작성해야 한다. 위에서 제시한 코드로 예를 들면, 다음과 같이 구현되어야 한다.

C코드

```
if( i >= 1 && i <= 10) {
    switch(i) {
        case 1: score1 = count * 10; break;
        case 2: score2 = count * 10; break;
        case 3: score3 = count * 10; break;
        case 4: score4 = count * 10; break;
        case 5: score5 = count * 10; break;
        case 6: score6 = count * 10; break;
        case 7: score7 = count * 10; break;
        case 8: score8 = count * 10; break;
        case 9: score9 = count * 10; break;
        case 10: score10 = count * 10; break;
        default: break;
    }
}
else {
    // C 언어 문장(들)
}
```

FALSE가 적힌 삼각형 아래쪽에 작도된 순차 구조 기호에 아래쪽으로 향하는 화살표가 그려져 있어 처리할 내용이 없으므로 else 절을 생략해야 해서 if 선택문을 생략했다.

다음은 "2.3. 평가하다."에 대해 나씨-슈나이더만 다이어그램에서 선택 구조 기호를 C언어로 구현해 보자.

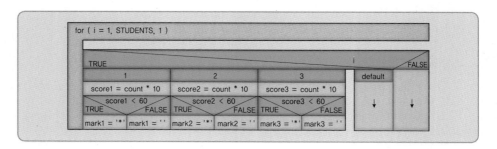

switch 구조에서 학생별로 점수를 구하고 난 후 평가하고 있다. 따라서 이미 작성된 switch ~ case 문장에 추가해서 구현되어야 한다.

1번 학생에 대해서 라벨이 1인 case 문장에 추가되어야 한다. 점수를 구하는 식 문장 다음에 구현되어야 한다. 양자 선택 구조이므로 C언어에서는 if ~ else 문장으로 구현되어야 한다.

if 키워드를 적고 소괄호를 열고 소괄호에 역삼각형에 적힌 조건식을 그대로 옮겨 적는다. 조건식을 평가했을 때 참인 경우 제어 블록을 설정한다. 닫는 소괄호 뒤에 바로 중괄호를 열고 다음 줄에 중괄호를 닫아 제어블록을 설정한다. 제어블록에는 들여쓰기하고 C언어 문장을 작성한다. 치환식이 적힌 순차 구조 기호이므로 치환식을 그대로 옮겨 적고 줄의 끝에 세미콜론을 적는다.

조건식을 평가했을 때 거짓인 경우 처리를 위해서는 참일 때 처리하는 제어블록의 끝을 나타내는 닫는 중괄호가 적힌 줄의 다음 줄에 else 키워드를 적고 중괄호를 열고 다음 줄에 중괄호를 닫아 제어블록을 설정한다. 제어블록에는 조건식을 평가했을 때 거짓일 때 처리해야 하는 C언어 문장(들)을 적는다. 치환식이 적힌 순차 구조 기호이므로 들여쓰기하고 치환식을 그대로 옮겨 적고 줄의 끝에 세미콜론을 적는다. C언어에서 문자 상수는 작은따옴표로 싸야 한다. 공백문자는 반드시 작은따옴표에 스페이스 문자를 입력해야 한다.

```
C코드
switch(i) {
    case 1: score1 = count * 10;
        if(score1 < 60) {
            mark1 = '*';
        }
        else {
            mark1 = ' ';
        }
        break;
    case 2: score2 = count * 10; break;
    case 3: score3 = count * 10; break;
    default: break;
}
```

여러 줄로 if ~ else 문장을 작성하고 보니 무엇인가 어색해 보인다. case 별로 이러한 방식으로 작성한다면, 원시 코드도 엄청나게 길어지게 되고, 원시 코드를 보기가 쉽지 않을 것이다. 이럴 때 3항 조건 연산자를 사용하는 것이 효율적이다. C언어의 3항 조건 연산자의 형식은 다음과 같다.

```
C코드
(조건식) ? (참일 때 처리해야 하는 식) : (거짓일 때 처리해야 하는 식)
```

역삼각형에 적힌 관계식을 소괄호로 묶어 적고 물음표를 적고 TRUE가 적힌 삼각형 아래쪽에 순차 구조 기호에 적힌 식을 소괄호로 묶어 적는다. 그리고 콜론을 적고 FALSE가 적힌 삼각형 아래쪽 순차 구조 기호에 적힌 식을 소괄호로 묶어 적는다. 줄의 끝에 세미콜론을 적어 식 문장으로 처리되도록 한다. 3항 조건 연산자로 구현하면 다음과 같다.

```
C코드
(score1 < 60) ? (mark1 = '*') : (mark1 = ' ');
```

이렇게 작성된 식 문장을 점수를 구하는 식 문장 다음 줄에 적으면 된다.

```
switch(i) {
    case 1: score1 = count * 10;
        (score1 < 60) ? (mark1 = '*') : (mark1 = ' ');
    break;
    case 2: score2 = count * 10; break;
    case 3: score3 = count * 10; break;
    default: break;
}
```

if ~ else 문장으로 구현한 것보다는 원시 코드를 읽기 쉬울 것이다.

● 2번 학생부터 10번 학생까지 평가는 여러분이 직접 코드를 작성해 보자.

```
// Grade.c
/ ************************************************************************
   파일 이름 : Grade.c
   기    능 : 정답들, 답안들을 입력받아 채점하고, 등수를 매기도록 하자.
   작 성 자 : 김 석 현
   작성 일자 : 2014-12-17
   ************************************************************************/
// 매크로
#include <stdio.h>

#define STUDENTS 10

// 자료형 이름 선언
typedef unsigned short int UShort;

// 함수 선언
int main( int argc, char *argv[] );

// 함수 정의
int main( int argc, char *argv[] ) {
    UShort correctAnswer1, correctAnswer2, correctAnswer3,
        correctAnswer4, correctAnswer5, correctAnswer6,
    correctAnswer7, correctAnswer8, correctAnswer9, correctAnswer10;
    UShort answer1, answer2, answer3, answer4, answer5, answer6,
        answer7, answer8, answer9, answer10;
    UShort score1, score2, score3, score4, score5, score6,
        score7, score8, score9, score10;
    UShort rank1, rank2, rank3, rank4, rank5, rank6, rank7, rank8,
        rank9, rank10;
    char mark1, mark2, mark3, mark4, mark5, mark6, mark7, mark8,
        mark9, mark10;
    UShort i;
```

```
UShort count;

// 1. 정답들을 입력받는다.
scanf("%hu %hu %hu %hu %hu %hu %hu %hu %hu %hu", &correctAnswer1,
    &correctAnswer2, &correctAnswer3, &correctAnswer4,
    &correctAnswer5, &correctAnswer6, &correctAnswer7,
    &correctAnswer8, &correctAnswer9, &correctAnswer10);

// 2. 학생 수만큼 반복한다.
for(i = 1; i <= STUDENTS; i++) {
    // 2.1. 답안들을 입력받는다.
    scanf("%hu %hu %hu %hu %hu %hu %hu %hu %hu %hu",
        &answer1, &answer2, &answer3, &answer4, &answer5,
        &answer6, &answer7, &answer8, &answer9, &answer10);

    // 2.2. 점수를 매기다.
    count = 0;
    if(correctAnswer1 == answer1) {
        count = count + 1;
    }
    if(correctAnswer2 == answer2) {
        count = count + 1;
    }
    if(correctAnswer3 == answer3) {
        count = count + 1;
    }
    if(correctAnswer4 == answer4) {
        count = count + 1;
    }
    if(correctAnswe5 == answer5) {
        count = count + 1;
    }
    if(correctAnswer6 == answer6) {
        count = count + 1;
    }
    if(correctAnswer7 == answer7) {
        count = count + 1;
    }
    if(correctAnswer8 == answer8) {
        count = count + 1;
    }
    if(correctAnswer9 == answer9) {
        count = count + 1;
    }
    if(correctAnswer10 == answer10) {
        count = count + 1;
    }
    // 2.3. 평가하다.
    switch(i) {
        case 1: score1 = count * 10;
            (score1 < 60) ? (mark1 = '*') : (mark1 = ' ');
```

```
                    break;

            case 2: score2 = count * 10;
                (score2 < 60) ? (mark2 = '*') : (mark2 = ' ');
            break;

            case 3: score3 = count * 10;
                (score3 < 60) ? (mark3 = '*') : (mark3 = ' ');
            break;

            case 4: score4 = count * 10;
                (score4 < 60) ? (mark4 = '*') : (mark4 = ' ');
            break;

            case 5: score5 = count * 10;
                (score5 < 60) ? (mark5 = '*') : (mark5 = ' ');
            break;

            case 6: score6 = count * 10;
                (score6 < 60) ? (mark6 = '*') : (mark6 = ' ');
            break;

            case 7: score7 = count * 10;
                (score7 < 60) ? (mark7 = '*') : (mark7 = ' ');
            break;

            case 8: score8 = count * 10;
                (score8 < 60) ? (mark8 = '*') : (mark8 = ' ');
            break;

            case 9: score9 = count * 10;
                (score9 < 60) ? (mark9 = '*') : (mark9 = ' ');
            break;

            case 10: score10 = count * 10;
                (score10 < 60) ? (mark10 = '*') : (mark10 = ' ');
            break;

            default: break;
        }
    }
    // 3. 학생 수만큼 반복한다.
        // 3.1. 등수를 매기다.
    // 4. 학생 수만큼 반복한다.
        // 4.1. 점수, 등수, 표시를 출력한다.
    // 5. 끝내다.
    return 0;
}
```

● 처리 단계 3과 4에 대해 여러분이 직접 작도한 제어 구조 기호들에 대해 여러분이 직접 C언어로 구현해 보자.

마지막에 프로그램이 정상적으로 끝났음을 운영체제에 알려 주도록 return 문장을 작성하자.

1.5 평가와 해결책

처리 단계 1과 2에 대해, 절반 정도 문제를 해결했는데 나씨–슈나이더만 다이어그램을 보자. 27페이지로 이동하여 보자. 한 페이지를 꽉 채웠다. 처리단계 3과 4에 대해 제어논리를 작도한다면, 두 페이지는 소요될 것 같다. 나씨–슈나이더만 다이어그램은 모듈 하나에 대해 알고리듬을 나타낼 때 사용되는 도구이다. 모듈 하나라면 한 페이지에 충분히 표현되어야 한다. 두 페이지가 소요된다는 것은 무엇인가? 문제가 있는 것이다.

앞 권에서 배운 단순성(Simplicity) 관점에서도 생각해 보자. 학생 수를 20명으로 문항 수도 20개로 하고 나씨–슈나이더만 다이어그램을 작도해 보자. 어떠한가? 만들기 힘들지 않은가? 만들어 놓은 나씨–슈나이더만 다이어그램을 한 번 보아라. 이해하기 쉽지도 않을 것이다. 고치기도 힘들 것이다.

또한, C언어로 구현된 main 함수를 보자. main 함수에 작성된 코드가 100줄 이상이다. C언어에서 구현되는 함수는 국제 표준화 기구(International Organization for Standardization, ISO)에서 권장하는 기준은 45줄이다. 지금도 두 배 이상이다. 처리단계 3과 4에 해당하는 코드까지 작성된다면, 더욱더 늘어 날 것이다. 엉망이 될 것이다. 이러한 상태에서 기능을 추가하고자 한다면, 어떻게 될까? 많은 시간과 노력이 들어야 할 것이다.

이러한 문제들을 해결하고자 한다면, 어떻게 해야 할까? 많은 데이터를 관리하는 방식을 연구해야 한다. 문제가 복잡해지면 많은 데이터를 처리해야 한다. 따라서 기억장치에서 데이터를 저장하는 기억장소가 많이 필요하다. 많은 기억장소가 필요할 때 많은 기억장소를 어떻게 관리해야 할까?

힌트는 변수 이름들에서 얻을 수 있다. correctAnswer1, correctAnswer2, correctAnswer3, correctAnswer4, correctAnswer5, correctAnswer6, correctAnswer7, correctAnswer8, correctAnswer9, correctAnswer10이다. 의미는 같다. correctAnswer이다. 다른 것은 번호이다. 1, 2, 3, 4, 5, 6, 7, 8, 9, 10이다. 위치이다. 첫 번째, 두 번째, 세 번째, 네 번째, 다

섯 번째, 여섯 번째, 일곱 번째, 여덟 번째, 아홉 번째, 열 번째이다. 이러한 개념으로 많은 데이터를 관리하기 위해 우리가 일상생활에서 사용하는 도구가 표(Table)이다.

번호	1	2	3	4	5	6	7	8	9	10
정답										

표처럼 컴퓨터에서 기억장소를 관리하는 기능을 배열(Array)이라 한다. 배열은 하나의 이름으로 위치에 의해 값을 쓰고 읽을 수 있는 기억장소, 다시 말해 변수의 집합이다. 많은 기억장소가 필요할 때 기억장소의 집합인 배열을 이용하면 편리하다. 배열이란 새로운 개념이 아니라 기억장소의 집합이므로 기억장소의 원리만 확실히 알고 있으면 결코 두려워할 내용이 아니고 아주 유용한 개념이다.

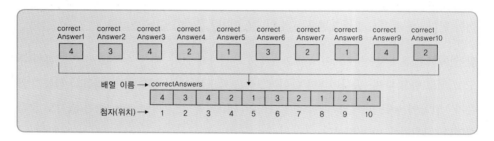

배열을 이용하여 "2. 학생 수만큼 반복한다." 처리단계까지 나씨-슈나이더만 다이어그램을 작도하면 다음과 같다.

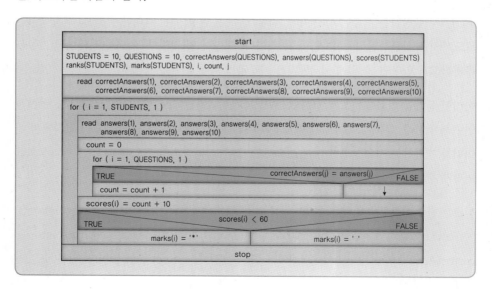

배열을 이용하여 나씨-슈나이더만 다이어그램을 어떻게 작도하는지는 이 책에서 배울 내용이므로 옆쪽 나씨-슈나이더만 다이어그램을 만드는 방법을 여기서 설명하지 않겠다. 단지 배열을 사용하면, 더욱 쉽게 알고리듬을 만들 수 있고, 만들어진 알고리듬은 단순성에서 좋게 평가된다는 것만 이해하면 되겠다.

배열을 이용하여 작도된 나씨-슈나이더만 다이어그램에 대해 C언어로 구현해 보자.

C코드
```
// Grade.c
/ ********************************************************************
    파일 이름 : Grade.c
    기    능 : 정답들, 답안들을 입력받아 채점하고, 등수를 매기도록 하자.
    작 성 자 : 김 석 현
    작성 일자 : 2014-12-17
    ********************************************************************/
// 매크로
#include <stdio.h>

#define STUDENTS 10
#define QUESTIONS 10

// 자료형 이름 선언
typedef unsigned short int UShort;

// 함수 선언
int main( int argc, char *argv[] );

// 함수 정의
int main( int argc, char *argv[] ) {
    UShort correctAnswers[QUESTIONS];
    UShort answers[QUESTIONS];
    UShort scores[STUDENTS];
    UShort ranks[STUDENTS];
    char marks[STUDENTS];
    UShort i;
    UShort count;

    // 1. 정답들을 입력받는다.
    scanf("%hu %hu %hu %hu %hu %hu %hu %hu %hu %hu",
        correctAnswers + 0, correctAnswers + 1, correctAnswers + 2,
        correctAnswers + 3, correctAnswers + 4, correctAnswers + 5,
        correctAnswers + 6, correctAnswers + 7, correctAnswers + 8,
        correctAnswers + 9);

    // 2. 학생 수만큼 반복한다.
    for(i = 0; i < STUDENTS; i++) {
        // 2.1. 답안들을 입력받는다.
        scanf("%hu %hu %hu %hu %hu %hu %hu %hu %hu %hu",
            answers + 0, answers + 1, answers + 2, answers + 3,
```

```
          answers + 4, answers + 5, answers + 6, answers + 7,
          answers + 8, answers + 9);

     // 2.2. 점수를 매기다.
     count = 0;
     for(j = 0; j < QUESTIONS; j++) {
          if(correctAnswers[j] == answers[j]) {
               count = count + 1;
          }
     }
     scores[i] = count * 10;
     // 2.3. 평가하다.
     (scores[i] < 60) ? (marks[i] = '*') : (marks[i] = ' ');
  }
  // 3. 학생 수만큼 반복한다.
     // 3.1. 등수를 매기다.
  // 4. 학생 수만큼 반복한다.
     // 4.1. 점수, 등수, 표시를 출력한다.
  // 5. 끝내다.
  return 0;
}
```

어떠한가? 만들기도 쉽고, 알고리듬이나 코드도 읽기 쉽다. 따라서 고치기도 쉬울 것이다. 20명의 학생에 대해서 성적을 처리할 수 있도록 해 보자. 어떻게 하면 될까? STUDENTS 기호상수를 10에서 20으로 고치면 된다. 물론 정답과 답안을 입력하는 제어구조도 반복구조로 표현되어 있어야 하겠지만 말이다.

배열은 등수들처럼 입력할 때 바로 처리할 수 없을 때, 첫 번째로 입력되는 답안들은 첫 번째 학생, 두 번째로 입력되는 답안들은 두 번째 학생이라는 의미로 코드화된 데이터를 다룰 때, 모든 데이터가 저장되어 있으므로 검색(Search), 정렬(Sort), 병합(Merge)하고자 할 때 사용할 수 있다.

책의 끝에 제시되는 연습문제를 풀면서 검색, 정렬, 병합에 배열이 사용되는 것을 이해하도록 하자.

그러면, 이제부터 배열을 이용하여 문제를 푸는 방법을 공부해보자. 앞권에서 배운 배열을 참고하여 여러분이 먼저 앞에 제시된 문제를 풀어 보자.

N o t e

정답이라고 하는 의미로 첫 번째, 두 번째, 세 번째와 같이 순서를
두고 관리할 수 있는 방식을 취할 수 있다는 것을 알 수 있다.
다시 말해서 하나의 이름으로 순서 개념을 이용해서 데이터를
관리할 수 있는 구조를 이용할 수 있다는 것이다. 일상생활에서는
아래쪽에 보는 것처럼 표(Table) 같은 구조를 말한다.

모델구축

02

모델구축

|CHAPTER|

종이와 연필로 문제를 풀어보자. 문제를 푸는데 따로 공부해야 하는 지식과 경험이 필요치 않다. 초등학교, 중학교 그리고 고등학교 다닐 때 쪽지 시험이든, 중간고사든, 기말고사든 채점을 해 봤을 것이다.

답안, 정답, 점수, 등수라는 개념도 명확하게 이해했을 것이다. 여기서는 지식보다는 경험이 더욱더 중요하다. 왜? 데이터를 어떻게 정리해야 할 것인가를 생각해야 하기 때문이다.

정답이라고 하는 의미로 첫 번째, 두 번째, 세 번째와 같이 순서를 두고 관리할 수 있는 방식을 취할 수 있다는 것을 알 수 있다. 다시 말해서 하나의 이름으로 순서 개념을 이용해서 데이터를 관리할 수 있는 구조를 이용할 수 있다는 것이다. 일상생활에서는 아래쪽에 보는 것처럼 표(Table) 같은 구조를 말한다.

번호	1	2	3	4	5	6	7	8	9	10
정답										

학생 한 명에 대해 답안을 처리하고자 한다면 같은 형식으로 처리해야 한다. 한 줄에 10개의 칸으로 구성된 표를 작성해야 한다.

번호	1	2	3	4	5	6	7	8	9	10
답안										

한 명이 아니라 열 명의 학생에 대해 답안을 처리하고자 한다면, 학생 한 명 처리를 위한 표보다는 10개의 칸으로 구성된 10개의 줄을 갖는 표가 더욱더 효율적일 것이다.

학생번호＼답안번호	1	2	3	4	5	6	7	8	9	10
1										
2										
3										
4										
5										
6										
7										
8										
9										
10										

점수, 등수 그리고 표시를 처리하는 표는 10개의 칸으로 구성되는 한 줄로 구성되도록 해야 한다.

번호	1	2	3	4	5	6	7	8	9	10
점수										

번호	1	2	3	4	5	6	7	8	9	10
등수										

번호	1	2	3	4	5	6	7	8	9	10
표시										

이렇게 어떻게 데이터를 관리하는 것이 효율적인 구조인지를 연구하고 응용하는 분야를 전산에서는 자료구조(Data Structure)라고 한다. 표와 같은 구조로 같은 자료 유형을 저장할 수 있고, 표에서 칸의 폭이 같은 것처럼 기억장소의 크기와 의미가 같은 변수들의 집합으로 표현할 수 있는 자료 구조를 배열(Array)이라고 한다. 모든 고급 프로그래밍 언어에서는 배열을 제공한다.

정답, 점수, 등수, 표시를 적을 표처럼 한 줄에 여러 개의 칸으로 구성된 배열은 1차원 배열이라고 하고, 답안을 적을 표처럼 여러 줄에 줄마다 여러 개의 칸으로 구성된 배열은 2차원 배열이라고 한다. 수학적인 공간의 넓이를 표시하는 차원(Dimension) 개념을 적용하여 구분한다는 것이다. 기하학상 공간은 3차원이다.

답안번호 학생번호	1	2	3	4	5	6	7	8	9	10	점수	등수
1												
2												
3												
4												
5												
6												
7												
8												
9												
10												

위쪽 표는 물론 종이와 연필로 처리할 때는 적용되는 표이나 전산 논리로 보면, 무엇이가 어색하다. 숫자의 열 번호 다음에 문자열의 단어 열들이 붙어 있는 개념은 같은 자료형이고 의미가 같은 데이터를 구조화하는 배열이란 개념에 맞지 않는다.

자료형은 같으나 의미가 다를 때는 어떻게 하는지는 다음 권에서 배우도록 하자.

데이터를 처리할 때 사용될 표가 준비되었으므로 표를 이용하여 문제를 풀어보자. 정답을 정답지에 적자. 1번부터 시작하여 10번까지 정답을 하나씩 적으면 된다.

번호	1	2	3	4	5	6	7	8	9	10
정답	4	3	4	2	1	3	2	1	4	2

학생의 답안을 답안지에 적자. 열 명의 학생에 대해 번호순으로 학생 한 명당 열 개의 답안을 한 줄씩 적자.

답안번호 학생번호	1	2	3	4	5	6	7	8	9	10
1	4	3	4	2	1	3	1	2	2	4
2	3	4	1	2	2	3	1	2	4	2
3	4	3	4	2	1	3	2	1	4	2
4	3	3	3	2	2	2	4	4	4	1
5	4	3	2	1	1	2	3	4	3	2
6	1	2	3	4	4	3	2	1	2	3
7	4	3	4	2	1	3	2	1	4	4
8	4	3	2	4	1	3	2	1	4	3
9	3	4	2	1	3	2	1	4	4	2
10	4	3	4	1	2	3	3	2	2	3

1번 학생의 답안지를 채점해 보자. 10개의 문제에 대해 번호에 맞게 정답지와 답안지를 비교하면서 맞는지 틀렸는지를 확인하고 맞은 개수를 센다. 정답지의 1번 정답이 4이고 답안지의 1번에 답안이 4이므로 같다. 따라서 맞은 개수는 1이다. 정답지의 2번 정답과 답안지의 2번 답안이 3이므로 같다. 맞은 개수는 2이다. 이러한 방식으로 10개의 문항에 대해 맞은 개수를 구한다.

번호	1	2	3	4	5	6	7	8	9	10
정답	4	3	4	2	1	3	2	1	4	2
1번 학생답안	4	3	4	2	1	3	1	2	2	4
O/X	O	O	O	O	O	O	X	X	X	X
맞은 개수	1	2	3	4	5	6				

6개를 맞혀서 맞힌 개수에 10을 곱하여 점수를 구한다. 60점이다. 채점표에 적는다.

번호	1	2	3	4	5	6	7	8	9	10
점수	60									

같은 방식으로 2번 학생에 대해 채점해 보자. 10개의 문제에 대해 번호에 맞게 정답지와 답안지를 비교하면서 맞는지 틀렸는지를 확인하고 맞은 개수를 센다. 정답지의 1번 정답이 4이고 답안지의 1번 답안이 3이므로 틀렸다. 맞은 개수를 세지 않는다. 정답지의 2번 정답 3과 답안지의 2번 답안이 4이므로 같지 않다. 맞은 개수를 세지 않는다. 이러한 방식으로 10개의 문제에 대해 맞은 개수를 구한다.

번호	1	2	3	4	5	6	7	8	9	10
정답	4	3	4	2	1	3	2	1	4	2
2번 학생답안	3	4	1	2	2	3	1	2	4	2
O/X	X	X	X	O	X	O	X	X	O	O
맞은 개수				1		2			3	4

4개를 맞혀서 맞힌 개수 4에 10을 곱하면 점수 40을 구한다. 채점표에 적는다.

번호	1	2	3	4	5	6	7	8	9	10
점수	60	40								

3번 학생의 답안지를 채점해 보자.

번호	1	2	3	4	5	6	7	8	9	10
정답	4	3	4	2	1	3	2	1	4	2
3번 학생답안	4	3	4	2	1	3	2	1	4	2
O/X	O	O	O	O	O	O	O	O	O	O
맞은 개수	1	2	3	4	5	6	7	8	9	10

다 맞췄다. 맞힌 개수 10에 10을 곱하면 점수 100을 구한다. 채점표에 적는다.

번호	1	2	3	4	5	6	7	8	9	10
점수	60	40	100							

● **4번부터 10번까지 학생들에 대해서는 여러분이 직접 해보자.**

채점이 마무리되면, 채점표가 작성되었다. 그러면 점수를 가지고 등수를 매긴다.

번호	1	2	3	4	5	6	7	8	9	10
점수	60	40	100	30	40	30	90	70	20	40

1번 학생부터 등수를 매겨 보자. 시작할 때는 무조건 1등이다.

번호	1	2	3	4	5	6	7	8	9	10
등수	1									

자기 점수까지 포함하여 열 명의 학생 점수와 비교하여 비교되는 점수가 높으면 등수를 낮추면 된다. 시작해 보자. 1번 학생의 점수는 60점이다. 1번 학생의 점수와 자기 점수와 대소 비교하면 높지 않으므로 등수가 변하지 않는다. 그러면 2번 학생의 점수와 비교한다. 40점이다. 높지 않다. 등수가 변하지 않는다. 3번 학생의 점수 100과 비교한다. 높다. 따라서 높은 점수를 가진 학생이 1등이 되어야 하므로 2등이 되어야 한다.

번호	1	2	3	4	5	6	7	8	9	10
등수	2									

4번 학생의 점수 30과 비교한다. 높지 않다. 등수는 변하지 않는다. 5번 학생의 점수 40과 6번 학생의 점수 30과 비교할 때도 높지 않아 등수가 변하지 않는다. 7번 학생의 점수 90과 비교하면 7번 학생의 점수가 높다. 따라서 등수가 변하여야 한다. 등수가 하나 더 밀려야 한다.

번호	1	2	3	4	5	6	7	8	9	10
등수	3									

8번 학생의 점수 70과 비교하면, 8번 학생의 점수가 더 높아서 등수가 하나 더 밀려야 한다. 3등이었으므로 4등이 되어야 한다.

번호	1	2	3	4	5	6	7	8	9	10
등수	4									

9번 학생의 점수 20과 10번 학생의 점수 40과 비교하면, 두 학생의 점수보다 높아서 등수가 변하지 않는다. 따라서 1번 학생의 등수는 4등이다.

2번 학생의 등수를 매겨보자. 등수를 매긴 표에서 2번 학생란에 1을 적자.

번호	1	2	3	4	5	6	7	8	9	10
등수	4	1								

2번 학생의 점수는 40이다. 1번 학생의 점수 60과 비교한다. 1번 학생의 점수가 높다. 따라서 등수가 밀려야 한다. 2등이어야 한다.

번호	1	2	3	4	5	6	7	8	9	10
등수	4	2								

2번 학생 자기 자신의 점수와 비교한다. 등수가 변하지 않는다. 3번 학생의 점수 100과 비교한다. 3번 학생의 점수가 높다. 등수가 밀려야 한다. 2등에서 3등이 된다. 점수가 높은 사람이 두 명이므로 당연히 3등이 되어야 한다.

번호	1	2	3	4	5	6	7	8	9	10
등수	4	3								

4번 학생의 점수 30과 비교한다. 4번 학생의 점수가 낮다. 따라서 등수가 변하지 않는다. 5번 학생의 점수 40과 비교한다. 5번 학생의 점수와 같다. 따라서 등수가 변하지 않는다. 6번 학생의 점수 30도 낮으므로 등수가 변하지 않는다. 7번 학생의 점수는 70점이다. 7번 학생의 점수가 높으므로 등수가 밀려야 한다. 3등에서 4등이 된다.

번호	1	2	3	4	5	6	7	8	9	10
등수	4	4								

8번 학생의 점수 70과 비교한다. 8번 학생의 점수가 높다. 다시 등수가 밀려야 한다. 4등에서 5등이 된다.

번호	1	2	3	4	5	6	7	8	9	10
등수	4	5								

9번 학생의 점수 20과 10번 학생의 점수 40과 비교하면, 두 학생의 점수가 낮으므로 등수가 변하지 않는다. 그래서 2번 학생의 등수는 5등이다.

한 번 더 해보자. 3번 학생의 등수를 매겨보자. 등수를 매기는 표에서 3번 학생란에 1을 적자.

번호	1	2	3	4	5	6	7	8	9	10
등수	4	5	1							

3번 학생의 점수는 100이다. 1번 학생의 점수 60과 비교한다. 1번 학생의 점수가 낮으므로 등수가 변하지 않는다. 2번 학생의 점수 40과 비교한다. 2번 학생의 점수가 낮으므로 등수가 변하지 않는다. 3번 자기 자신의 점수와 비교해도 같으므로 등수가 변하지 않는다. 4번부터 10번까지 학생의 점수가 모두 낮으므로 등수가 변하지 않으므로 3번 학생의 등수는 1등이다.

● **4번부터 10번까지 등수는 여러분이 직접 매겨보자.**

다음은 평가하여 점수가 60점 미만인 학생들을 확인해 보자. 1번부터 시작하여 10번까지 학생의 점수와 60을 비교하여 학생의 점수가 60보다 높거나 같으면 공란으로, 작으면 별표를 적자. 1번 학생부터 시작해 보자. 1번 학생의 점수는 60점이다. 같다. 그래서 평가표에서 1번 학생 칸에는 공란으로 둔다. 다음 2번 학생의 점수를 확인하자. 40점이다. 기준 점수 60점보다 낮다. 따라서 별표를 적자.

번호	1	2	3	4	5	6	7	8	9	10
등수		*								

3번 학생의 점수를 확인하자. 100점이다. 60점보다 높다. 공란으로 두자. 4번 학생의 점수를 확인하자. 30점이다. 60점보다 낮다. 평가표에서 네 번째 칸에 별표를 적자.

번호	1	2	3	4	5	6	7	8	9	10
등수		*		*						

● **5번부터 10번까지는 여러분이 직접 해보자.**

이렇게 하여 문제를 이해하였고, 어떻게 문제를 해결할 것인지를 표를 이용해서 정리하였다. 다음은 문제를 정의하고 어떠한 처리를 해야 하는지를 정리해 보자.

Note

문제를 정확하게 이해하고 집중하기 위해서는 입력과 출력
처리를 배제하여야 한다. 그리고 정확한 처리를 위해서는 연산에
집중하여야 한다. 그래서 컴퓨터 기본 기능별로 문제를 나누어
시스템 다이어그램을 작도하자.

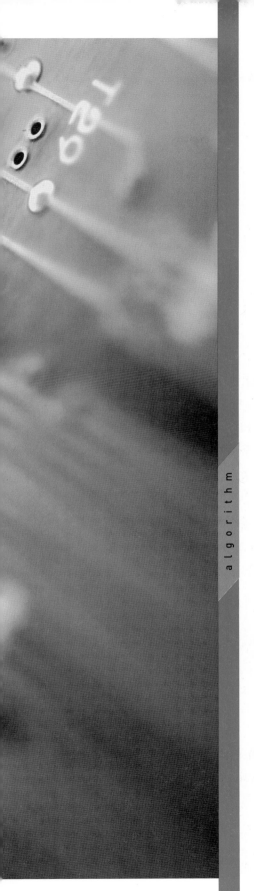

algorithm

분석

03

분석

3.1 배경도

문제를 정의하기 위해서 배경도를 작도하자. 점수를 매기고, 점수가 좋고 나쁨을 결정해야 하므로 "채점하다(Grade)"라는 이름으로 모듈을 만들자. 모델 구축에서 채점하기 위해서는 먼저 정답지와 답안지에 대해 데이터를 적어놓고 시작했다. 문제에서는 정답들과 답안들이 입력되어야 하고, 채점하여 점수들, 등수들 그리고 표시들을 출력해야 한다. 정답, 답안, 점수, 등수, 표시가 하나 입력되고, 하나 출력되는 것이 아니라 여러 개를 입력하고, 여러 개 출력되므로 데이터 이름은 복수로 지었다. "정답"이 아니라 "정답들"로 말이다. 왼쪽에 모듈로 향하는 화살표를 그려 입력이 있음을 나타내고, 입력 데이터들, "정답들(correctAnswers)"과 "답안들(answers)"을 적자. 오른쪽에는 모듈로부터 멀어지는 화살표를 그려 출력이 있음을 나타내고, 출력 데이터들, "점수들(scores)", "등수들(ranks)", "표시들(marks)"을 적자.

3.2 시스템 다이어그램

문제를 정확하게 이해하고 문제 해결에 집중하기 위해서는 입력과 출력 처리를 배제하여야 한다. 특히 정확한 처리를 위해서는 연산에 집중하여야 한다. 그래서 컴퓨터 기본 기능별로 문제를 나누어 시스템 다이어그램을 작도하자.

입력 기능 Input, 연산 기능 Grade, 출력 기능 Output에 대해 모듈을 그리고, 나누어진 모듈들의 처리 순서를 제어하기 위해 제어 기능 Main 모듈을 그려야 한다. 전산에서 기본적으로 순차 구조 처리 순서는 위쪽에서 아래쪽으로 왼쪽에서 오른쪽이므로 Main 모듈을 맨 위쪽에 그리고 아래쪽에 왼쪽에서 오른쪽으로 Input 모듈, Grade 모듈, Output 모듈을 그린다. 또한, 처리 순서를 명확하게 하도록 화살표를 이용하여 입력 데이터와 출력 데이터들을 정리한다.

사용자에 의해 입력된 데이터들, "정답들(correctAnswers)"과 "답안들(answers)"을 Input 모듈에서 Main 모듈로 향하는 화살표를 그려 Input 모듈의 출력데이터로 정리하자. 다음은 Main 모듈로부터 Grade 모듈로 향하는 화살표를 그려, Grade 모듈에 "정답들(correctAnswers)"과 "답안들(answers)"을 입력데이터로 정리하자. 그리고 Grade 모듈에서 Main 모듈로 향하는 화살표를 그리고, 연산 모듈 Grade에서 처리되어 구한 값들, "점수들(scores)", "등수들(ranks)", "표시들(marks)"을 출력데이터로 정리하자. 모니터에 결과를 출력해야 하므로 Main 모듈에서 Output 모듈로 향하는 화살표를 그려, Output 모듈에 "점수들(scores)", "등수들(ranks)", "표시들(marks)"을 입력데이터로 정리하자.

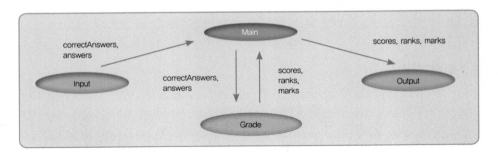

다음은 적합한 입력에 대해 정확한 결과를 얻기 위해 연산모듈 Grade에 대해 집중하자. 시스템 다이어그램을 참조하여 연산모듈 Grade를 명확하게 정의하기 위해 개요를 정리하자.

모듈 기술서			
명칭	한글	채점하다	
	영문	Grade	
기능		정답들과 열 명의 학생의 답안들을 입력받아 채점하여 점수들, 등수들, 점수가 60점 미만인 학생들에 대해 표시한다.	
입·출력	입력	정답들, 답안들	
	출력	점수들, 등수들, 표시들	
관련 모듈			

자료 명세서					
번호	명칭		자료유형	구분	비고
	한글	영문			

처리 과정

3.3 자료명세서

이제는 연산 기능인 Grade 모듈에 대해 어떠한 데이터로 어떠한 처리를 해야 하는지를 정리하자. 먼저 시스템 다이어그램을 참고하여 입력데이터와 출력데이터들을 정리하자.

학생 인원수 10명에 대해 기호상수 STUDENTS로, 문항 개수도 열 개이므로 10을 기호상수 QUESTIONS로 첫 번째, 두 번째로 정리하자. 값이 같더라도 의미가 다르면 기호상수를 따로 만들도록 하라. 점수들, 등수들 그리고 표시들은 출력데이터로 정리하자. 한 개의 데이터가 아니라 열 개의 데이터이므로 이름은 단수형이 아니라 복수형으로 지었다. 표와 같은 구조로 입력되거나 출력되므로 자료형은 배열이어야 한다. 배열 자료형을 적을 때는 반드시 배열요소의 자료형을 앞에 적어야 한다. 따라서 점수들과 등수들은 소수점이 없는 숫자형인 정수 배열로 자료형으로 정리하자. 표시들은 문자 배열로 자료형을 정리하자. 정답들과 답안들도 정수 배열로 자료형이 정해져야 한다.

모듈 기술서

명칭	한글	채점하다
	영문	Grade
기능		정답들과 열 명의 학생의 답안들을 입력받아 채점하여 점수들, 등수들, 점수가 60점 미만인 학생들에 대해 표시한다.
입·출력	입력	정답들, 답안들
	출력	점수들, 등수들, 표시들
관련 모듈		

자료 명세서

번호	명칭		자료유형	구분	비고
	한글	영문			
1	학생 인원수	STUDENTS	정수	상수	10
2	문항 개수	QUESTIONS	정수	상수	10
3	점수들	scores	정수 배열	출력	성적표
4	등수들	ranks	정수 배열	출력	
5	표시들	marks	문자 배열	출력	
6	정답들	correctAnswers	정수 배열	입력	답안지
7	답안들	answers	정수 배열	입력	2차원

처리 과정

3.4 처리과정

다음은 어떠한 처리를 해야 하는지를 처리 과정으로 작성해 보자. 순차 구조만 적용하여 작성해 보자. 한 번씩만 처리해 보자.

첫 번째로 해야 하는 일은 시스템 다이어그램을 보면, 정답들과 답안들을 입력받아야 한다.

처리 과정

1. 정답들과 답안들을 입력받는다.

정답들과 답안들이 입력된 후, 학생 한 명에 대해 어떠한 처리를 해야 하는지를 적어보자. 먼저 번호순으로 정답과 답안을 비교하여 맞은 개수를 세고, 맞은 개수에 10을 곱하여 점수를 구하는 일을 해야 한다.

번호	1	2	3	4	5	6	7	8	9	10
정답	4	3	4	2	1	3	2	1	4	2
1번 학생답안	4	3	4	2	1	3	1	2	2	4
O/X	O	O	O	O	O	O	X	X	X	X
맞은 개수	1	2	3	4	5	6				

번호	1	2	3	4	5	6	7	8	9	10
점수	60									

설명한 것은 너무 방법적이므로 추상화하여 처리단계를 적어야 한다. "점수를 매기다." 로 처리단계 이름을 지어 개념적인 기술을 해야 한다. 처리 과정은 방법적인 측면을 기술하는 것이 아니라 개념적인 측면을 기술한다는 것이다.

처리 과정
1. 정답들과 답안들을 입력받는다.
2. 점수를 매기다.

다음은 모든 학생에 대해 점수가 다 매겨졌다면, 등수를 매길 번째의 학생 점수를 기준으로 1등부터 시작하여 학생 점수보다 높은 점수가 나오면, 뒤로 밀리는 방식으로 등수를 매겨야 한다.

번호	1	2	3	4	5	6	7	8	9	10
점수	60	40	100	30	40	30	90	70	20	40

번호	1	2	3	4	5	6	7	8	9	10
등수	2	1								

등수를 매기는 방법을 적는 것이 아니라 결과에 집중하여 추상화하여 처리 단계 이름을 짓는다. "등수를 매기다."라고 처리 단계 이름을 짓자.

처리 과정
1. 정답들과 답안들을 입력받는다.
2. 점수를 매기다.
3. 등수를 매기다.

다음은 60점 미만인 학생에 대해 표시를 한다.

번호	1	2	3	4	5	6	7	8	9	10
등수		*		*						

방법적인 서술이므로 추상화하여 처리 단계 이름을 짓도록 하자. 기준에 따라 성취했는지를 따지는 것으로 보아 "평가하다."라는 처리 단계 이름으로 추상화하자.

처리 과정

1. 정답들과 답안들을 입력받는다.
2. 점수를 매기다.
3. 등수를 매기다.
4. 평가하다.

학생 한 명에 대해 처리가 끝났다. 다음은 알고리듬이 성립하기 위한 조건인 출력을 나타내야 한다. 시스템 다이어그램을 보면, 점수들, 등수들 그리고 표시들을 출력해야 한다.

처리 과정

1. 정답들과 답안들을 입력받는다.
2. 점수를 매기다.
3. 등수를 매기다.
4. 평가하다.
5. 점수들, 등수들 그리고 표시들을 출력한다.

마지막으로 알고리듬이 성립되기 위한 조건인 유한성을 나타내기 위해 "끝내다." 처리 단계를 적으면 된다. 이렇게 해서 순차 구조만 적용한 처리 과정이 작성되었다.

처리 과정

1. 정답들과 답안들을 입력받는다.
2. 점수를 매기다.
3. 등수를 매기다.
4. 평가하다.
5. 점수들, 등수들 그리고 표시들을 출력한다.
6. 끝내다.

물론 알고리듬이 성립되기 위한 조건인 유효성에는 만족하지 않을 것이다. 열 명의 학생에 대해 처리해야 하는데 여기서는 한 명의 학생만 처리했기 때문이다. 따라서 열 명의 학생에 대해 처리되도록 해야 하므로 반복구조를 추가해야 한다.

열 번 해야 하는 처리 단계(들)를 찾아보자. 모델 구축에서 충분히 이해했다면, 바로 찾을 수 있을 것이다. "2. 점수를 매기다.", "3. 등수를 매기다." 그리고 "4. 평가하다."에 대해서는 열 번씩 해야 한다. 반복을 나타내는 처리 단계를 만들어 처리 과정에 적어보자. 학생 열 명에 대해 열 번 해야 하므로 "학생 수만큼 반복한다."라고 처리 단계 이름을 짓자. 그리고 반복이 되어야 하는 첫 번째 처리단계 앞에 적자. 여기서는 "2. 점수를 매기다." 처리단계 앞에 적어야 한다. 따라서 반복 처리 단계의 번호는 2가 되어야 한다. 반복해야 하는 첫 번째 처리단계가 하위 단계로 조정되어야 하므로 번호를 그대로 이어받으면 되기 때문이다.

처리 과정

---
1. 정답들과 답안들을 입력받는다.
2. 학생 수만큼 반복한다.
2. 점수를 매기다.
3. 등수를 매기다.
4. 평가하다.
5. 점수들, 등수들 그리고 표시들을 출력한다.
6. 끝내다.

반복해야 하는 처리단계(들)는 하위 단계로 조정되어야 하므로, 먼저 들여쓰기한다. 그리고 반복해야 하는 처리단계에 대해 다시 번호를 매겨야 한다. 상위 처리 단계인 반복 처리 단계의 번호를 적고, 소수점을 적고 첫 번째 처리단계에 대해 다시 1번부터 시작하여 번호를 매겨야 한다. 따라서 "2. 점수를 매기다."는 "2.1. 점수를 매기다.", "3. 등수를 매기다."는 "2.2. 등수를 매기다.", 그리고 "4. 평가하다."는 "2.3. 평가하다."로 조정되어야 한다.

처리 과정

---
1. 정답들과 답안들을 입력받는다.
2. 학생 수만큼 반복한다.
    2.1. 점수를 매기다.
    2.2. 등수를 매기다.
    2.3. 평가하다.
5. 점수들, 등수들 그리고 표시들을 출력한다.
6. 끝내다.

반복해야 하는 처리 단계가 반복 처리 단계의 하위 단계로 조정되었기 때문에 이후 처리 단계의 번호는 다시 매겨져야 한다. "5. 점수들, 등수들 그리고 표시들을 출력한다."는 "3. 점수를, 등수들, 그리고 표시들을 출력한다.", "6. 끝내다."는 "4. 끝내다."로 조정되어야 한다.

처리 과정

---
1. 정답들과 답안들을 입력받는다.
2. 학생 수만큼 반복한다.
    2.1. 점수를 매기다.
    2.2. 등수를 매기다.
    2.3. 평가하다.
3. 점수들, 등수들 그리고 표시들을 출력한다.
4. 끝내다.

다음은 선택구조가 필요한 처리단계에 대해 선택구조를 추가하여 처리 과정을 작성해야 한다. 선택구조가 필요한 처리 단계(들)를 찾아보자. 방법적으로 보면, 정답과 답안을 비교

하여 맞으면 개수를 세어야 하므로 "2.1. 점수를 매기다.", 점수와 점수를 비교하여 등수를 정해야 하므로 "2.2. 등수를 매기다.", 그리고 점수와 60점을 비교하여 표시할지를 결정해야 하므로 "2.3. 평가하다."가 선택구조를 가져야 한다. 그렇지만 처리 과정은 앞에서도 언급했듯이 개념적인 측면에서 작성되는 것이지 방법적인 측면에서 작성되는 것이 아니다. 개념적인 측면에서는 선택구조를 추가해야 하는 처리 단계는 없다.

개념적인 측면에서 문제에 대해 어떠한 데이터로 어떠한 처리를 어떠한 순서로 몇 번씩 해야 하는지를 정리하였다.

다음은 검토해보자. 검토해 보면, 문제가 있다는 것을 알 수 있다. 어떠한 문제가 있는가? "2.2. 등수를 매기다."가 문제가 있는 처리 단계이다. 등수는 점수를 구하면서 매길 수 없다. 학생 모두에게 점수가 구해져야 등수를 매길 수 있다. 따라서 "2.2. 등수를 매기다."는 열 번 반복해야 하지만, "2.1. 점수를 매기다." 처리단계와 "2.3. 평가하다." 처리단계와 같이 처리될 수 없다. "2. 학생 수만큼 반복한다." 처리 단계의 하위 단계가 아니다. 따라서 "2.2. 등수를 매기다." 처리 단계를 지우고, "2.3. 평가하다." 처리단계를 번호를 조정하자. "2.2. 평가하다." 처리 단계 이름을 짓도록 하자.

처리 과정

---

1. 정답들과 답안들을 입력받는다.
2. 학생 수만큼 반복한다.
   2.1. 점수를 매기다.
   2.2. 평가하다.
3. 점수들, 등수들 그리고 표시들을 출력한다.
4. 끝내다.

"2.2. 등수를 매기다." 처리단계는 "2. 학생 수만큼 반복한다." 처리단계가 끝나고 난 후에 수행되어야 한다. 물론 학생 열 명에 대해 등수를 매겨야 하므로 10번 반복해야 한다. 따라서 "3. 학생 수만큼 반복한다." 처리단계를 만들고, 하위 단계로 "3.1. 등수를 매기다."로 처리 과정이 정리되어야 한다.

처리 과정
---
1. 정답들과 답안들을 입력받는다.
2. 학생 수만큼 반복한다.
    2.1. 점수를 매기다.
    2.2. 평가하다.
3. 학생 수만큼 반복한다.
    3.1. 등수를 매기다.
3. 점수들, 등수들 그리고 표시들을 출력한다.
4. 끝내다.

따라서 "3. 점수들, 등수들 그리고 표시들을 출력한다."는 "4. 점수들, 등수들 그리고 표시들을 출력한다.", "4. 끝내다."는 "5. 끝내다."로 정리되어야 한다.

처리 과정
---
1. 정답들과 답안들을 입력받는다.
2. 학생 수만큼 반복한다.
    2.1. 점수를 매기다.
    2.2. 평가하다.
3. 학생 수만큼 반복한다.
    3.1. 등수를 매기다.
4. 점수들, 등수들 그리고 표시들을 출력한다.
5. 끝내다.

여러분이 직접 검토해보자. 논리적으로 정확하게 수행되는 처리 과정이 작성되었다.

다음은 처리 과정을 보고, 자료명세서를 정리해야 한다. 처리단계의 이름에서 목적어로 사용되어 데이터를 의미하는 명사를 찾아 자료명세서에 정리해야 한다. 위에서 작성된 처리 과정에는 특별히 추가되어야 하는 데이터가 없다.

주어진 문제를 해결하기 위해서는 개념적인 측면에서 어떠한 데이터를 가지고 어떠한 처리를 해야 하는지를 정리하였다. 다시 말해서 문제를 분석했다. 이러한 결과를 형식화된 문서로 정리하자. 모듈 기술서를 작성하자. 모듈 기술서를 보고 한 번 더 검토하자.

모듈 기술서

명칭	한글	채점하다
	영문	Grade
기능		정답들과 열 명의 학생의 답안들을 입력받아 채점하여 점수들, 등수들, 점수가 60점 미만인 학생들에 대해 표시한다.
입 · 출력	입력	정답들, 답안들
	출력	점수들, 등수들, 표시들
관련 모듈		

자료 명세서

번호	명칭		자료유형	구분	비고
	한글	영문			
1	학생 인원수	STUDENTS	정수	상수	10
2	문항 개수	QUESTIONS	정수	상수	10
3	점수들	scores	정수 배열	출력	성적표
4	등수들	ranks	정수 배열	출력	
5	표시들	marks	문자 배열	출력	
6	정답들	correctAnswers	정수 배열	입력	답안지
7	답안들	answers	정수 배열	입력	2차원 배열

처리 과정

1. 정답들과 답안들을 입력받는다.
2. 학생 수만큼 반복한다.
   2.1. 점수를 매기다.
   2.2. 평가하다.
3. 학생 수만큼 반복한다.
   3.1. 등수를 매기다.
4. 점수들, 등수들 그리고 표시들을 출력한다.
5. 끝내다.

모듈 기술서를 참고하여 컴퓨터의 실행원리와 기억장소의 원리
그리고 컴퓨터의 기본 기능과 제어구조로 어떻게 해야 할지를
정리해 보자.

algorithm

설계

04 설계

모듈 기술서를 참고하여 컴퓨터의 실행원리와 기억장소의 원리 그리고 컴퓨터의 기본 기능과 제어구조로 어떻게 해야 할지를 정리해 보자.

먼저 처리 과정의 처리단계마다 수행되어야 하는 컴퓨터의 기본 기능을 정리해 보자. 처리단계의 이름을 보면 어떠한 컴퓨터의 기본 기능을 사용해야 할지 알 수 있을 것이다. "입력받는다."는 입력, "출력한다."는 출력, 그리고 "반복한다."는 제어 기능을 사용해야 한다. "2.1. 점수를 매기다."는 조금 더 생각해 보자. 학생 한 명에 대해 10개의 답안에 대해 정답과 비교하여 맞은 개수를 세고, 맞은 개수에 10을 곱하여 점수를 구한 다음에 채점표에 저장해야 한다. 따라서 "2.1. 점수를 매기다."는 산술 그리고 기억 기능이 필요하다. "2.2. 평가하다."도 조금 더 생각해 보자. 매겨진 점수와 60점을 비교하여 높거나 같으면, 공란으로 낮으면 표시한다. "2.2. 평가하다."는 기억 기능이 필요하다.

처리 과정
1. 정답들과 답안들을 입력받는다. (입력)
2. 학생 수만큼 반복한다. (제어 : 반복)
2.1. 점수를 매기다. (산술·기억)
2.2. 평가하다. (기억)
3. 학생 수만큼 반복한다. (제어 : 반복)
3.1. 등수를 매기다. (산술·기억)
4. 점수들, 등수들 그리고 표시들을 출력한다. (출력)
5. 끝내다.

처리 과정에서 "5. 끝내다."에 대해 나씨-슈나이더만 다이어그램을 작도해 보자. 알고리듬의 성립 조건인 유한성을 충족하기 위한 것이다. 순차 구조 기호를 위쪽과 아래쪽에 그리고, 위쪽 순차구조 기호에는 start를 적고, 아래쪽 순차 구조 기호에는 stop을 적자.

```
┌─────────────────────────────────────────────────────┐
│              ┌──────────────────────────┐             │
│              │          start           │             │
│              └──────────────────────────┘             │
│              ┌──────────────────────────┐             │
│              │          stop            │             │
│              └──────────────────────────┘             │
└─────────────────────────────────────────────────────┘
```

알고리듬에 사용되는 데이터에 대해 상수, 변수, 배열을 먼저 선언해야 한다. 다음은 start 가 적힌 순차 구조 기호 바로 아래쪽에 순차 구조 기호를 그리고, 자료명세서를 참고하여 상수, 변수와 배열을 선언한다.

번호	명칭		자료유형	구분	비고
	한글	영문			
1	학생 인원수	STUDENTS	정수	상수	10
2	문항 개수	QUESTIONS	정수	상수	10
3	점수들	scores	정수 배열	출력	성적표
4	등수들	ranks	정수 배열	출력	
5	표시들	marks	문자 배열	출력	
6	정답들	correctAnswers	정수 배열	입력	답안지
7	답안들	answers	정수 배열	입력	2차원 배열

자료 명세서

기호상수는 명칭을 적고 등호(=)를 적고 상수를 적는다. 배열이면 배열 이름을 적고 반드시 소괄호를 여닫아야 한다. 소괄호에는 상수로 배열 크기를 적어야 한다. 1차원 배열이면 칸(열)의 개수를 적으면 된다. 2차원 배열이면 소괄호에 상수로 줄(행)의 개수와 칸(열)의 개수를 쉼표로 구분하여 적어 배열 크기를 적어야 한다. 3차원 배열이면, 면의 개수, 줄의 개수 그리고 칸의 개수를 쉼표로 구분하여 차례로 적어 배열 크기를 적어야 한다.

```
┌─────────────────────────────────────────────────────┐
│         ┌──────────────────────────────────┐          │
│         │              start               │          │
│         ├──────────────────────────────────┤          │
│         │ STUDENTS = 10, QUESTIONS = 10, scores(STUDENTS), │
│         │ ranks(STUDENTS), marks(STUDENTS), correctAnswers(QUESTIONS), │
│         │ answers(STUDENTS, QUESTIONS)     │          │
│         ├──────────────────────────────────┤          │
│         │              stop                │          │
│         └──────────────────────────────────┘          │
└─────────────────────────────────────────────────────┘
```

"1. 정답들과 답안들을 입력받는다." 처리단계에 대해 나씨-슈나이더만 다이어그램을 작도해 보자. 전형적인 순차 구조인 입력이다. 변수와 배열을 선언한 순차 구조 기호 바로 아래쪽에 순차 구조 기호를 작도한다. read를 적고, 입력받은 데이터를 저장할 변수 이름이나 배열 이름을 쉼표로 구분하여 적는다.

```
                          start
STUDENTS = 10, QUESTIONS = 10, scores(STUDENTS),
ranks(STUDENTS), marks(STUDENTS), correctAnswers(QUESTIONS),
answers(STUDENTS, QUESTIONS)
         read correctAnswers, answers
                          stop
```

"2. 학생 수만큼 반복한다." 처리단계에 대해 나씨-슈나이더만 다이어그램을 작도해 보자. 제어 기능으로 반복구조이다. 먼저 반복횟수를 저장할 변수인 반복제어변수를 자료명세서에 추가하자. 횟수이므로 소수점이 없는 숫자형인 정수형이어야 한다. 구분은 "추가"로 하자.

자료 명세서					
번호	명칭		자료유형	구분	비고
	한글	영문			
1	학생 인원수	STUDENTS	정수	상수	10
2	문항 개수	QUESTIONS	정수	상수	10
3	점수들	scores	정수 배열	출력	성적표
4	등수들	ranks	정수 배열	출력	
5	표시들	marks	문자 배열	출력	
6	정답들	correctAnswers	정수 배열	입력	답안지
7	답안들	answers	정수 배열	입력	2차원 배열
8	반복제어변수	i	정수	추가	

변수와 배열을 선언하는 순차 구조 기호에도 반복제어변수 i를 선언하자.

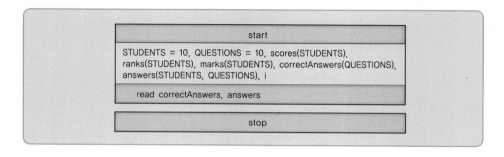

```
                          start
STUDENTS = 10, QUESTIONS = 10, scores(STUDENTS),
ranks(STUDENTS), marks(STUDENTS), correctAnswers(QUESTIONS),
answers(STUDENTS, QUESTIONS), i
         read correctAnswers, answers
                          stop
```

반복횟수가 알고리듬을 작도하고 있는 지금 알 수 있으므로 진입 조건 반복구조인 for 반

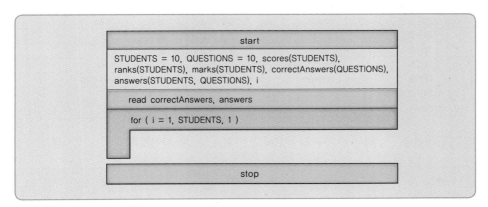

복구조로 작도하자. ┌ 자형 반복구조 기호를 작도하자. for 키워드를 적고 소괄호를 여닫아야 한다. 소괄호에 반복제어변수의 초기식, 그리고 반복 최대횟수, 반복제어변수를 변경할 때 더해지거나 빼어지는 수를 쉼표로 구분하여 적는다.

학생 수만큼 반복해야 하므로 초기식은 i = 1, 반복 최대횟수는 STUDENTS이고 더해지는 수는 1이어야 한다. 학생 수만큼 반복해야 한다.

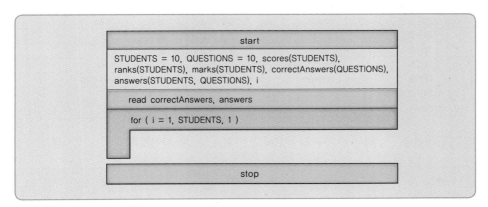

다음은 반복해야 하는 "2.1. 점수를 매기다." 처리단계에 대해 작도해 보자. 컴퓨터 기본 기능을 정리할 때 "2.1. 점수를 매기다." 처리단계에서는 학생 한 명에 대해 10개의 답안에 대해 정답과 비교하여 맞은 개수를 세고, 맞은 개수에 10을 곱하여 점수를 구한 다음에 채점표에 저장해야 한다. 몇 개의 컴퓨터 기본 기능을 사용했다. 이러면 처리단계에 대해 다시 처리 과정을 작성해 보자. 그리고 작성된 처리 과정에 대해 수행되어야 할 컴퓨터 기본 기능을 정리해 보자.

처리 과정
---
1. 문항 개수만큼 반복한다. (제어 : 반복)
   1.1. 정답과 답안이 같으면 개수를 세다. (제어 : 선택, 산술·기억)
2. 점수를 구한다. (산술)
3. 구한 점수를 해당 번호의 학생 점수로 적는다. (기억)
4. 점수를 출력한다. (출력)
5. 끝내다.

처리 과정에서 처리단계마다 목적어를 검토하여 자료명세서에 정리되지 않은 데이터가 있으면 자료명세서에 추가하여 정리해야 한다. "개수를 세다."에서 개수를 소수점이 필요하지 않으므로 자료형은 정수, 구분은 "처리"로 자료명세서에 추가해야 한다. "점수"도 자료

명세서에 추가할 수 있지만, 따로 변수로 선언하지 않겠다. 왜냐하면, "점수들" 정수 배열
의 배열요소가 점수이기 때문이다.

자료 명세서

번호	명칭		자료유형	구분	비고
	한글	영문			
1	학생 인원수	STUDENTS	정수	상수	10
2	문항 개수	QUESTIONS	정수	상수	10
3	점수들	scores	정수 배열	출력	성적표
4	등수들	ranks	정수 배열	출력	
5	표시들	marks	문자 배열	출력	
6	정답들	correctAnswers	정수 배열	입력	답안지
7	답안들	answers	정수 배열	입력	2차원 배열
8	반복제어변수	i	정수	추가	
9	개수	count	정수	처리	

변수와 배열을 선언하는 순차구조 기호에도 변수 count를 선언하자.

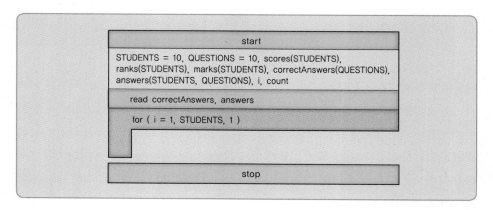

개수를 세는 표현은 누적이다. count 변수 하나로 1씩 증가하는 식을 작성해야 한다. count
= count + 1이다. 그렇다면, 맞은 개수를 셀 때 사용되는 변수 count는 초기화되어야 한다.

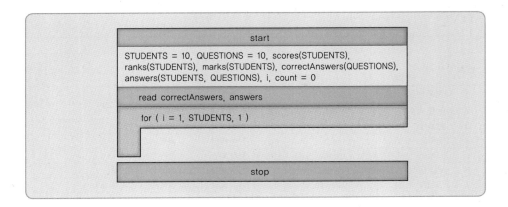

```
                          start
STUDENTS = 10, QUESTIONS = 10, scores(STUDENTS),
ranks(STUDENTS), marks(STUDENTS), correctAnswers(QUESTIONS),
answers(STUDENTS, QUESTIONS), i, count = 0

    read correctAnswers, answers

    for ( i = 1, STUDENTS, 1 )



                          stop
```

그런데 초기화하면 문제가 있다. 어떠한 문제일까? 생각해 보자. 초기화는 시작할 때 한 번만 0으로 설정하게 된다. 그런데 맞은 개수는 학생 한 명당 세어야 하므로 count는 시작할 때 한 번만 0으로 설정하는 초기화가 아니라 원위치(Reset) 개념으로 반복하기 전에 0으로 설정되어야 한다.

"2.1. 점수를 매기다." 처리단계의 처리 과정에서 "1. 문항 개수만큼 반복한다." 처리단계를 작도하기 전에 먼저 count에 0을 저장하여야 한다. 기억 기능이므로 반복 구조 기호 내에 순차 구조 기호를 작도한다. count에 0을 저장하는 치환식을 작성하여 순차 구조 기호에 적는다.

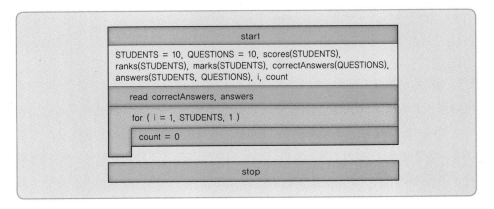

```
                          start
STUDENTS = 10, QUESTIONS = 10, scores(STUDENTS),
ranks(STUDENTS), marks(STUDENTS), correctAnswers(QUESTIONS),
answers(STUDENTS, QUESTIONS), i, count

    read correctAnswers, answers

    for ( i = 1, STUDENTS, 1 )

        count = 0


                          stop
```

"1. 문항 개수만큼 반복한다." 처리단계에 대해 작도해 보자. 열번 반복해야 한다. 반복횟수가 정해졌으므로 for 반복구조로 작도해야 한다. 먼저 반복제어변수를 하나 추가하자. 관습적으로 반복제어변수는 i부터 시작하여 알파벳순으로 이름이 정해진다. 따라서 추가되는 반복제어변수는 j이다. 먼저 자료명세서에 추가하자.

자료 명세서

번호	명칭		자료유형	구분	비고
	한글	영문			
1	학생 인원수	STUDENTS	정수	상수	10
2	문항 개수	QUESTIONS	정수	상수	10
3	점수들	scores	정수 배열	출력	성적표
4	등수들	ranks	정수 배열	출력	
5	표시들	marks	문자 배열	출력	
6	정답들	correctAnswers	정수 배열	입력	답안지
7	답안들	answers	정수 배열	입력	2차원 배열
8	반복제어변수	i	정수	추가	
9	개수	count	정수	처리	
10	반복제어변수	j	정수	추가	

변수와 배열을 선언하는 순차 구조 기호에도 반복제어변수 j를 선언하자.

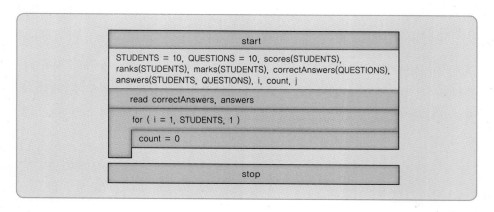

"2.1. 점수를 매기다." 처리단계의 처리 과정에서 "1. 문항 개수만큼 반복한다." 처리단계에 대해 작도해 보자. 10번만 반복해야 하므로 선 검사 반복구조인 for 반복 구조를 만들어야 한다. "2. 학생 수만큼 반복한다." 처리단계의 하위 단계이므로 for 반복 구조 기호내에 ┌자형 반복 구조 기호를 작도한다. for 키워드를 적고 소괄호를 여닫는다. 소괄호에 초기식, 최대횟수, 그리고 반복제어변수를 변경할 때 더해지거나 빼어지는 수를 쉼표로 구분하여 적는다. 10번 반복해야 하므로 초기식은 j = 1, 최대횟수 QUESTIONS, 더해지는 수는 1이어야 한다.

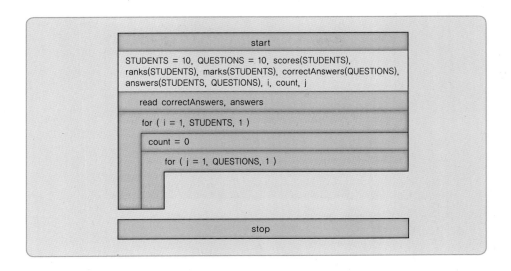

"2.1. 점수를 매기다." 처리단계의 처리 과정에서 "1.1. 정답과 답안이 같으면 개수를 세다."
처리단계를 작도해 보자. "정답과 답안이 같으면"은 제어 기능으로 선택구조이다. 안쪽 for
반복 구조 기호에 선택 구조 기호를 작도한다. 순차 구조 기호를 작도하고, 아래쪽 선에서
적당한 위치를 정해서 왼쪽 위쪽과 오른쪽 위쪽으로 사선을 그려 선택 구조 기호를 작도한
다. 왼쪽 삼각형에는 TRUE를 적고, 오른쪽 삼각형에는 FALSE를 적는다. 가운데 역삼각형
에는 관계식을 적는다. 정답은 correctAnswers 배열의 j번째 배열요소 correctAnswers(j)
이다. 답안은 answers 배열의 i번째 줄의 j번째 칸의 배열요소 answers(i, j)이다. 같은지
에 대해 관계식 correctAnswers(j) = answers(i, j) 을 작성하여 적어야 한다.

여기서 소괄호는 첨자 연산자(Subscript Operator)라고 한다. 배열요소에 저장된 값을 쓰
거나 읽을 때, 다른 말로는 참조할 때 사용하는 연산자이다. correctAnswers 배열처럼 한
줄에 여러 개의 칸으로 구성된 1차원 배열이면, 소괄호에 칸의 위치를 나타내는 첨자만을
적으면 된다. 그렇지만, answers 배열처럼 여러 개의 줄로 줄마다 여러 개의 칸으로 구성
된 2차원 배열이면, 소괄호에 먼저 줄의 위치를 나타내는 첨자를 적고, 쉼표로 구분하고 칸
의 위치를 나타내는 첨자를 적으면 된다.

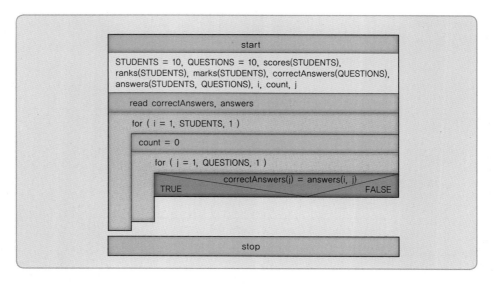

같으면 개수를 세어야 한다. 개수를 세는 것은 산술 연산 기능과 기억 기능으로 수행되어야 하므로 순차 구조 기호를 작도한다. TRUE가 적힌 삼각형 크기만큼 아래쪽에 순차 구조 기호를 작도한다. 순차 구조 기호에 누적으로 식을 작성하여 적으면 된다. count에 저장된 값을 읽어 1을 더하여 구한 값 count + 1을 count에 저장하는 식 count = count + 1로 값을 구하게 되면, 개수를 셀 수 있다.

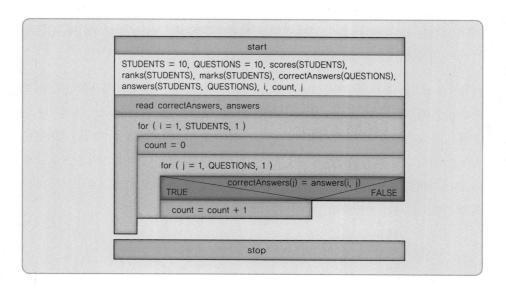

정답과 답안이 맞지 않으면 처리할 내용이 없으므로 FALSE가 적힌 삼각형 아래쪽에 순차 구조 기호를 작도하고, 아래쪽으로 향하는 화살표를 작도하여 "처리 없음"을 나타낸다.

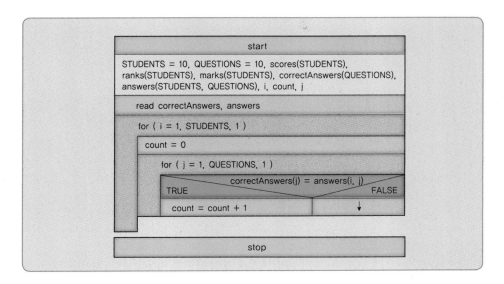

"2.1. 점수를 매기다." 처리단계의 처리 과정에서 "2. 점수를 구한다." 처리단계에 대해 작도해 보자. 산술 연산 기능이다. 순차 구조 기호를 작도한다. 처리 번호를 보면, 반복해야 하는 처리가 아니라 반복이 끝난 후에 처리해야 하므로 j를 반복제어변수로 하는 안쪽 반복 구조 기호 바로 아래쪽에 작도해야 한다. 맞은 개수에 10을 곱하여 점수를 구한다. 따라서 순차 구조 기호에 count * 10을 적으면 된다.

구한 점수는 평가할 때 사용해야 하므로 저장해야 한다. 따라서 "2.1. 점수를 매기다." 처리단계의 처리 과정에서 "3. 구한 점수를 해당 번호의 학생 점수로 적는다." 처리단계도 같이 작도되어야 한다. 구한 점수 count * 10을 scores 점수 배열에서 해당 번호 i 번째의 배열요소 scores(i)에 저장해야 한다. 배열요소는 변수이다. 따라서 왼쪽 값으로 사용할 수 있다. scores(i) = count * 10 치환식으로 구한 값을 저장하면 된다. "배열요소는 변수이다"는 것을 반드시 기억하자. 따라서 변수처럼 배열요소에 값을 쓰거나 읽을 수 있다.

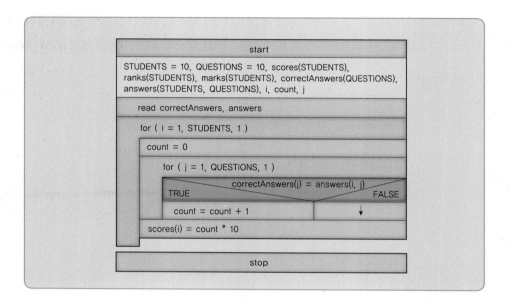

이렇게 하면, "2.1. 점수를 매기다." 처리단계에 대해 작도를 마무리한다. 다음은 "2.2. 평가하다." 처리단계를 작도해 보자. 점수와 60을 비교하여, 점수가 60보다 작으면 별표를 적고, 그렇지 않으면 공백으로 처리해야 한다. 점수와 60을 비교한 결과에 따라 처리를 결정해야 하므로 선택 구조 기호를 작도해야 한다. 점수를 매기는 순차 구조 기호 아래쪽에 순차 구조 기호를 그리고 아래쪽 선의 가운데에서 왼쪽 위쪽과 오른쪽 위쪽으로 사선을 그린다. 왼쪽 삼각형에는 TRUE를 적고, 오른쪽 삼각형에는 FALSE를 적는다. 가운데 역삼각형에는 점수 배열 scores의 i번째 배열요소인 학생 점수 scores(i)와 정수형 상수 60으로 작은지(<)에 대해 관계식을 적는다.

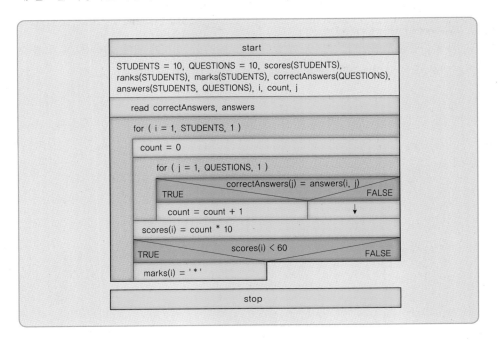

```
                              start
STUDENTS = 10, QUESTIONS = 10, scores(STUDENTS),
ranks(STUDENTS), marks(STUDENTS), correctAnswers(QUESTIONS),
answers(STUDENTS, QUESTIONS), i, count, j
        read correctAnswers, answers
    for ( i = 1, STUDENTS, 1 )
        count = 0
            for ( j = 1, QUESTIONS, 1 )
                        correctAnswers(j) = answers(i, j)
                TRUE                                  FALSE
                    count = count + 1              ↓
            scores(i) = count * 10
                        scores(i) < 60
            TRUE                                   FALSE
                              stop
```

60점보다 낮으면, 관계식을 평가했을 때 참이면 TRUE가 적힌 삼각형 크기만큼 아래쪽에
순차 구조 기호를 작도한다. 순차 구조 기호에는 marks 배열의 i번째 배열요소 marks(i)
에 별표를 저장하는 치환식을 적는다. 별표(*)는 문자 상수이므로 작은따옴표로 싸야 한다.

```
                              start
STUDENTS = 10, QUESTIONS = 10, scores(STUDENTS),
ranks(STUDENTS), marks(STUDENTS), correctAnswers(QUESTIONS),
answers(STUDENTS, QUESTIONS), i, count, j
        read correctAnswers, answers
    for ( i = 1, STUDENTS, 1 )
        count = 0
            for ( j = 1, QUESTIONS, 1 )
                        correctAnswers(j) = answers(i, j)
                TRUE                                  FALSE
                    count = count + 1              ↓
            scores(i) = count * 10
                        scores(i) < 60
            TRUE                                   FALSE
                marks(i) = ' * '
                              stop
```

60점보다 높거나 같으면, 관계식을 평가했을 때 거짓이면, FALSE가 적힌 삼각형 크기만 큼 아래쪽에 순차 구조 기호를 작도한다. 순차 구조 기호에는 marks 배열의 i번째 배열요 소 marks(i)에 스페이스 문자를 저장하는 치환식을 적는다. 스페이스 문자는 문자 상수이 므로 작은따옴표로 싸야 한다.

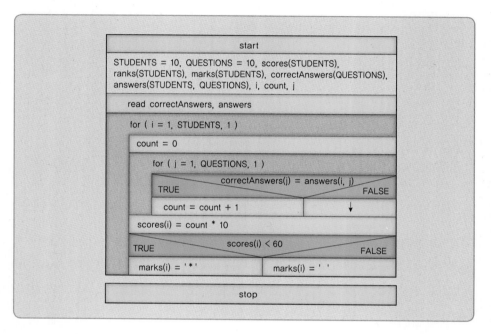

"2. 학생 수만큼 반복한다." 처리단계에 대해 표현을 마무리하게 된다. 다음은 "3. 학생 수 만큼 반복한다." 처리단계에 대해 작도해 보자. 여러분이 직접 해보자.

```
                            start
STUDENTS = 10, QUESTIONS = 10, scores(STUDENTS),
ranks(STUDENTS), marks(STUDENTS), correctAnswers(QUESTIONS),
answers(STUDENTS, QUESTIONS), i, count, j
    read correctAnswers, answers
    for ( i = 1, STUDENTS, 1 )
        count = 0
            for ( j = 1, QUESTIONS, 1 )
                        correctAnswers(j) = answers(i, j)
            TRUE                                    FALSE
                count = count + 1                       ↓
        scores(i) = count * 10
                        scores(i) < 60
            TRUE                                    FALSE
            marks(i) = '*'              marks(i) = ' '
    for ( i = 1, STUDENTS, 1 )

                            stop
```

다음은 "3.1. 등수를 매기다." 처리단계에 대해 작도해 보자. "3.1. 등수를 매기다."에 대해
처리 과정을 작성해 보자. 등수를 매기고자 하는 학생의 등수를 1등으로 하고, 자기 점수
를 포함하여 다른 학생의 점수보다 낮으면 등수가 밀려야 한다. 등수는 큰 수가 낮은 등수
이므로 1씩 증가시켜야 한다.

처리 과정

1. 학생 수만큼 반복한다. (제어 : 반복)
   1.1. 해당 학생의 점수가 다른 점수보다 낮으면 등수를 민다. (제어 : 선택, 산술 • 기억)
2. 해당 번호의 학생 등수들에 등수를 적는다. (기억)
3. 등수를 출력한다. (출력)
4. 끝내다.

처리 과정에서 목적어를 찾아 데이터로 자료명세서에 정리하자. "등수를 민다."와 "등수를
적다."에서 "등수"를 데이터로 자료명세서에 정리하자. 자료형은 등수이므로 소수점이 없
는 숫자로 정수형이고, 구분은 "처리"로 하자.

자료 명세서				
번호	명칭		자료유형	구분	비고

번호	한글	영문	자료유형	구분	비고
1	학생 인원수	STUDENTS	정수	상수	10
2	문항 개수	QUESTIONS	정수	상수	10
3	점수들	scores	정수 배열	출력	성적표
4	등수들	ranks	정수 배열	출력	
5	표시들	marks	문자 배열	출력	
6	정답들	correctAnswers	정수 배열	입력	답안지
7	답안들	answers	정수 배열	입력	2차원 배열
8	반복제어변수	i	정수	추가	
9	개수	count	정수	처리	
10	반복제어변수	j	정수	추가	
11	등수	rank	정수	처리	

나씨-슈나이더만 다이어그램에서 변수와 배열을 선언하는 순차 구조 기호에 rank 변수를 선언해야 한다.

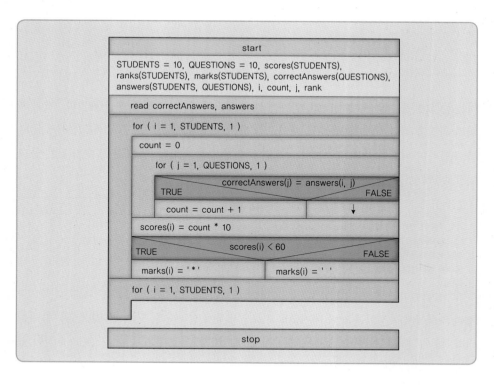

등수를 매기기 위해서는 학생마다 등수는 1등으로 시작해야 한다. rank 변수를 초기화할 필요 없고, 점수들을 비교하기 전에 원위치로 rank에 1을 설정해야 한다는 뜻이다. 기억

기능이므로 순차 구조 기호를 "3. 학생 수만큼 반복한다." 처리단계의 반복 구조 기호 내에
작도한다. 그리고 rank에 1을 저장하는 치환식을 적는다.

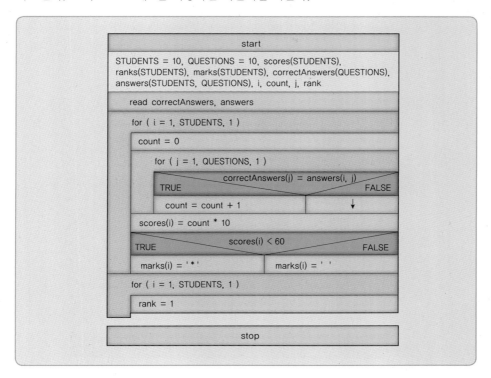

"3.1. 등수를 매기다." 처리단계의 처리 과정에서 "1. 학생 수만큼 반복한다." 처리단계에
대해 작도해 보자. 10번 반복해야 한다. 반복횟수가 정해졌으므로 for 반복구조로 작도하
면 된다. rank를 1로 설정하는 순차 구조 기호 아래쪽에 ┌ 자형 반복 구조 기호를 작도
한다. for를 적고 소괄호를 여닫아야 한다. 소괄호에 반복제어변수 j의 초기식 j = 1, 최대
횟수 STUDENTS, 반복제어변수 j를 변경할 때 더해지는 수 1을 쉼표로 구분하여 적는다.

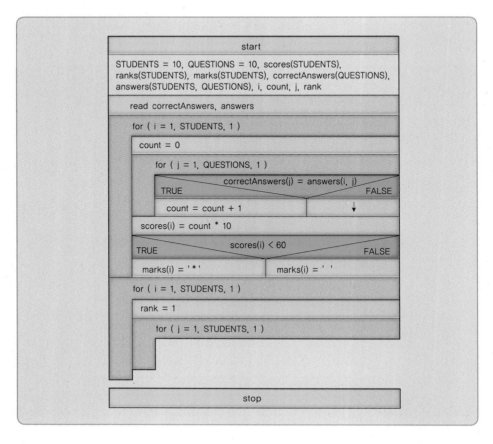

다음은 "3.1. 등수를 매기다." 처리단계의 처리 과정에서 "1.1. 해당 학생의 점수가 다른 점수보다 낮으면 등수를 밀다." 처리단계에 대해 작도해 보자. "해당 학생의 점수가 다른 점수보다 낮으면"이란 문구에서 선택구조가 필요하다는 것을 알 수 있을 것이다. 반복제어변수 j를 사용하는 반복 구조 기호 안에 순차 구조 기호를 그리고 거짓일 때 처리할 내용이 없으므로 오른쪽으로 치우진 지점에서 왼쪽 위쪽과 오른쪽 위쪽으로 사선을 그린다. 왼쪽 삼각형에는 TRUE를 적고, 오른쪽 삼각형에는 FALSE를 적는다. 가운데 역삼각형에는 "해당 학생의 점수" 표현에 대해 점수 배열 scores의 i번째 배열요소 scores(i)와 "다른 점수" 표현에 대해 점수 배열 scores의 j번째 배열요소 scores(j)로 작은지(◇)에 대한 관계식을 적는다.

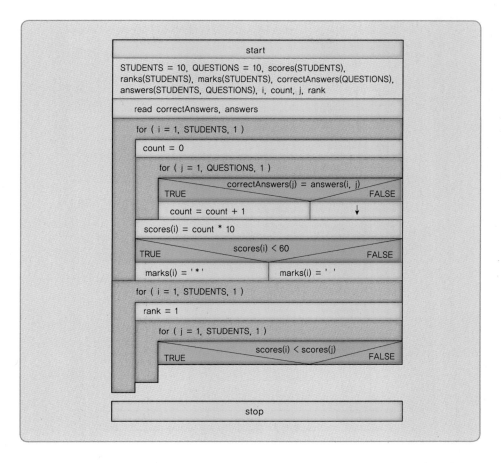

관계식을 평가했을 때 참이면 점수가 낮으므로 등수가 밀려야 한다. 등수를 하나 증가시켜야 한다. 산술 연산과 기억 기능이므로 TRUE가 적힌 삼각형 크기만큼 아래쪽에 순차 구조 기호를 작도한다. 그리고 rank에 대해 누적으로 등수를 하나 증가시키는 식을 적는다.

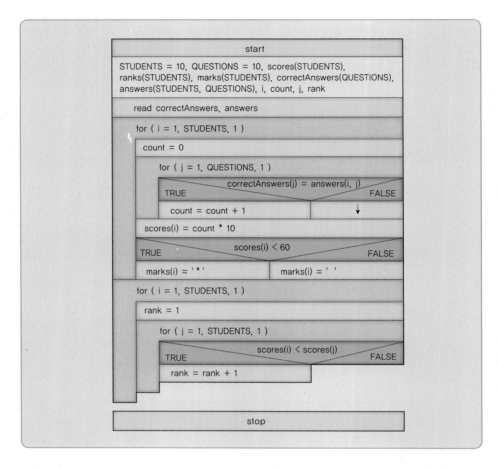

start
STUDENTS = 10, QUESTIONS = 10, scores(STUDENTS), ranks(STUDENTS), marks(STUDENTS), correctAnswers(QUESTIONS), answers(STUDENTS, QUESTIONS), i, count, j, rank
read correctAnswers, answers

```
for ( i = 1, STUDENTS, 1 )
    count = 0
        for ( j = 1, QUESTIONS, 1 )
                           correctAnswers(j) = answers(i, j)
            TRUE                                        FALSE
                count = count + 1              ↓
        scores(i) = count * 10
                      scores(i) < 60
        TRUE                            FALSE
        marks(i) = ' * '        marks(i) = ' '
for ( i = 1, STUDENTS, 1 )
    rank = 1
        for ( j = 1, STUDENTS, 1 )
                        scores(i) < scores(j)
            TRUE                              FALSE
                rank = rank + 1
```

stop

관계식을 평가했을 때 거짓이면, 처리할 내용이 없으므로 FALSE가 적힌 삼각형 크기만큼
아래쪽에 순차 구조 기호를 그린다. 그리고 아래쪽으로 향하는 화살표를 작도하여 처리하
는 내용이 없음을 나타낸다.

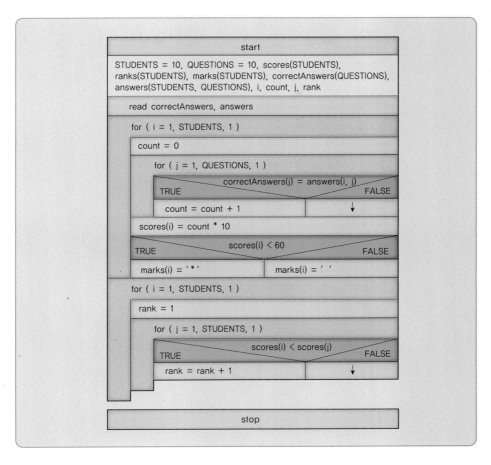

```
                              start
        STUDENTS = 10, QUESTIONS = 10, scores(STUDENTS),
        ranks(STUDENTS), marks(STUDENTS), correctAnswers(QUESTIONS),
        answers(STUDENTS, QUESTIONS), i, count, j, rank
              read correctAnswers, answers
              for ( i = 1, STUDENTS, 1 )
                  count = 0
                      for ( j = 1, QUESTIONS, 1 )
                              correctAnswers(j) = answers(i, j)
                          TRUE                           FALSE
                              count = count + 1              ↓
                  scores(i) = count * 10
                              scores(i) < 60
                          TRUE                           FALSE
                          marks(i) = '*'         marks(i) = ' '
              for ( i = 1, STUDENTS, 1 )
                  rank = 1
                      for ( j = 1, STUDENTS, 1 )
                              scores(i) < scores(j)
                          TRUE                           FALSE
                              rank = rank + 1               ↓
                              stop
```

다음은 "3.1. 등수를 매기다." 처리단계의 처리 과정에서 "2. 해당 학생의 등수들에 등수를 적는다." 처리단계에 대해 작도해 보자. 기억 기능이므로 순차구조 기호를 작도한다. "3.1. 등수를 매기다." 처리단계의 처리 과정에서 "1. 학생 수만큼 반복한다." 처리단계가 실행이 끝나서 등수를 구한 다음, 처리되어야 하므로 j를 반복제어변수로 하는 반복 구조 기호 바로 아래쪽에 순차 구조 기호를 작도한다.

"해당 번호의 학생 등수들"이란 표현에서 등수 배열 ranks의 i번째 배열요소 ranks(i)에 rank에 저장된 값을 치환하여 저장해야 한다. 순차 구조 기호에 ranks(i)를 왼쪽 값으로 rank를 오른쪽 값으로 치환식을 적는다.

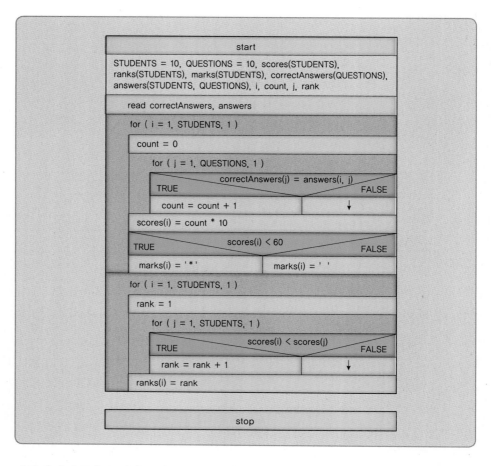

이렇게 하면 등수를 매기는 처리가 끝나게 된다. 다음은 "4. 점수들, 등수를 그리고 표시들을 출력한다." 처리단계에 대해 작도해 보자. 출력 기능은 전형적인 순차구조이다. 따라서 "3. 학생 수만큼 반복한다." 처리단계를 나타내는 반복구조 아래쪽에 순차 구조 기호를 작도한다. print 키워드를 적고, 출력할 배열 이름을 쉼표로 구분하여 적는다. 나씨-슈나이더만 다이어그램에서는 배열을 입력할 수 있고 또한 출력할 수 있다.

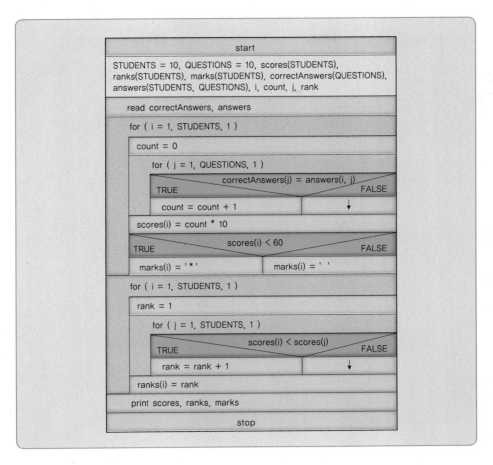

start
STUDENTS = 10, QUESTIONS = 10, scores(STUDENTS), ranks(STUDENTS), marks(STUDENTS), correctAnswers(QUESTIONS), answers(STUDENTS, QUESTIONS), i, count, j, rank

```
start
STUDENTS = 10, QUESTIONS = 10, scores(STUDENTS),
ranks(STUDENTS), marks(STUDENTS), correctAnswers(QUESTIONS),
answers(STUDENTS, QUESTIONS), i, count, j, rank
read correctAnswers, answers
for ( i = 1, STUDENTS, 1 )
    count = 0
    for ( j = 1, QUESTIONS, 1 )
                    correctAnswers(j) = answers(i, j)
        TRUE                                    FALSE
        count = count + 1                        ↓
    scores(i) = count * 10
                    scores(i) < 60
        TRUE                                    FALSE
        marks(i) = ' * '            marks(i) = ' '
for ( i = 1, STUDENTS, 1 )
    rank = 1
    for ( j = 1, STUDENTS, 1 )
                    scores(i) < scores(j)
        TRUE                                    FALSE
        rank = rank + 1                          ↓
    ranks(i) = rank
print scores, ranks, marks
stop
```

다음은 "5. 끝내다." 처리단계를 나씨−슈나이더만 다이어그램에 작도해야 한다. 나씨−슈
나이더만 다이어그램을 작도할 때 맨 처음으로 작도된 처리단계이다. 위쪽 나씨−슈나이
더만 다이어그램에서 stop이 적힌 순차 구조 기호이다. 이렇게 해서 모듈 기술서를 참고하
여 컴퓨터의 실행원리와 기억장소의 원리 그리고 컴퓨터의 기본 기능과 제어구조로 어떻
게 해야 할지를 나씨−슈나이더만 다이어그램으로 정리했다.

알고리듬이 성립되기 위한 조건인 유효성을 확인해야 한다.
따라서 설계된 나씨–슈나이더만 다이어그램을 검토해야 한다.

algorithm

검토

알고리듬이 성립되기 위한 조건인 유효성을 확인해야 한다. 따라서 설계된 나씨-슈나이더 만 다이어그램을 검토해야 한다.

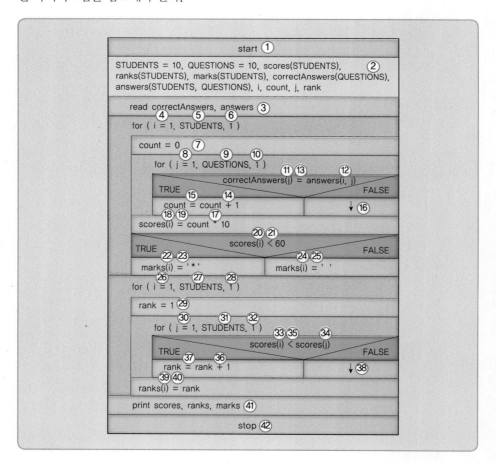

검토하기 위해서는 몇 가지를 준비해야 한다. 첫 번째는 검토용 나씨-슈나이더만 다이어그램을 작도한다. 검토하는 데 있어 제어 흐름을 추적하기 위해 앞페이지에 작도된 나씨-슈나이더만 다이어그램처럼 사용된 식에 번호를 매긴다.

두 번째는 검토표를 작성하여야 한다. 배열은 따로 그린다.

> STUDENTS = 10, QUESTIONS = 10, scores(STUDENTS),
> ranks(STUDENTS), marks(STUDENTS), correctAnswers(QUESTIONS),
> answers(STUDENTS, QUESTIONS), i, count, j, rank

변수와 배열을 선언하는 순차 구조 기호에서 배열을 뺀 항목들의 개수에 하나를 더한 개수만큼 줄을 만든다. 그리고 이름을 적은 열과 초깃값을 설정하는 열, 그리고 검토횟수를 더한 만큼 열을 그린다. 그리고 첫 번째 줄에는 왼쪽에서 오른쪽으로 열의 명칭을 적는다. 그리고 가장 왼쪽 열에는 변수와 배열을 선언하는 순차 구조 기호에 적힌 항목들을 적는다. 물론 배열은 제외한다. 검토는 매우 시간이 많이 걸리는 작업이라 번거롭다. 그렇지만 검토횟수는 최소한 3회 이상이어야 한다. 그래서 세 명의 학생에 대해 검토해 보자. STUDENTS가 10이 아니라 3으로 조정하자. 나씨-슈나이더만 다이어그램에서는 그대로 두고 검토표에서 고치도록 하자.

명칭	초기	1	2	3
STUDENTS	3			
QUESTIONS	10			
i				
count				
j				
rank				

scores

ranks

marks

correctAnswers

answers


```
                                start ①

STUDENTS = 10, QUESTIONS = 10, scores(STUDENTS),           ②
ranks(STUDENTS), marks(STUDENTS), correctAnswers(QUESTIONS),
answers(STUDENTS, QUESTIONS), i, count, j, rank

         read correctAnswers, answers ③
            ④        ⑤              ⑥
        for ( i = 1, STUDENTS, 1 )
        ┌─────────────────────────────────────────────────────┐
        │ count = 0  ⑦                                          │
        │        ⑧        ⑨         ⑩                           │
        │    for ( j = 1, QUESTIONS, 1 )                        │
        │    ┌──────────────────────────────────────────────┐  │
        │    │                      ⑪ ⑬              ⑫       │  │
        │    │        correctAnswers(j) = answers(i, j)      │  │
        │    │ TRUE                                   FALSE   │  │
        │    │      ⑮      ⑭                                 │  │
        │    │   count = count + 1          │    ↓ ⑯         │  │
        │    └──────────────────────────────────────────────┘  │
        │    ⑱ ⑲        ⑰                                       │
        │ scores(i) = count * 10                               │
        │                          ⑳ ㉑                         │
        │                     scores(i) < 60                    │
        │ TRUE     ㉒ ㉓                         ㉔ ㉕   FALSE  │
        │ marks(i) = ' * '             │   marks(i) = '  '      │
        └─────────────────────────────────────────────────────┘
            ㉖        ㉗         ㉘
        for ( i = 1, STUDENTS, 1 )
        ┌─────────────────────────────────────────────────────┐
        │ rank = 1 ㉙                                           │
        │        ㉚        ㉛       ㉜                           │
        │    for ( j = 1, STUDENTS, 1 )                         │
        │    ┌──────────────────────────────────────────────┐  │
        │    │                   ㉝ ㉟         ㉞             │  │
        │    │        scores(i) < scores(j)                  │  │
        │    │ TRUE    ㊲      ㊱                     FALSE   │  │
        │    │   rank = rank + 1            │    ↓ ㊳         │  │
        │    └──────────────────────────────────────────────┘  │
        │    ㊴ ㊵                                               │
        │ ranks(i) = rank                                      │
        └─────────────────────────────────────────────────────┘
       print scores, ranks, marks ㊶

                               stop ㊷
```

배열은 따로 그린다. 배열인 경우는 일정한 크기의 작은 사각형을 배열 크기만큼 연속해서 그리고, 적당한 위치에 배열 이름을 적는다. 1차원 배열은 한 줄에 배열 크기만큼 칸을 만든다. scores, ranks, marks, correctAnswers는 1차원 배열이다. 따라서 scores, ranks, marks 배열은 STUDENTS가 3으로 조정했으므로 세 개의 작은 사각형을 일렬로 그린다. correctAnswers 배열은 열 개의 작은 사각형을 일렬로 그린다. 그리고 위쪽에 배열 이름을 적는다. 2차원 배열은 줄의 개수만큼 줄을 만들고, 줄마다 칸의 개수만큼 칸을 만든다. answers는 2차원 배열이다. STUDENTS만큼 줄을 만들고, 줄마다 QUESTIONS 만큼 열 개의 칸을 만든다. 위쪽에 배열 이름을 적는다.

세 번째는 입력이 있는 경우는 입력데이터들을 설계한다. 대개는 모델 구축에서 사용된 데이터들을 그대로 이용한다. 모범답안은 다음과 같다.

| 4 | 3 | 4 | 2 | 1 | 3 | 2 | 1 | 4 | 2 |

학생답안은 다음과 같다. 한 줄에 한 명의 학생의 답안이다. 세 명에 대해 입력된다.

4	3	4	2	1	3	1	2	2	4
3	4	1	2	2	3	1	2	4	2
4	3	4	2	1	3	2	1	4	2

검토할 준비가 다 되었다. 이제 추적해보자.

① 번 start가 적힌 순차 구조 기호부터 시작하자. start가 의미하는 것처럼 시작하자. 그리고 순차구조이므로 아래쪽으로 이동하자. ② 번 변수와 배열을 선언한 순차 구조 기호로 이동한다. 선언된 변수와 배열들에 대해 검토표에서 초기 열에 값을 적는다. 검토하는 데 열 명의 학생에 대해 하는 것은 지루한 작업이 될 것이다. 따라서 세 명의 학생에 대해 검토하자. 따라서 STUDENTS를 3으로 하자. 초기화되는 변수가 없으므로 쓰레기를 가지므로 물음표를 적자. 배열 또한 초기화할 수 없으므로 모든 칸에 물음표를 적어 쓰레기가 저장되었음을 나타내도록 하자.

명칭	초기	1	2	3
STUDENTS	3			
QUESTIONS	10			
i	?			
count	?			
j	?			
rank	?			

scores

?	?	?

ranks

?	?	?

marks

?	?	?

correctAnswers

?	?	?	?	?	?	?	?	?	?

answers

?	?	?	?	?	?	?	?	?	?
?	?	?	?	?	?	?	?	?	?
?	?	?	?	?	?	?	?	?	?

③ 번 순차 구조 기호로 이동하자. 순차 구조 기호에 적힌 read로 알 수 있듯이 데이터들을 입력받는다. 모범답안들이 입력되므로 correctAnswers에 차례로 한 칸에 하나씩 데이터를 적도록 하자. 학생답안들이 입력되므로 answers에 세 명의 학생에 대해 한 줄에 한

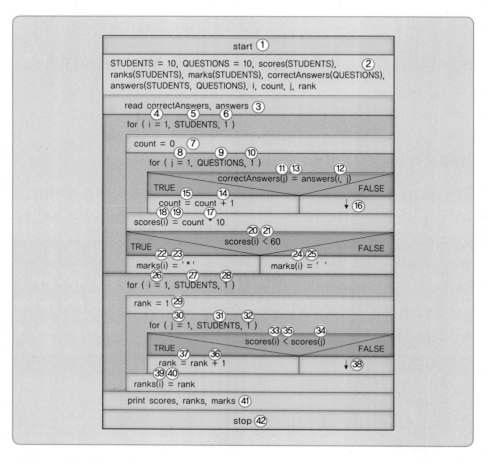

start ①

STUDENTS = 10, QUESTIONS = 10, scores(STUDENTS), ②
ranks(STUDENTS), marks(STUDENTS), correctAnswers(QUESTIONS),
answers(STUDENTS, QUESTIONS), i, count, j, rank

read correctAnswers, answers ③
④ ⑤ ⑥

for (i = 1, STUDENTS, 1)

count = 0 ⑦
⑧ ⑨ ⑩

for (j = 1, QUESTIONS, 1)
⑪⑬   ⑫

correctAnswers(j) = answers(i, j)

TRUE   FALSE
⑮ ⑭
count = count + 1   ↓ ⑯
⑱⑲ ⑰

scores(i) = count * 10
⑳ ㉑

scores(i) < 60

TRUE   FALSE
㉒㉓   ㉔㉕
marks(i) = ' * '   marks(i) = ' '
㉖   ㉗   ㉘

for (i = 1, STUDENTS, 1)

rank = 1 ㉙
㉚   ㉛ ㉜

for (j = 1, STUDENTS, 1)
㉝㉟   ㉞

scores(i) < scores(j)

TRUE   FALSE
㊲ ㊱
rank = rank + 1   ↓ ㊳
㊴㊵

ranks(i) = rank

print scores, ranks, marks ㊹

stop ㊷

명씩 열 개의 데이터를 적자.

명칭	초기	1	2	3
STUDENTS	3			
QUESTIONS	10			
i	?			
count	?			
j	?			
rank	?			

scores

?	?	?

ranks

?	?	?

marks

?	?	?

correctAnswers

4	3	4	2	1	3	2	1	4	2

answers

4	3	4	2	1	3	1	2	2	4
3	4	1	2	2	3	1	2	4	2
4	3	4	2	1	3	2	1	4	2

입력은 순차구조이므로 한 번 실행되면, 아래쪽으로 이동하게 된다. 다음은 반복 구조 기호이다. for 반복구조이다. ④ 번 초기식으로 반복제어변수 i에 1을 저장한다. 검토표가 정리되어야 한다.

명칭	초기	1	2	3
STUDENTS	3			
QUESTIONS	10			
i	?	1		
count	?			
j	?			
rank	?			

scores

?	?	?

ranks

?	?	?

marks

?	?	?

correctAnswers

4	3	4	2	1	3	2	1	4	2

answers

4	3	4	2	1	3	1	2	2	4
3	4	1	2	2	3	1	2	4	2
4	3	4	2	1	3	2	1	4	2

다음은 ⑤ 번 조건식으로 반복할지 말지를 결정해야 한다. i에 저장된 값 1과 STUDENTS 3을 읽어 1이 3보다 작거나 같은지를 평가해야 한다. 참이다. for 반복구조는 진입조건 반복구조이므로 참이면 반복하고, 거짓이면 탈출해야 한다. 참이므로 반복해야 한다. ⑦ 번 순차 구조 기호로 이동한다. count에 0을 저장하는 치환식이다. 따라서 count에 저장된 값이 쓰레기에서 0으로 바뀌게 된다. 검토표를 정리하자.

```
                          start ①

STUDENTS = 10, QUESTIONS = 10, scores(STUDENTS),        ②
ranks(STUDENTS), marks(STUDENTS), correctAnswers(QUESTIONS),
answers(STUDENTS, QUESTIONS), i, count, j, rank

         read correctAnswers, answers ③
         ④        ⑤           ⑥
   for ( i = 1, STUDENTS, 1 )

        count = 0  ⑦
              ⑧         ⑨       ⑩
            for ( j = 1, QUESTIONS, 1 )
                            ⑪ ⑬                 ⑫
                  correctAnswers(j) = answers(i, j)
          TRUE        ⑮     ⑭                      FALSE
                count = count + 1              ↓ ⑯
          ⑱ ⑲        ⑰
        scores(i) = count * 10
                          ⑳ ㉑
          TRUE        scores(i) < 60           FALSE
                ㉒ ㉓
          marks(i) = ' * '              marks(i) = ' '
          ㉖         ㉗         ㉘          ㉔ ㉕
   for ( i = 1, STUDENTS, 1 )

        rank = 1 ㉙
              ㉚        ㉛      ㉜
            for ( j = 1, STUDENTS, 1 )
                           ㉝ ㉟           ㉞
                  scores(i) < scores(j)
          TRUE      ㊲      ㊱                   FALSE
                rank = rank + 1            ↓ ㊳
          ㊴ ㊵
        ranks(i) = rank
         print scores, ranks, marks ㊶

                          stop ㊷
```

명칭	초기	1	2	3
STUDENTS	3			
QUESTIONS	10			
i	?	1		
count	?	0		
j	?			
rank	?			

scores

?	?	?

ranks

?	?	?

marks

?	?	?

correctAnswers

4	3	4	2	1	3	2	1	4	2

answers

4	3	4	2	1	3	1	2	2	4
3	4	1	2	2	3	1	2	4	2
4	3	4	2	1	3	2	1	4	2

순차구조이므로 한 번 실행된 후 실행제어는 아래쪽으로 이동한다. 반복 구조 기호로 이동한다. for 반복구조이다. ⑧ 번 초기식으로 반복제어변수 j에 1을 저장한다. 따라서 검토표는 정리되어야 한다.

명칭	초기	1	2	3
STUDENTS	3			
QUESTIONS	10			
i	?	1		
count	?	0		
j	?	1		
rank	?			

scores

?	?	?

ranks

?	?	?

marks

?	?	?

correctAnswers

4	3	4	2	1	3	2	1	4	2

answers

4	3	4	2	1	3	1	2	2	4
3	4	1	2	2	3	1	2	4	2
4	3	4	2	1	3	2	1	4	2

⑨ 번 조건식을 평가해야 한다. j가 QUESTIONS 10보다 작거나 같은지에 대해 평가해야 한다. 참이다. 따라서 반복해야 한다. 선택 구조 기호로 이동해야 한다. ⑪ 번 correctAnswers(j) 식을 평가해야 한다. j에 저장된 값 1을 참조하여 correctAnswers 배열에서 첫 번째 배열요소에 저장된 값을 읽는다. 검토표에서 correctAnswers 배열의 첫 번째 배열요소에 적힌 값은 4이다. 4를 읽어 레지스터에 저장한다. 다음은 ⑫ 번 answers(i, j) 식을 평가해야 한다. i에 저장된 값을 참조하여 answers 배열에서 줄의 위치를 확인하고, j에 저장된 값을 참조하여 i번째 줄의 칸의 위치를 확인하여 해당 위치의 칸에 저장된 값을 읽는다. 검토표를 참조하면, answers 배열에서 i에 저장된 값은 1이므로 첫 번째 줄과 j에 저장된 값이 1이므로 첫 번째 칸에 저장된 값 4를 읽어 레지스터에 저장한다. 다음은 읽힌 4와 4로 ⑬ 번 관계식을 평가한다. 같으므로 참이다. 선택구조이므로 평가된 값에 따라 실행순서가 정해진

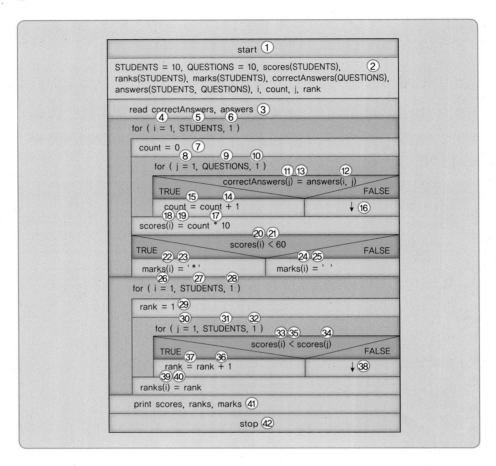

```
                          start ①
STUDENTS = 10, QUESTIONS = 10, scores(STUDENTS),        ②
ranks(STUDENTS), marks(STUDENTS), correctAnswers(QUESTIONS),
answers(STUDENTS, QUESTIONS), i, count, j, rank
          read correctAnswers, answers ③
     ④        ⑤         ⑥
for ( i = 1, STUDENTS, 1 )
     count = 0    ⑦
             ⑧        ⑨       ⑩
       for ( j = 1, QUESTIONS, 1 )
                              ⑪ ⑬            ⑫
                  correctAnswers(j) = answers(i, j)
     TRUE        ⑮       ⑭              FALSE
          count = count + 1              ↓ ⑯
       ⑱⑲      ⑰
     scores(i) = count * 10
                          ⑳ ㉑
     TRUE       ㉒ ㉓     scores(i) < 60        FALSE
                                       ㉔ ㉕
     marks(i) = '*'              marks(i) = ' '
       ㉖        ㉗        ㉘
for ( i = 1, STUDENTS, 1 )
     rank = 1 ㉙
        ㉚        ㉛      ㉜
       for ( j = 1, STUDENTS, 1 )
                           ㉝ ㉟       ㉞
                  scores(i) < scores(j)
     TRUE       ㊲    ㊱              FALSE
          rank = rank + 1              ↓ ㊳
       ㊴㊵
     ranks(i) = rank
          print scores, ranks, marks ㊶
                          stop ㊷
```

다. 참이므로 왼쪽으로 실행제어가 이동된다. 따라서 TRUE가 적힌 삼각형 아래쪽으로 이
동하여 순차구조로 이동한다. 개수를 세는 순차구조이다. ⑭ 번 산술식을 평가해야 한다.
검토표를 보면 count에 저장된 값 0을 읽어 레지스터에 저장한다. 상수 1을 읽어 읽혀 저
장된 값 0에 더하여 구한 값 1을 레지스터에 저장한다. 이때까지는 검토표에 변화가 없다.
⑮ 번 치환식으로 레지스터에 저장된 값 1을 읽어 주기억장치에 할당된 count에 저장한
다. 따라서 count에 저장된 값이 0에서 1로 바뀌게 된다. 따라서 검토표를 정리해야 한다.

명칭	초기	1	2	3
STUDENTS	3			
QUESTIONS	10			
i	?	1		
count	?	0/1		
j	?	1		
rank	?			

scores

?	?	?

ranks

?	?	?

marks

?	?	?

correctAnswers

4	3	4	2	1	3	2	1	4	2

answers

4	3	4	2	1	3	1	2	2	4
3	4	1	2	2	3	1	2	4	2
4	3	4	2	1	3	2	1	4	2

for 반복구조이므로 실행제어는 ⑩ 번 변경식으로 이동한다. ⑩ 번 1의 의미는 j에 저장된 값을 읽어 레지스터에 저장하고, 상수 1을 읽어 더하여 값을 구하고, 구한 값을 다시 j에 저장하는 것이다. j에 저장된 값이 1이므로 1을 읽어 레지스터에 저장하고, 상수 1을 읽어 더하면 2가 된다. 구해져서 레지스터에 저장된 값 2를 읽어 j에 저장한다. 따라서 j에 저장된 값이 바뀌게 되어 검토표가 정리되어야 한다.

명칭	초기	1	2	3
STUDENTS	3			
QUESTIONS	10			
i	?	1		
count	?	0/1		
j	?	1/2		
rank	?			

scores

?	?	?

ranks

?	?	?

marks

?	?	?

correctAnswers

4	3	4	2	1	3	2	1	4	2

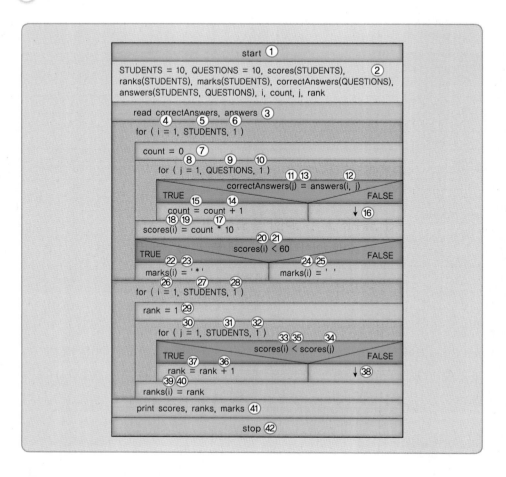

answers

4	3	4	2	1	3	1	2	2	4
3	4	1	2	2	3	1	2	4	2
4	3	4	2	1	3	2	1	4	2

변경식을 평가했으므로 반복구조이므로 ⑨ 번 조건식을 평가해야 한다. 반복구조이므로 조건식을 평가하여 참이면 반복하고, 거짓이면 탈출해야 하기 때문이다. j에 저장된 값 2를 읽고 상수 QUESTIONS 10을 읽어 2가 10보다 작거나 같은지를 평가한다. 참이다. 반복해야 한다.

선택 구조 기호로 이동해야 한다. ⑪ 번 correctAnswers(j) 식을 평가해야 한다. j에 저장된 값 2를 참조하여 correctAnswers 배열에서 두 번째 배열요소에 저장된 값을 읽는다. 검토표에서 correctAnswers 배열의 두 번째 배열요소에 적힌 값은 3이다. 3을 읽어 레지스터에 저장한다. 다음은 ⑫ 번 answers(i, j) 식을 평가해야 한다. i에 저장된 값을 참조하여 answers 배열에서 줄의 위치를 확인하고, j에 저장된 값을 참조하여 i번째 줄의 칸의 위치를 확인하여 해당 위치의 칸에 저장된 값을 읽는다. 검토표를 참조하면, answers 배열에서 i에 저장된 값은 1이므로 첫 번째 줄과 j에 저장된 값이 2이므로 두 번째 칸에 저장된 값 3을 읽어 레지스터에 저장한다. 다음은 읽힌 3과 3으로 ⑬ 번 관계식을 평가한다. 같으므로 참이다. 선택구조이므로 평가된 값에 따라 실행순서가 정해진다. 참이므로 왼쪽으로 실행제어가 이동된다. 따라서 TRUE가 적힌 삼각형 아래쪽으로 이동하여 순차 구조 기호로 이동한다. 개수를 세는 순차 구조 기호이다. ⑭ 번 산술식을 평가해야 한다. 검토표를 보면 count에 저장된 값 1을 읽어 레지스터에 저장한다. 상수 1을 읽어 읽혀 저장된 값 1에 더하여 구한 값 2를 레지스터에 저장한다. 이때까지는 검토표에 변화가 없다. ⑮ 번 치환식으로 레지스터에 저장된 값 2를 읽어 주기억장치에 할당된 count에 저장한다. 따라서 count에 저장된 값이 1에서 2로 바뀌게 된다. 따라서 검토표를 정리해야 한다.

명칭	초기	1	2	3
STUDENTS	3			
QUESTIONS	10			
i	?	1		
count	?	0/1/2		
j	?	1/2		
rank	?			

scores

?	?	?

ranks

?	?	?

marks

?	?	?

correctAnswers

4	3	4	2	1	3	2	1	4	2

answers

4	3	4	2	1	3	1	2	2	4
3	4	1	2	2	3	1	2	4	2
4	3	4	2	1	3	2	1	4	2

for 반복구조이므로 실행제어는 ⑩ 번 변경식으로 이동한다. j에 저장된 값이 2이므로 2를 읽어 레지스터에 저장하고, 상수 1을 읽어 더하면 3이 된다. 구해져서 레지스터에 저장된 값 3을 읽어 j에 저장한다. 따라서 j에 저장된 값이 바뀌게 되어 검토표가 정리되어야 한다.

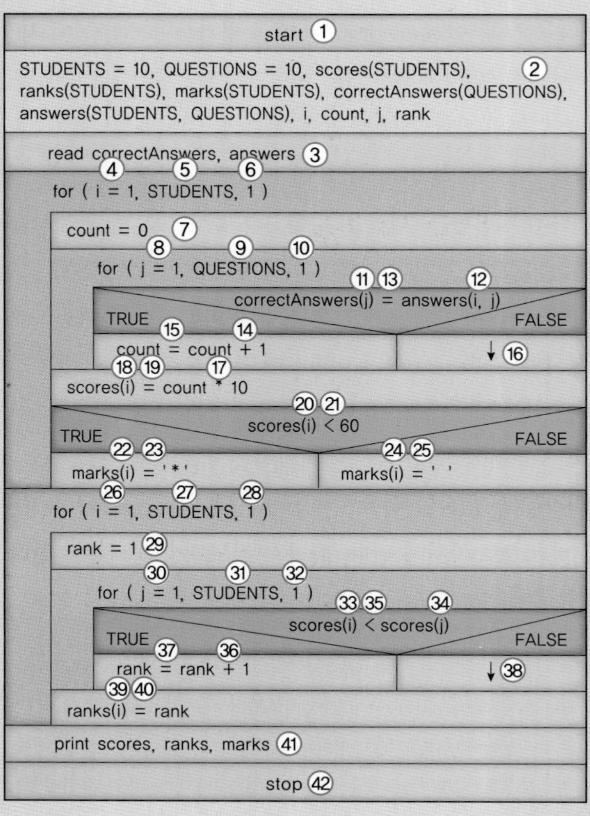

명칭	초기	1	2	3
STUDENTS	3			
QUESTIONS	10			
i	?	1		
count	?	0/1/2		
j	?	1/2/3		
rank	?			

scores

?	?	?

ranks

?	?	?

marks

?	?	?

correctAnswers

4	3	4	2	1	3	2	1	4	2

answers

4	3	4	2	1	3	1	2	2	4
3	4	1	2	2	3	1	2	4	2
4	3	4	2	1	3	2	1	4	2

변경식을 평가했으므로 반복구조이므로 ⑨ 번 조건식을 평가해야 한다. 진입조건 반복구조이므로 조건식을 평가하여 참이면 반복하고, 거짓이면 탈출해야 하기 때문이다. j에 저장된 값 3을 읽고 상수 QUESTIONS 10을 읽어 3이 10보다 작거나 같은지를 평가한다. 참이다. 반복해야 한다.

선택 구조 기호로 이동해야 한다. ⑪ 번 correctAnswers(j) 식을 평가해야 한다. j에 저장된 값 3을 참조하여 correctAnswers 배열에서 세 번째 배열요소에 저장된 값을 읽는다. 검토표에서 correctAnswers 배열의 세 번째 배열요소에 적힌 값은 4이다. 4를 읽어 레지스터에 저장한다. 다음은 ⑫ 번 answers(i, j) 식을 평가해야 한다. 검토표를 보면, answers 배열에서 i에 저장된 값은 1이므로 첫 번째 줄과 j에 저장된 값이 3이므로 세 번째 칸에 저장된 값 4를 읽어 레지스터에 저장한다. 다음은 읽힌 4와 4로 관계식을 평가한다. 같으므로 참이다. 선택구조이므로 평가된 값에 따라 실행순서가 정해진다. 참이므로 왼쪽으로 실행제어가 이동된다. 따라서 TRUE가 적힌 삼각형 아래쪽으로 이동하여 순차 구조 기호로 이동한다. 개수를 세는 순차 구조 기호이다. ⑭ 번 산술식을 평가해야 한다. 검토표를 보면 count에 저장된 값 2를 읽어 레지스터에 저장한다. 상수 1을 읽어 읽혀 저장된 값 2에 더하여 구한 값 3을 레지스터에 저장한다. 이때까지는 검토표에 변화가 없다. ⑮ 번 치환식으로 레지스터에 저장된 값 3을 읽어 주기억장치에 할당된 count에 저장한다. 따라서 count에 저장된 값이 2에서 3으로 바뀌게 된다. 따라서 검토표를 정리해야 한다.

명칭	초기	1	2	3
STUDENTS	3			
QUESTIONS	10			
i	?	1		
count	?	0/1/2/3		
j	?	1/2/3		
rank	?			

scores

?	?	?

ranks

?	?	?

marks

?	?	?

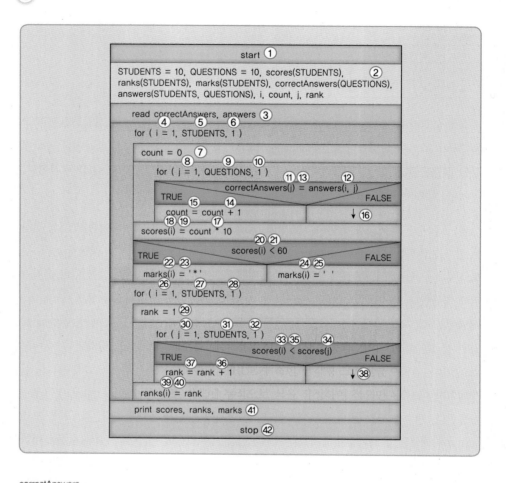

start ①

STUDENTS = 10, QUESTIONS = 10, scores(STUDENTS), ②
ranks(STUDENTS), marks(STUDENTS), correctAnswers(QUESTIONS),
answers(STUDENTS, QUESTIONS), i, count, j, rank

read correctAnswers, answers ③
④ ⑤ ⑥
for (i = 1, STUDENTS, 1)

count = 0 ⑦
⑧ ⑨ ⑩
for (j = 1, QUESTIONS, 1)
⑪ ⑬ ⑫
correctAnswers(j) = answers(i, j)
TRUE FALSE
⑮ ⑭
count = count + 1 ↓ ⑯
⑱ ⑲ ⑰
scores(i) = count * 10
⑳ ㉑
scores(i) < 60
TRUE FALSE
㉒ ㉓ ㉔ ㉕
marks(i) = ' * ' marks(i) = ' '
㉖ ㉗ ㉘
for (i = 1, STUDENTS, 1)

rank = 1 ㉙
㉚ ㉛ ㉜
for (j = 1, STUDENTS, 1)
㉝ ㉟ ㉞
scores(i) < scores(j)
TRUE FALSE
㊲ ㊱
rank = rank + 1 ↓ ㊳
㊴ ㊵
ranks(i) = rank
print scores, ranks, marks ㊶
stop ㊷

correctAnswers

4	3	4	2	1	3	2	1	4	2

answers

4	3	4	2	1	3	1	2	2	4
3	4	1	2	2	3	1	2	4	2
4	3	4	2	1	3	2	1	4	2

for 반복구조이므로 실행제어는 ⑩ 번 변경식으로 이동한다. j에 저장된 값이 3이므로 3을
읽어 레지스터에 저장하고, 상수 1을 읽어 더하면 4가 된다. 구해져서 레지스터에 저장된
값 4를 읽어 j에 저장한다. 따라서 j에 저장된 값이 바뀌게 되어 검토표가 정리되어야 한다.

명칭	초기	1	2	3
STUDENTS	3			
QUESTIONS	10			
i	?	1		
count	?	0/1/2/3		
j	?	1/2/3/4		
rank	?			

scores

?	?	?

ranks

?	?	?

marks

?	?	?

correctAnswers

4	3	4	2	1	3	2	1	4	2

answers

4	3	4	2	1	3	1	2	2	4
3	4	1	2	2	3	1	2	4	2
4	3	4	2	1	3	2	1	4	2

변경식을 평가했으므로 반복구조이므로 ⑨ 번 조건식을 평가해야 한다. 진입조건 반복구조이므로 조건식을 평가하여 참이면 반복하고, 거짓이면 탈출해야 하기 때문이다. j에 저장된 값 4를 읽고 상수 QUESTIONS 10을 읽어 4가 10보다 작거나 같은지를 평가한다. 참이다. 반복해야 한다.

반복구조의 선택 구조 기호로 이동해야 한다. ⑪ 번 correctAnswers(j) 식을 평가해야 한다. j에 저장된 값 4를 참조하여 correctAnswers 배열에서 네 번째 배열요소에 저장된 값을 읽는다. 검토표에서 correctAnswers 배열의 네 번째 배열요소에 적힌 값은 2이다. 2를 읽어 레지스터에 저장한다. 다음은 ⑫ 번 answers(i, j) 식을 평가해야 한다. 검토표를 보면, answers 배열에서 i에 저장된 값은 1이므로 첫 번째 줄과 j에 저장된 값이 4이므로 네 번째 칸에 저장된 값 2를 읽어 레지스터에 저장한다. 다음은 읽힌 2와 2로 ⑬ 번 관계식을 평가한다. 같으므로 참이다. 선택구조이므로 평가된 값에 따라 실행순서가 정해진다. 참이므로 왼쪽으로 실행제어가 이동된다. 따라서 TRUE가 적힌 삼각형 아래쪽으로 이동하여 순차 구조 기호로 이동한다. 개수를 세는 순차 구조 기호이다. ⑭ 번 산술식을 평가해야 한다. 검토표를 보면 count에 저장된 값 3을 읽어 레지스터에 저장한다. 상수 1을 읽어 읽혀 저장된 값 3에 더하여 구한 값 4를 레지스터에 저장한다. 이때까지는 검토표에 변화가 없다. ⑮ 번 치환식으로 레지스터에 저장된 값 4를 읽어 주기억장치에 할당된 count에 저장한

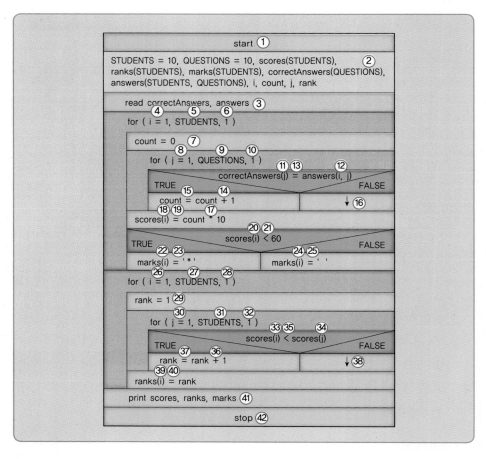

다. 따라서 count에 저장된 값이 3에서 4로 바뀌게 된다. 따라서 검토표를 정리해야 한다.

명칭	초기	1	2	3
STUDENTS	3			
QUESTIONS	10			
i	?	1		
count	?	0/1/2/3/4		
j	?	1/2/3/4		
rank	?			

scores

?	?	?

ranks

?	?	?

marks

?	?	?

correctAnswers

4	3	4	2	1	3	2	1	4	2

answers

4	3	4	2	1	3	1	2	2	4
3	4	1	2	2	3	1	2	4	2
4	3	4	2	1	3	2	1	4	2

for 반복구조이므로 실행제어는 ⑩번 변경식으로 이동한다. j에 저장된 값이 4이므로 4를 읽어 레지스터에 저장하고, 상수 1을 읽어 더하면 5가 된다. 구해져서 레지스터에 저장된 값 5를 읽어 j에 저장한다. 따라서 j에 저장된 값이 바뀌게 되어 검토표가 정리되어야 한다.

명칭	초기	1	2	3
STUDENTS	3			
QUESTIONS	10			
i	?	1		
count	?	0/1/2/3/4		
j	?	1/2/3/4/5		
rank	?			

scores

?	?	?

ranks

?	?	?

marks

?	?	?

correctAnswers

4	3	4	2	1	3	2	1	4	2

answers

4	3	4	2	1	3	1	2	2	4
3	4	1	2	2	3	1	2	4	2
4	3	4	2	1	3	2	1	4	2

변경식을 평가했으므로 반복구조이므로 ⑨번 조건식을 평가해야 한다. 진입조건 반복구조이므로 조건식을 평가하여 참이면 반복하고, 거짓이면 탈출해야 하기 때문이다. j에 저장된 값 5를 읽고 상수 QUESTIONS 10을 읽어 5가 10보다 작거나 같은지를 평가한다. 참이다. 반복해야 한다.

반복구조의 선택 구조 기호로 이동해야 한다. ⑪번 correctAnswers(j) 식을 평가해야 한다. j에 저장된 값 5를 참조하여 correctAnswers 배열에서 다섯 번째 배열요소에 저장된 값을 읽는다. 검토표에서 correctAnswers 배열의 다섯 번째 배열요소에 적힌 값은 1이다. 1을 읽어 레지스터에 저장한다. 다음은 ⑫번 answers(i, j) 식을 평가해야 한다. 검토표를 보면, answers 배열에서 i에 저장된 값은 1이므로 첫 번째 줄과 j에 저장된 값이 5이므로

```
                              start ①

STUDENTS = 10, QUESTIONS = 10, scores(STUDENTS),        ②
ranks(STUDENTS), marks(STUDENTS), correctAnswers(QUESTIONS),
answers(STUDENTS, QUESTIONS), i, count, j, rank

            read correctAnswers, answers ③
         ④      ⑤        ⑥
        for ( i = 1, STUDENTS, 1 )

          count = 0   ⑦
              ⑧       ⑨      ⑩
            for ( j = 1, QUESTIONS, 1 )
                                    ⑪ ⑬           ⑫
                 correctAnswers(j) = answers(i, j)
          TRUE                                      FALSE
                 ⑮      ⑭
               count = count + 1                ↓ ⑯
          ⑱ ⑲        ⑰
          scores(i) = count * 10
                          ⑳ ㉑
                      scores(i) < 60
          TRUE        ㉒ ㉓                       FALSE    ㉔ ㉕
          marks(i) = ' * '              marks(i) = ' '
          ㉖        ㉗       ㉘
        for ( i = 1, STUDENTS, 1 )

          rank = 1 ㉙
              ㉚       ㉛      ㉜
            for ( j = 1, STUDENTS, 1 )
                                 ㉝㉟      ㉞
                 scores(i) < scores(j)
          TRUE    ㊲     ㊱                        FALSE
               rank = rank + 1                  ↓ ㊳
          ㊴㊵
          ranks(i) = rank
         print scores, ranks, marks ㊶
                              stop ㊷
```

다섯 번째 칸에 저장된 값 1을 읽어 레지스터에 저장한다. 다음은 읽힌 1과 1로 ⑬ 번 관계
식을 평가한다. 같으므로 참이다. 선택구조이므로 평가된 값에 따라 실행순서가 정해진다.
참이므로 왼쪽으로 실행제어가 이동된다. 따라서 TRUE가 적힌 삼각형 아래쪽으로 이동
하여 순차 구조 기호로 이동한다. 개수를 세는 순차 구조 기호이다. ⑭ 번 산술식을 평가
해야 한다. 검토표를 보면 count에 저장된 값 4를 읽어 레지스터에 저장한다. 상수 1을 읽
어 읽혀 저장된 값 4에 더하여 구한 값 5를 레지스터에 저장한다. ⑮ 번 치환식으로 레지
스터에 저장된 값 5를 읽어 주기억장치에 할당된 count에 저장한다. 따라서 count에 저장
된 값이 4에서 5로 바뀌게 된다. 따라서 검토표를 정리해야 한다.

명칭	초기	1	2	3
STUDENTS	3			
QUESTIONS	10			
i	?	1		
count	?	0/1/2/3/4/5		
j	?	1/2/3/4/5		
rank	?			

scores

?	?	?

ranks

?	?	?

marks

?	?	?

correctAnswers

4	3	4	2	1	3	2	1	4	2

answers

4	3	4	2	1	3	1	2	2	4
3	4	1	2	2	3	1	2	4	2
4	3	4	2	1	3	2	1	4	2

for 반복구조이므로 실행제어는 ⑩ 번 변경식으로 이동한다. j에 저장된 값이 5이므로 5를 읽어 레지스터에 저장하고, 상수 1을 읽어 더하면 6이 된다. 구해져서 레지스터에 저장된 값 6을 읽어 j에 저장한다. 따라서 j에 저장된 값이 바뀌게 되어 검토표가 정리되어야 한다.

명칭	초기	1	2	3
STUDENTS	3			
QUESTIONS	10			
i	?	1		
count	?	0/1/2/3/4/5		
j	?	1/2/3/4/5/6		
rank	?			

scores

?	?	?

ranks

?	?	?

marks

?	?	?

correctAnswers

4	3	4	2	1	3	2	1	4	2

answers

4	3	4	2	1	3	1	2	2	4
3	4	1	2	2	3	1	2	4	2
4	3	4	2	1	3	2	1	4	2

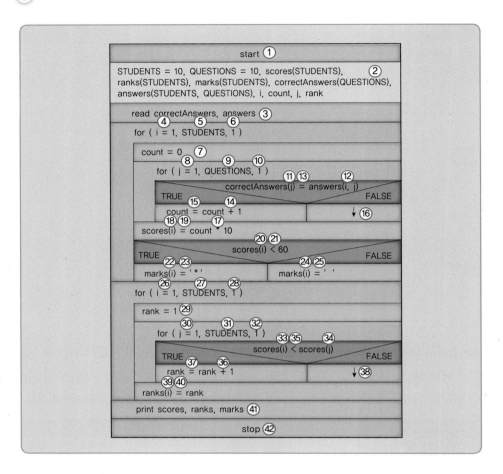

start ①

STUDENTS = 10, QUESTIONS = 10, scores(STUDENTS), ②
ranks(STUDENTS), marks(STUDENTS), correctAnswers(QUESTIONS),
answers(STUDENTS, QUESTIONS), i, count, j, rank

read correctAnswers, answers ③

④ ⑤ ⑥
for (i = 1, STUDENTS, 1)

count = 0 ⑦
⑧ ⑨ ⑩
for (j = 1, QUESTIONS, 1)
⑪ ⑬ ⑫
correctAnswers(j) = answers(i, j)
TRUE ⑮ ⑭ FALSE
count = count + 1 ↓ ⑯
⑱⑲ ⑰
scores(i) = count * 10
⑳ ㉑
scores(i) < 60
TRUE ㉒ ㉓ ㉔ ㉕ FALSE
marks(i) = '*' marks(i) = ' '
㉖ ㉗ ㉘
for (i = 1, STUDENTS, 1)

rank = 1 ㉙
㉚ ㉛ ㉜
for (j = 1, STUDENTS, 1)
㉝㉟ ㉞
scores(i) < scores(j)
TRUE ㊲ ㊱ FALSE
rank = rank + 1 ↓ ㊳
㊴㊵
ranks(i) = rank

print scores, ranks, marks ㊶

stop ㊷

변경식을 평가했으므로 반복구조이므로 ⑨ 번 조건식을 평가해야 한다. for 반족구조로 진입조건 반복구조이므로 조건식을 평가하여 참이면 반복하고, 거짓이면 탈출해야 하기 때문이다. j에 저장된 값 6을 읽고 상수 QUESTIONS 10을 읽어 6이 10보다 작거나 같은지를 평가한다. 참이다. 반복해야 한다.

반복구조의 선택 구조 기호로 이동해야 한다. ⑪ 번 correctAnswers(j) 식을 평가해야 한다. j에 저장된 값 6을 참조하여 correctAnswers 배열에서 여섯 번째 배열요소에 저장된 값을 읽는다. 검토표에서 correctAnswers 배열의 여섯 번째 배열요소에 적힌 값은 3이다. 3을 읽어 레지스터에 저장한다. 다음은 ⑫ 번 answers(i, j) 식을 평가해야 한다. 검토표를 보면, answers 배열에서 i에 저장된 값은 1이므로 첫 번째 줄과 j에 저장된 값이 6이므로 여섯 번째 칸에 저장된 값 3을 읽어 레지스터에 저장한다. 다음은 읽힌 3과 3으로 ⑬

번 관계식을 평가한다. 같으므로 참이다. 선택구조이므로 평가된 값에 따라 실행순서가 정해진다. 참이므로 왼쪽으로 실행제어가 이동된다. 따라서 TRUE가 적힌 삼각형 아래쪽으로 이동하여 순차 구조 기호로 이동한다. 개수를 세는 순차 구조 기호이다. ⑭ 번 산술식을 평가해야 한다. 검토표를 보면 count에 저장된 값 5를 읽어 레지스터에 저장한다. 상수 1을 읽어 읽혀 저장된 값 5에 더하여 구한 값 6을 레지스터에 저장한다. 이때까지는 검토표에 변화가 없다. ⑮ 번 치환식으로 레지스터에 저장된 값 6을 읽어 주기억장치에 할당된 count에 저장한다. 따라서 count에 저장된 값이 5에서 6으로 바뀌게 된다. 따라서 검토표를 정리해야 한다.

명칭	초기	1	2	3
STUDENTS	3			
QUESTIONS	10			
i	?	1		
count	?	0/1/2/3/4/5/6		
j	?	1/2/3/4/5/6		
rank	?			

scores

?	?	?

ranks

?	?	?

marks

?	?	?

correctAnswers

4	3	4	2	1	3	2	1	4	2

answers

4	3	4	2	1	3	1	2	2	4
3	4	1	2	2	3	1	2	4	2
4	3	4	2	1	3	2	1	4	2

for 반복구조이므로 실행제어는 ⑩ 번 변경식으로 이동한다. j에 저장된 값이 6이므로 6을 읽어 레지스터에 저장하고, 상수 1을 읽어 더하면 7이 된다. 구해져서 레지스터에 저장된 값 7을 읽어 j에 저장한다. 따라서 j에 저장된 값이 바뀌게 되어 검토표가 정리되어야 한다.

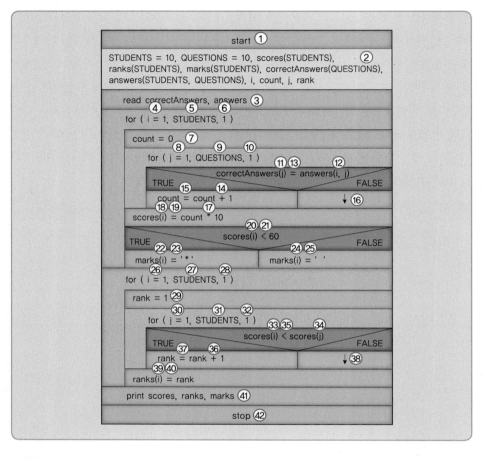

명칭	초기	1	2	3
STUDENTS	3			
QUESTIONS	10			
i	?	1		
count	?	0/1/2/3/4/5/6		
j	?	1/2/3/4/5/6/7		
rank	?			

scores

?	?	?

ranks

?	?	?

marks

?	?	?

correctAnswers

4	3	4	2	1	3	2	1	4	2

answers

4	3	4	2	1	3	1	2	2	4
3	4	1	2	2	3	1	2	4	2
4	3	4	2	1	3	2	1	4	2

변경식을 평가했으므로 반복구조이므로 ⑨ 번 조건식을 평가해야 한다. 진입조건 반복구조이므로 조건식을 평가하여 참이면 반복하고, 거짓이면 탈출해야 하기 때문이다. j에 저장된 값 7을 읽고 상수 QUESTIONS 10을 읽어 7이 10보다 작거나 같은지를 평가한다. 참이다. 반복해야 한다.

반복구조의 선택 구조 기호로 이동해야 한다. ⑪ 번 correctAnswers(j) 식을 평가해야 한다. j에 저장된 값 7을 참조하여 correctAnswers 배열에서 일곱 번째 배열요소에 저장된 값을 읽는다. 검토표에서 correctAnswers 배열의 일곱 번째 배열요소에 적힌 값은 2이다. 2를 읽어 레지스터에 저장한다. 다음은 ⑫ 번 answers(i, j) 식을 평가해야 한다. 검토표를 보면, answers 배열에서 i에 저장된 값은 1이므로 첫 번째 줄과 j에 저장된 값이 7이므로 일곱 번째 칸에 저장된 값 1을 읽어 레지스터에 저장한다. 다음은 읽힌 2와 1로 관계식을 평가한다. 다르므로 거짓이다. 선택구조이므로 평가된 값에 따라 실행순서가 정해진다. 거짓이므로 오른쪽으로 실행제어가 이동된다. 따라서 FALSE가 적힌 삼각형 아래쪽으로 이동하여 순차 구조 기호로 이동한다. ⑯ 번 처리가 없는 순차 구조 기호이다.

for 반복구조이므로 실행제어는 ⑩ 번 변경식으로 이동한다. j에 저장된 값이 7이므로 7를 읽어 레지스터에 저장하고, 상수 1을 읽어 더하면 8이 된다. 구해져서 레지스터에 저장된 값 8을 읽어 j에 저장한다. 따라서 j에 저장된 값이 바뀌게 되어 검토표가 정리되어야 한다.

명칭	초기	1	2	3
STUDENTS	3			
QUESTIONS	10			
i	?	1		
count	?	0/1/2/3/4/5/6		
j	?	1/2/3/4/5/6/7/8		
rank	?			

scores

?	?	?

ranks

?	?	?

marks

?	?	?

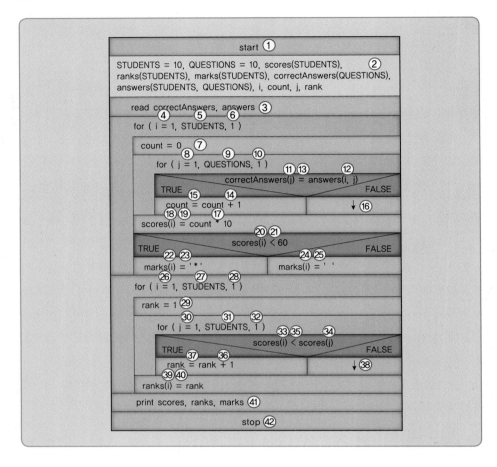

```
                        start ①

STUDENTS = 10, QUESTIONS = 10, scores(STUDENTS),     ②
ranks(STUDENTS), marks(STUDENTS), correctAnswers(QUESTIONS),
answers(STUDENTS, QUESTIONS), i, count, j, rank

          read  correctAnswers, answers ③
        ④          ⑤          ⑥
      for ( i = 1, STUDENTS, 1 )

        count = 0  ⑦
               ⑧        ⑨      ⑩
          for ( j = 1, QUESTIONS, 1 )
                              ⑪⑬        ⑫
                  correctAnswers(j) = answers(i, j)
          TRUE     ⑮    ⑭             FALSE
              count = count + 1              ↓ ⑯
           ⑱⑲     ⑰
        scores(i) = count * 10
                         ⑳㉑
          TRUE        scores(i) < 60      FALSE
              ㉒㉓                  ㉔㉕
            marks(i) = '*'          marks(i) = ' '
           ㉖       ㉗      ㉘
      for ( i = 1, STUDENTS, 1 )

        rank = 1 ㉙
               ㉚      ㉛     ㉜
          for ( j = 1, STUDENTS, 1 )
                              ㉝㉟       ㉞
                  scores(i) < scores(j)
          TRUE     ㊲    ㊱             FALSE
              rank = rank + 1              ↓ ㊳
           ㊴㊵
        ranks(i) = rank
          print scores, ranks, marks ㊶
                        stop ㊷
```

correctAnswers

4	3	4	2	1	3	2	1	4	2

answers

4	3	4	2	1	3	1	2	2	4
3	4	1	2	2	3	1	2	4	2
4	3	4	2	1	3	2	1	4	2

변경식을 평가했으므로 반복구조이므로 ⑨ 번 조건식을 평가해야 한다. for 반복구조로 진
입조건 반복구조이므로 조건식을 평가하여 참이면 반복하고, 거짓이면 탈출해야 하기 때
문이다. j에 저장된 값 8을 읽고 상수 QUESTIONS 10을 읽어 8이 10보다 작거나 같은지
를 평가한다. 참이다. 반복해야 한다.

반복구조의 선택 구조 기호로 이동해야 한다. ⑪ 번 correctAnswers(j) 식을 평가해야 한다. j에 저장된 값 8을 참조하여 correctAnswers 배열에서 여덟 번째 배열요소에 저장된 값을 읽는다. 검토표에서 correctAnswers 배열의 여덟 번째 배열요소에 적힌 값은 1이다. 1을 읽어 레지스터에 저장한다. 다음은 ⑫ 번 answers(i, j) 식을 평가해야 한다. 검토표를 보면, answers 배열에서 i에 저장된 값은 1이므로 첫 번째 줄의 j에 저장된 값이 8이므로 여덟 번째 칸에 저장된 값 2를 읽어 레지스터에 저장한다. 다음은 읽힌 1과 2로 ⑬ 관계식을 평가한다. 다르므로 거짓이다. 선택구조이므로 평가된 값에 따라 실행순서가 정해진다. 거짓이므로 오른쪽으로 실행제어가 이동된다. 따라서 FALSE가 적힌 삼각형 아래쪽으로 이동하여 순차 구조 기호로 이동한다. ⑯ 번 처리가 없는 순차 구조 기호이다.

for 반복구조이므로 실행제어는 ⑩ 번 변경식으로 이동한다. j에 저장된 값이 8이므로 8을 읽어 레지스터에 저장하고, 상수 1을 읽어 더하면 9가 된다. 구해져서 레지스터에 저장된 값 9를 읽어 j에 저장한다. 따라서 j에 저장된 값이 바뀌게 되어 검토표가 정리되어야 한다.

명칭	초기	1	2	3
STUDENTS	3			
QUESTIONS	10			
i	?	1		
count	?	0/1/2/3/4/5/6		
j	?	1/2/3/4/5/6/7/8/9		
rank	?			

scores

?	?	?

ranks

?	?	?

marks

?	?	?

correctAnswers

4	3	4	2	1	3	2	1	4	2

answers

4	3	4	2	1	3	1	2	2	4
3	4	1	2	2	3	1	2	4	2
4	3	4	2	1	3	2	1	4	2

변경식을 평가했으므로 반복구조이므로 ⑨ 번 조건식을 평가해야 한다. 진입조건 반복구조이므로 조건식을 평가하여 참이면 반복하고, 거짓이면 탈출해야 하기 때문이다. j에 저장된 값 9를 읽고 상수 QUESTIONS 10을 읽어 9가 10보다 작거나 같은지를 평가한다. 참이다. 반복해야 한다.

```
                            start ①
STUDENTS = 10, QUESTIONS = 10, scores(STUDENTS),        ②
ranks(STUDENTS), marks(STUDENTS), correctAnswers(QUESTIONS),
answers(STUDENTS, QUESTIONS), i, count, j, rank
         read correctAnswers, answers ③
          ④        ⑤        ⑥
     for ( i = 1, STUDENTS, 1 )

        count = 0  ⑦
               ⑧       ⑨      ⑩
          for ( j = 1, QUESTIONS, 1 )
                              ⑪⑬            ⑫
                    correctAnswers(j) = answers(i, j)
          TRUE        ⑮      ⑭                          FALSE
                    count = count + 1              ↓ ⑯
          ⑱⑲        ⑰
          scores(i) = count * 10
                              ⑳㉑
          TRUE              scores(i) < 60              FALSE
              ㉒㉓                        ㉔㉕
          marks(i) = ' * '              marks(i) = ' '
          ㉖          ㉗        ㉘
     for ( i = 1, STUDENTS, 1 )

        rank = 1 ㉙
               ㉚       ㉛      ㉜
          for ( j = 1, STUDENTS, 1 )
                              ㉝㉟          ㉞
                    scores(i) < scores(j)
          TRUE        ㊲      ㊱                          FALSE
                    rank = rank + 1              ↓ ㊳
          ㊴㊵
          ranks(i) = rank
     print scores, ranks, marks ㊶
                            stop ㊷
```

반복구조의 선택 구조 기호로 이동해야 한다. ⑪ 번 correctAnswers(j) 식을 평가해야 한
다. j에 저장된 값 9를 참조하여 correctAnswers 배열에서 아홉 번째 배열요소에 저장된
값을 읽는다. 검토표에서 correctAnswers 배열의 아홉 번째 배열요소에 적힌 값은 4이다.
4를 읽어 레지스터에 저장한다. 다음은 ⑫ 번 answers(i, j) 식을 평가해야 한다. 검토표
를 보면, answers 배열에서 i에 저장된 값은 1이므로 첫 번째 줄의 j에 저장된 값이 9이므
로 아홉 번째 칸에 저장된 값 2를 읽어 레지스터에 저장한다. 다음은 읽힌 4와 2로 ⑬ 번
관계식을 평가한다. 다르므로 거짓이다. 선택구조이므로 평가된 값에 따라 실행순서가 정
해진다. 거짓이므로 오른쪽으로 실행제어가 이동된다. 따라서 FALSE가 적힌 삼각형 아
래쪽으로 이동하여 순차 구조 기호로 이동한다. ⑯ 번 처리가 없는 순차 구조 기호이다.

for 반복구조이므로 실행제어는 ⑩ 번 변경식으로 이동한다. j에 저장된 값이 9이므로 9를

읽어 레지스터에 저장하고, 상수 1을 읽어 더하면 10이 된다. 구해져서 레지스터에 저장된 값 10을 읽어 j에 저장한다. 따라서 j에 저장된 값이 바뀌게 되어 검토표가 정리되어야 한다.

명칭	초기	1	2	3
STUDENTS	3			
QUESTIONS	10			
i	?	1		
count	?	0/1/2/3/4/5/6		
j	?	1/2/3/4/5/6/7/8/9/10		
rank	?			

scores

?	?	?

ranks

?	?	?

marks

?	?	?

correctAnswers

4	3	4	2	1	3	2	1	4	2

answers

4	3	4	2	1	3	1	2	2	4
3	4	1	2	2	3	1	2	4	2
4	3	4	2	1	3	2	1	4	2

변경식을 평가했으므로 반복구조이므로 ⑨ 번 조건식을 평가해야 한다. for 반복구조로 진입조건 반복구조이므로 조건식을 평가하여 참이면 반복하고, 거짓이면 탈출해야 하기 때문이다. j에 저장된 값 10을 읽고 상수 QUESTIONS 10을 읽어 10이 10보다 작거나 같은지를 평가한다. 참이다. 반복해야 한다.

반복구조의 선택 구조 기호로 이동해야 한다. ⑪ 번 correctAnswers(j) 식을 평가해야 한다. j에 저장된 값 10을 참조하여 correctAnswers 배열에서 열 번째 배열요소에 저장된 값을 읽는다. 검토표에서 correctAnswers 배열의 열 번째 배열요소에 적힌 값은 2이다. 2를 읽어 레지스터에 저장한다. 다음은 ⑫ 번 answers(i, j) 식을 평가해야 한다. 검토표를 보면, answers 배열에서 i에 저장된 값은 1이므로 첫 번째 줄의 j에 저장된 값이 10이므로 열 번째 칸에 저장된 값 4를 읽어 레지스터에 저장한다. 다음은 읽힌 2와 4로 관계식을 평가한다. 다르므로 거짓이다. 선택구조이므로 평가된 값에 따라 실행순서가 정해진다. 거짓이므로 오른쪽으로 실행제어가 이동된다. 따라서 FALSE가 적힌 삼각형 아래쪽으로 이동하여 순차 구조 기호로 이동한다. ⑯ 번 처리가 없는 순차 구조 기호이다.

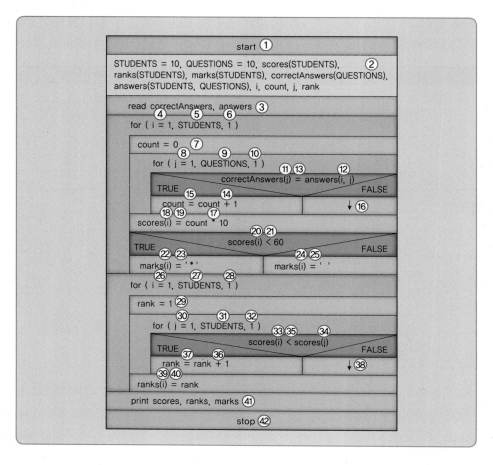

for 반복구조이므로 실행제어는 ⑩ 번 변경식으로 이동한다. j에 저장된 값이 10이므로 10을 읽어 레지스터에 저장하고, 상수 1을 읽어 더하면 11이 된다. 구해져서 레지스터에 저장된 값 11을 읽어 j에 저장한다. 따라서 j에 저장된 값이 바뀌게 되어 검토표가 정리되어야 한다.

명칭	초기	1	2	3
STUDENTS	3			
QUESTIONS	10			
i	?	1		
count	?	0/1/2/3/4/5/6		
j	?	1/2/3/4/5/6/7/8/9/10/11		
rank	?			

scores

?	?	?

ranks

?	?	?

marks

?	?	?

correctAnswers

4	3	4	2	1	3	2	1	4	2

answers

4	3	4	2	1	3	1	2	2	4
3	4	1	2	2	3	1	2	4	2
4	3	4	2	1	3	2	1	4	2

변경식을 평가했으므로 반복구조이므로 ⑨ 번 조건식을 평가해야 한다. for 반복구조이므로 조건식을 평가하여 참이면 반복하고, 거짓이면 탈출해야 하기 때문이다. j에 저장된 값 11을 읽고 상수 10을 읽어 11이 QUESTIONS 10보다 작거나 같은지를 평가한다. 거짓이다. 탈출해야 한다.

반복 구조 기호를 건너뛰고 아래쪽 순차 구조 기호로 이동한다. 맞힌 개수에 10을 곱하여 점수를 구하는 순차 구조 기호이다. ⑰ 번 산술식을 평가해야 한다. count에 저장된 값 6을 읽어 레지스터에 저장한다. 저장된 값 6에 10을 곱하여 구한 값 60을 레지스터에 저장한다. ⑱ 번 scores(i)를 평가하면 i에 저장된 값인 1을 참조하여 scores 배열의 첫 번째 배열요소를 참조한다. ⑲ 번 치환식으로 scores 배열의 첫 번째 배열요소에 60을 저장한다. 따라서 검토표가 정리되어야 한다.

명칭	초기	1	2	3
STUDENTS	3			
QUESTIONS	10			
i	?	1		
count	?	0/1/2/3/4/5/6		
j	?	1/2/3/4/5/6/7/8/9/10/11		
rank	?			

scores

60	?	?

ranks

?	?	?

marks

?	?	?

correctAnswers

4	3	4	2	1	3	2	1	4	2

answers

4	3	4	2	1	3	1	2	2	4
3	4	1	2	2	3	1	2	4	2
4	3	4	2	1	3	2	1	4	2

```
start ①

STUDENTS = 10, QUESTIONS = 10, scores(STUDENTS),          ②
ranks(STUDENTS), marks(STUDENTS), correctAnswers(QUESTIONS),
answers(STUDENTS, QUESTIONS), i, count, j, rank

read correctAnswers, answers ③
     ④      ⑤        ⑥
for ( i = 1, STUDENTS, 1 )
  count = 0  ⑦
        ⑧         ⑨      ⑩
  for ( j = 1, QUESTIONS, 1 )
                               ⑪⑬              ⑫
              correctAnswers(j) = answers(i, j)
    TRUE    ⑮    ⑭                      FALSE
         count = count + 1              ↓ ⑯
       ⑱⑲        ⑰
  scores(i) = count * 10
                    ⑳ ㉑
              scores(i) < 60
    TRUE   ㉒㉓              ㉔㉕   FALSE
    marks(i) = ' * '        marks(i) = ' '
    ㉖        ㉗      ㉘
for ( i = 1, STUDENTS, 1 )
  rank = 1 ㉙
        ㉚       ㉛   ㉜
  for ( j = 1, STUDENTS, 1 )
                          ㉝㉟      ㉞
              scores(i) < scores(j)
    TRUE   ㊲    ㊱                  FALSE
         rank = rank + 1            ↓ ㊳
    ㊴㊵
  ranks(i) = rank
print scores, ranks, marks ㊶
stop ㊷
```

순차구조이므로 한 번 실행되면 아래쪽으로 실행제어가 이동한다. 선택 구조 기호로 이동된다. ⑳ 번 scores(i)를 평가한다. i에 저장된 값을 참조하여 scores 배열에서 i번째 배열요소에 저장된 값을 읽는다. i에 저장된 값이 1이므로 첫 번째 배열요소에 저장된 값 60을 읽어 레지스터에 저장한다. 상수 60을 읽고 읽어 놓은 60과 ㉑ 번 관계식을 평가한다. 60이 60보다 작은지를 평가해야 한다. 같으므로 거짓이다.

선택구조이므로 평가된 결과에 따라 실행순서를 정해야 한다. 거짓이므로 FALSE가 적힌 오른쪽 삼각형 쪽으로 실행제어가 이동된다. ㉔ 번 marks(i) 평가하면, i에 저장된 값을 참조하여 marks 배열의 배열요소를 참조하게 된다. 검토표를 보면, i에 저장된 값이 1이므로 marks 배열의 첫 번째 배열요소를 참조하게 된다. ㉕ 번 치환식으로 marks 배열의 첫 번째 배열요소에 공백문자(Space)를 저장한다. 검토표를 정리해야 한다. marks 배열의 첫 번째 배열요소에 적힌 쓰레기를 의미하는 물음표를 지우면 된다.

명칭	초기	1	2	3
STUDENTS	3			
QUESTIONS	10			
i	?	1		
count	?	0/1/2/3/4/5/6		
j	?	1/2/3/4/5/6/7/8/9/10/11		
rank	?			

scores

60	?	?

ranks

?	?	?

marks

	?	?

correctAnswers

4	3	4	2	1	3	2	1	4	2

answers

4	3	4	2	1	3	1	2	2	4
3	4	1	2	2	3	1	2	4	2
4	3	4	2	1	3	2	1	4	2

반복해서 처리하는 내용으로 마지막을 처리했으므로 반복 구조 기호에서 ⑥ 번 변경식으로 이동해야 한다. i에 저장된 값을 읽어 레지스터에 저장하고, 정수형 상수 1을 읽어 더하여 값을 구하여 레지스터에 저장한다. 검토표를 보면 i에 저장된 값이 1이므로 1을 읽어 레지스터에 저장하고 정수형 상수 1을 더하여 2를 구해 레지스터에 저장한다. 레지스터에 저장된 값을 i에 저장한다. 레지스터에 저장된 값 2를 읽어 i에 저장하게 되면, i에 저장된 값이 1에서 2로 바뀌게 된다. 검토표에서 열 이름 2인 열에 정리해야 한다.

명칭	초기	1	2	3
STUDENTS	3			
QUESTIONS	10			
i	?	1	2	
count	?	0/1/2/3/4/5/6		
j	?	1/2/3/4/5/6/7/8/9/10/11		
rank	?			

scores

60	?	?

ranks

?	?	?

marks

	?	?

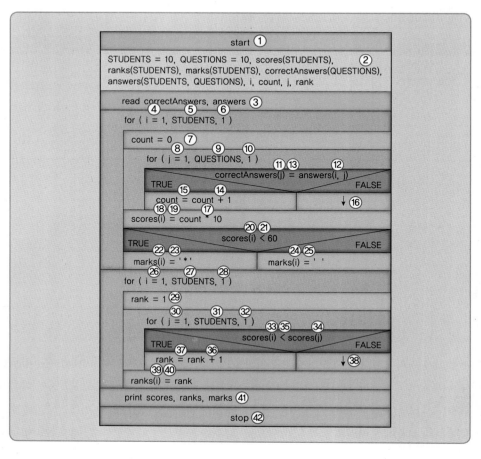

correctAnswers

4	3	4	2	1	3	2	1	4	2

answers

4	3	4	2	1	3	1	2	2	4
3	4	1	2	2	3	1	2	4	2
4	3	4	2	1	3	2	1	4	2

다음은 ⑤ 번 조건식으로 반복할지 말지를 결정해야 한다. i에 저장된 값 2와 STUDENTS 3을 읽어 2가 3보다 작거나 같은지를 평가해야 한다. 참이다. for 반복구조는 진입조건 반복구조이므로 참이면 반복하고, 거짓이면 탈출해야 한다. 참이므로 반복해야 한다. ⑦ 번 순차 구조 기호로 이동한다. count에 0을 저장하는 치환식이다. 따라서 count에 저장된 값이 6에서 0으로 바뀌게 된다. 검토표를 정리하자.

명칭	초기	1	2	3
STUDENTS	3			
QUESTIONS	10			
i	?	1	2	
count	?	0/1/2/3/4/5/6	0	
j	?	1/2/3/4/5/6/7/8/9/10/11		
rank	?			

scores

60	?	?

ranks

?	?	?

marks

	?	?

correctAnswers

4	3	4	2	1	3	2	1	4	2

answers

4	3	4	2	1	3	1	2	2	4
3	4	1	2	2	3	1	2	4	2
4	3	4	2	1	3	2	1	4	2

순차구조이므로 한 번 실행된 후 실행제어는 아래쪽으로 이동한다. 반복 구조 기호로 이동한다. for 반복구조이다. ⑧ 번 초기식으로 반복제어변수 j에 1을 저장한다. 따라서 검토표는 정리되어야 한다.

명칭	초기	1	2	3
STUDENTS	3			
QUESTIONS	10			
i	?	1	2	
count	?	0/1/2/3/4/5/6	0	
j	?	1/2/3/4/5/6/7/8/9/10/11	1	
rank	?			

scores

60	?	?

ranks

?		

marks

	?	?

correctAnswers

4	3	4	2	1	3	2	1	4	2

answers

4	3	4	2	1	3	1	2	2	4
3	4	1	2	2	3	1	2	4	2
4	3	4	2	1	3	2	1	4	2

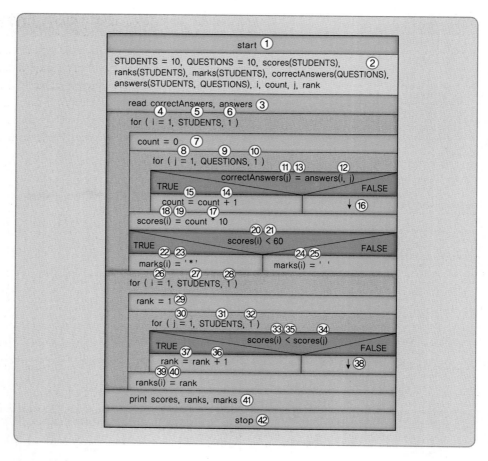

다음은 ⑨번 반복구조의 조건식을 평가해야 한다. j가 QUESTIONS 10보다 작거나 같은지에 대해 평가해야 한다. 참이다. 따라서 반복해야 한다. 여러분이 직접 두 번째 학생을 채점해 보자. 먼저, 점수를 매겨보자. 검토표가 어떻게 작성되어야 하는지 생각해 보고 적어 보자.

명칭	초기	1	2	3
STUDENTS	3			
QUESTIONS	10			
i	?	1	2	
count	?	0/1/2/3/4/5/6	0/1/2/3/4	
j	?	1/2/3/4/5/6/7/8/9/10/11	1/2/3/4/5/6/7/8/9/10/11	
rank	?			

scores

60	40	?

ranks

?	?	?

marks

	?	?

correctAnswers

4	3	4	2	1	3	2	1	4	2

answers

4	3	4	2	1	3	1	2	2	4
3	4	1	2	2	3	1	2	4	2
4	3	4	2	1	3	2	1	4	2

맞은 개수를 구하고, 맞은 개수에 10을 곱하여 40을 구하여 i에 저장된 값이 2이므로 scores 배열의 두 번째 배열요소에 40을 저장하게 되었다. 점수를 저장하는 처리는 순차 구조 기호이므로 한 번 실행되면 아래쪽으로 실행제어가 이동한다.

선택 구조 기호로 이동된다. ⑳ 번 scores(i)를 평가한다. i에 저장된 값을 참조하여 scores 배열에서 i번째 배열요소에 저장된 값을 읽는다. i에 저장된 값이 2이므로 두 번째 배열요소에 저장된 값 40을 읽어 레지스터에 저장한다. 상수 60을 읽고 읽어 놓은 40과 ㉑ 번 관계식을 평가한다. 40이 60보다 작은지를 평가해야 한다. 작아서 참이다.

선택구조이므로 평가된 결과에 따라 실행순서를 정해야 한다. 참이므로 TRUE가 적힌 왼쪽 삼각형 쪽으로 실행제어가 이동된다. ㉔ 번 marks(i) 평가하면, i에 저장된 값을 참조하여 marks 배열의 배열요소를 참조하게 된다. 검토표를 보면, i에 저장된 값이 2이므로 marks 배열의 두 번째 배열요소를 참조하게 된다. ㉕ 번 치환식으로 marks 배열의 두 번째 배열요소에 별표 ('*')를 저장한다.

명칭	초기	1	2	3
STUDENTS	3			
QUESTIONS	10			
i	?	1	2	
count	?	0/1/2/3/4/5/6	0/1/2/3/4	
j	?	1/2/3/4/5/6/7/8/9/10/11	1/2/3/4/5/6/7/8/9/10/11	
rank	?			

scores

60	40	?

ranks

?	?	?

marks

	*	?

correctAnswers

4	3	4	2	1	3	2	1	4	2

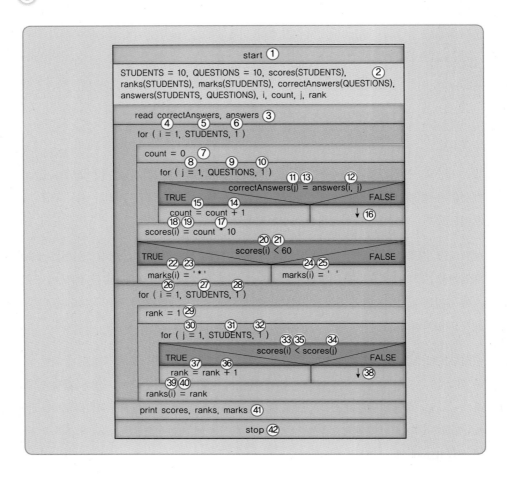

answers

4	3	4	2	1	3	1	2	2	4
3	4	1	2	2	3	1	2	4	2
4	3	4	2	1	3	2	1	4	2

반복해서 처리해야 하는 내용으로 마지막을 처리했으므로 반복 구조 기호에서 ⑥ 번 변경 식으로 이동해야 한다. i에 저장된 값을 읽어 레지스터에 저장하고, 정수형 상수 1을 읽어 더하여 값을 구하여 레지스터에 저장한다. 검토표를 보면 i에 저장된 값이 2이므로 2를 읽어 레지스터에 저장하고 정수형 상수 1을 더하여 3을 구해 레지스터에 저장한다. 레지스터에 저장된 값을 i에 저장한다. 레지스터에 저장된 값 3을 읽어 i에 저장하게 되면, i에 저장된 값이 2에서 3으로 바뀌게 된다. 검토표에서 열 이름 3인 열에 정리해야 한다. 다시 말해서 세 번째 학생에 대해 채점해야 한다.

명칭	초기	1	2	3
STUDENTS	3			
QUESTIONS	10			
i	?	1	2	3
count	?	0/1/2/3/4/5/6	0/1/2/3/4	
j	?	1/2/3/4/5/6/7/8/9/10/11	1/2/3/4/5/6/7/8/9/10/11	
rank	?			

scores

60	40	?

ranks

?	?	?

marks

	*	?

correctAnswers

4	3	4	2	1	3	2	1	4	2

answers

4	3	4	2	1	3	1	2	2	4
3	4	1	2	2	3	1	2	4	2
4	3	4	2	1	3	2	1	4	2

여러분이 직접 검토해 보자. 검토한 결과로 검토표를 정리해 보자.

명칭	초기	1	2	3
STUDENTS	3			
QUESTIONS	10			
i	?	1	2	3
count	?	0/1/2/3/4/5/6	0/1/2/3/4	0/1/2/3/4/5/6/7/8/9/10
j	?	1/2/3/4/5/6/7/8/9/10/11	1/2/3/4/5/6/7/8/9/10/11	1/2/3/4/5/6/7/8/9/10/11
rank	?			

scores

60	40	100

ranks

?	?	?

marks

	*	

correctAnswers

4	3	4	2	1	3	2	1	4	2

answers

4	3	4	2	1	3	1	2	2	4
3	4	1	2	2	3	1	2	4	2
4	3	4	2	1	3	2	1	4	2

반복해서 처리해야 하는 내용으로 점수에 따라 표시하는 처리까지 했다면, 마지막을 처리했

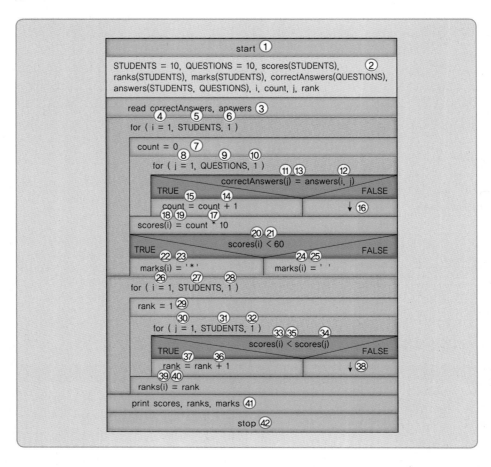

으므로 반복 구조 기호에서 ⑥ 번 변경식으로 이동해야 한다. 검토표를 보면 i에 저장된 값이 3이므로 3을 읽어 레지스터에 저장하고 정수형 상수 1을 더하여 4를 구해 레지스터에 저장한다. 레지스터에 저장된 값을 i에 저장한다. 레지스터에 저장된 값 4를 읽어 i에 저장하게 되면, i에 저장된 값이 3에서 4로 바뀌게 된다. 검토표에서 열 이름 3인 열에 정리해야 한다.

명칭	초기	1	2	3
STUDENTS	3			
QUESTIONS	10			
i	?	1	2	3/4
count	?	0/1/2/3/4/5/6	0/1/2/3/4	0/1/2/3/4/5/6/7/8/9/10
j	?	1/2/3/4/5/6/7/8/9/10/11	1/2/3/4/5/6/7/8/9/10/11	1/2/3/4/5/6/7/8/9/10/11
rank	?			

scores

60	40	100

ranks

?		

marks

	*	

correctAnswers

4	3	4	2	1	3	2	1	4	2

answers

4	3	4	2	1	3	1	2	2	4
3	4	1	2	2	3	1	2	4	2
4	3	4	2	1	3	2	1	4	2

다음은 ⑤ 번 조건식으로 반복할지 말지를 결정해야 한다. i에 저장된 값 4와 STUDENTS 3을 읽어 4가 3보다 작거나 같은지를 평가해야 한다. 거짓이다. for 반복구조는 진입조건 반복구조이므로 참이면 반복하고, 거짓이면 탈출해야 한다. 거짓이므로 반복 탈출해야 한다.

바로 아래쪽 석차를 구하는 반복 구조 기호로 이동한다. ㉖ 번 초기식을 평가해야 한다. i에 정수형 상수 1을 저장하게 된다. i와 j에 대해 추적해야 하므로, 검토표에서 세번째와 다섯번째 줄에 적힌 내용을 지운다. i에 저장되는 값이 1이므로 1 열에 1을 적는다.

명칭	초기	1	2	3
STUDENTS	3			
QUESTIONS	10			
i	?	1		
count	?	0/1/2/3/4/5/6	0/1/2/3/4	0/1/2/3/4/5/6/7/8/9/10
j	?			
rank	?			

scores

60	40	100

ranks

?	?	?

marks

	*	

correctAnswers

4	3	4	2	1	3	2	1	4	2

answers

4	3	4	2	1	3	1	2	2	4
3	4	1	2	2	3	1	2	4	2
4	3	4	2	1	3	2	1	4	2

다음은 반복구조이므로 ㉗ 번 조건식을 평가해야 한다. i에 저장된 값 1과 STUDENTS 3

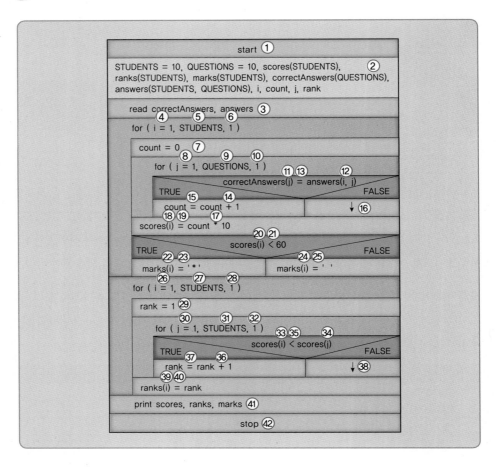

을 읽어 1이 3보다 작거나 같은지에 대해 평가해야 한다. 1이 3보다 작아 참이다. 따라서 반복해야 한다. ㉙ 번 치환식이 적힌 순차 구조 기호로 이동한다. 정수형 상수 1을 rank에 저장한다. 검토표가 정리되어야 한다.

명칭	초기	1	2	3
STUDENTS	3			
QUESTIONS	10			
i	?	1		
count	?	0/1/2/3/4/5/6	0/1/2/3/4	0/1/2/3/4/5/6/7/8/9/10
j	?			
rank	?	1		

scores

60	40	100

ranks

?	?	?

marks

	*	

correctAnswers

4	3	4	2	1	3	2	1	4	2

answers

4	3	4	2	1	3	1	2	2	4
3	4	1	2	2	3	1	2	4	2
4	3	4	2	1	3	2	1	4	2

순차 구조 기호이므로 실행되면 아래쪽으로 실행제어가 이동된다. 반복 구조 기호로 이동된다. 반복구조이므로 ㉚ 번 초기식을 평가한다. j에 정수형 상수 1을 저장한다.

명칭	초기	1	2	3
STUDENTS	3			
QUESTIONS	10			
i	?	1		
count	?	0/1/2/3/4/5/6	0/1/2/3/4	0/1/2/3/4/5/6/7/8/9/10
j	?	1		
rank	?	1		

scores

60	40	100

ranks

?	?	?

marks

	*	

correctAnswers

4	3	4	2	1	3	2	1	4	2

answers

4	3	4	2	1	3	1	2	2	4
3	4	1	2	2	3	1	2	4	2
4	3	4	2	1	3	2	1	4	2

다음은 반복구조이므로 ㉛ 번 조건식을 평가해야 한다. j에 저장된 값 1과 STUDENTS 3을 읽어 1이 3보다 작거나 같은지를 평가해야 한다. 1이 3보다 작으므로 참이다. 반복해야 한다.

선택 구조 기호로 이동해야 한다. ㉝ 번 scores(i)를 평가한다. i에 저장된 값인 1을 참조하여 scores 배열의 첫 번째 배열요소에 저장된 값 60을 읽어 레지스터에 저장한다. 다음은 ㉞ 번 scores(j)를 평가한다. 마찬가지로 j에 저장된 값인 1을 참조하여 scores 배열의 첫 번째 배열요소에 저장된 값 60을 읽어 레지스터에 저장한다. ㊱ 번 관계식을 평가한다. 60이 60보다 작은지에 대해 평가한다. 작지 않으므로 거짓이다. 오른쪽으로 실행제어가 이동된다. ㊳ 번 처리없이 아래쪽으로 실행제어만 이동시키는 순차 구조 기호로 이동한다.

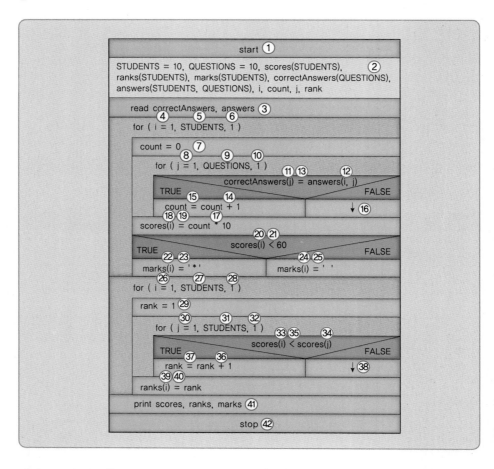

반복구조이므로 ㉜ 번 변경식을 평가한다. j에 저장된 값 1을 읽어 1을 더하여 구한 값 2를 j에 저장한다. j에 저장된 값이 1에서 2로 바뀌게 된다.

명칭	초기	1	2	3
STUDENTS	3			
QUESTIONS	10			
i	?	1		
count	?	0/1/2/3/4/5/6	0/1/2/3/4	0/1/2/3/4/5/6/7/8/9/10
j	?	1/2		
rank	?	1		

scores

60	40	100

ranks

?	?	?

marks

	*	

correctAnswers

4	3	4	2	1	3	2	1	4	2

answers

4	3	4	2	1	3	1	2	2	4
3	4	1	2	2	3	1	2	4	2
4	3	4	2	1	3	2	1	4	2

다음은 반복구조이므로 ㉛ 번 조건식을 평가해야 한다. j에 저장된 값 2와 STUDENTS 3을 읽어 2가 3보다 작거나 같은지를 평가해야 한다. 2가 3보다 작으므로 참이다. 반복해야 한다.

선택 구조 기호로 이동해야 한다. ㉝ 번 scores(i)를 평가한다. i에 저장된 값인 1을 참조하여 scores 배열의 첫 번째 배열요소에 저장된 값 60을 읽어 레지스터에 저장한다. 다음은 ㉞ 번 scores(j)를 평가한다. 마찬가지로 j에 저장된 값인 2를 참조하여 scores 배열의 두 번째 배열요소에 저장된 값 40을 읽어 레지스터에 저장한다. ㉟ 번 관계식을 평가한다. 60이 40보다 작은지에 대해 평가한다. 크므로 거짓이다. 오른쪽으로 실행제어가 이동된다. ㊳ 번 처리없이 아래쪽으로 실행제어만 이동시키는 순차 구조 기호로 이동한다.

반복구조이므로 ㉜ 변경식을 평가한다. j에 저장된 값 2를 읽어 1을 더하여 구한 값 3을 j에 저장한다. j에 저장된 값이 2에서 3으로 바뀌게 된다.

명칭	초기	1	2	3
STUDENTS	3			
QUESTIONS	10			
i	?	1		
count	?	0/1/2/3/4/5/6	0/1/2/3/4	0/1/2/3/4/5/6/7/8/9/10
j	?	1/2/3		
rank	?	1		

scores

60	40	100

ranks

?	?	?

marks

	*	

correctAnswers

4	3	4	2	1	3	2	1	4	2

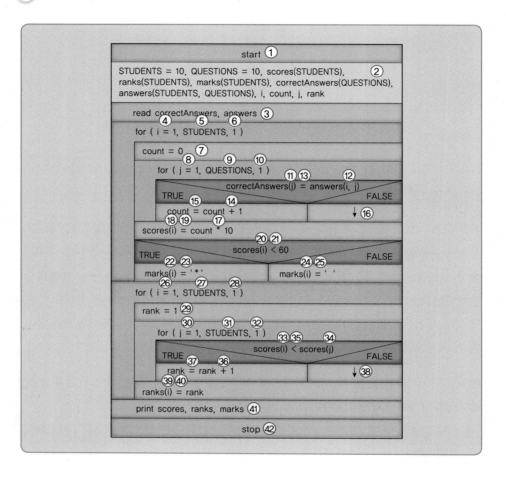

answers

4	3	4	2	1	3	1	2	2	4
3	4	1	2	2	3	1	2	4	2
4	3	4	2	1	3	2	1	4	2

다음은 반복구조이므로 ㉛번 조건식을 평가해야 한다. j에 저장된 값 3과 STUDENTS 3을 읽어 3이 3보다 작거나 같은지를 평가해야 한다. 같으므로 참이다. 반복해야 한다.

선택 구조 기호로 이동해야 한다. ㉝번 scores(i)를 평가한다. i에 저장된 값인 1을 참조하여 scores 배열의 첫 번째 배열요소에 저장된 값 60을 읽어 레지스터에 저장한다. 다음은 ㉞번 scores(j)를 평가한다. 마찬가지로 j에 저장된 값인 3을 참조하여 scores 배열의 세 번째 배열요소에 저장된 값 100을 읽어 레지스터에 저장한다. ㉟번 관계식을 평가한다.

60이 100보다 작은지에 대해 평가한다. 작아서 참이다.

왼쪽으로 실행제어가 이동된다. 순차 구조 기호로 이동한다. ㊱번 산술식을 평가한다. rank에 저장된 값 1을 읽어 레지스터에 저장하고, 1을 더하여 2를 구하여 레지스터에 저장한다. ㊲번 치환식을 평가한다. 레지스터에 저장된 값 2를 읽어 rank에 저장한다. rank에 저장된 값이 1에서 2로 바뀌게 된다.

명칭	초기	1	2	3
STUDENTS	3			
QUESTIONS	10			
i	?	1		
count	?	0/1/2/3/4/5/6	0/1/2/3/4	0/1/2/3/4/5/6/7/8/9/10
j	?	1/2/3		
rank	?	1/2		

scores

60	40	100

ranks

?	?	?

marks

	*	

correctAnswers

4	3	4	2	1	3	2	1	4	2

answers

4	3	4	2	1	3	1	2	2	4
3	4	1	2	2	3	1	2	4	2
4	3	4	2	1	3	2	1	4	2

반복구조이므로 ㉜번 변경식을 평가한다. j에 저장된 값 3을 읽어 1을 더하여 구한 값 4를 j에 저장한다. j에 저장된 값이 3에서 4로 바뀌게 된다.

명칭	초기	1	2	3
STUDENTS	3			
QUESTIONS	10			
i	?	1		
count	?	0/1/2/3/4/5/6	0/1/2/3/4	0/1/2/3/4/5/6/7/8/9/10
j	?	1/2/3/4		
rank	?	1/2		

scores

60	40	100

ranks

?	?	?

marks

	*	

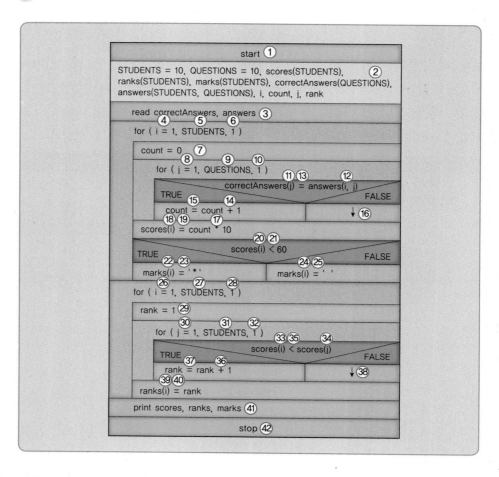

correctAnswers

4	3	4	2	1	3	2	1	4	2

answers

4	3	4	2	1	3	1	2	2	4
3	4	1	2	2	3	1	2	4	2
4	3	4	2	1	3	2	1	4	2

다음은 반복구조이므로 ㉛ 번 조건식을 평가해야 한다. j에 저장된 값 4와 STUDENTS 3을 읽어 4가 3보다 작거나 같은지를 평가해야 한다. 크므로 거짓이다. 탈출해야 한다.

석차를 매기는 반복 구조 기호 아래쪽에 있는 순차 구조 기호로 이동한다.

㊴ 번 ranks(i)를 평가한다. i에 저장된 값 1을 참조하여 ranks 배열의 첫 번째 배열요소를

참조하게 된다. ㊵번 치환식으로 rank에 저장된 값인 2를 ranks배열의 첫 번째 배열요소에 저장하게 된다. 검토표에서 물음표를 지우고 2를 적는다.

명칭	초기	1	2	3
STUDENTS	3			
QUESTIONS	10			
i	?	1		
count	?	0/1/2/3/4/5/6	0/1/2/3/4	0/1/2/3/4/5/6/7/8/9/10
j	?	1/2/3/4		
rank	?	1/2		

scores

60	40	100

ranks

2	?	?

marks

	*	

correctAnswers

4	3	4	2	1	3	2	1	4	2

answers

4	3	4	2	1	3	1	2	2	4
3	4	1	2	2	3	1	2	4	2
4	3	4	2	1	3	2	1	4	2

반복구조이므로 반복 구조 기호에서 ㉘번 변경식을 평가해야 한다. i에 저장된 값 1을 읽어 레지스터에 저장하고, 1을 더하여 구한 값 2를 i에 저장한다. i에 저장된 값이 1에서 2로 바뀌게 된다. 두번째 반복이므로 2열에 적는다.

명칭	초기	1	2	3
STUDENTS	3			
QUESTIONS	10			
i	?	1	2	
count	?	0/1/2/3/4/5/6	0/1/2/3/4	0/1/2/3/4/5/6/7/8/9/10
j	?	1/2/3/4		
rank	?	1/2		

scores

60	40	100

ranks

2	?	?

marks

	*	

correctAnswers

4	3	4	2	1	3	2	1	4	2

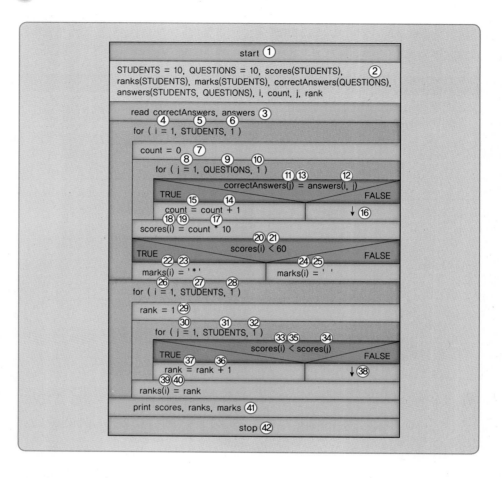

start ①

STUDENTS = 10, QUESTIONS = 10, scores(STUDENTS), ② ranks(STUDENTS), marks(STUDENTS), correctAnswers(QUESTIONS), answers(STUDENTS, QUESTIONS), i, count, j, rank

read correctAnswers, answers ③
④ ⑤ ⑥
for (i = 1, STUDENTS, 1)

count = 0 ⑦
⑧ ⑨ ⑩
for (j = 1, QUESTIONS, 1)
⑪ ⑬ ⑫
correctAnswers(j) = answers(i, j)
TRUE ⑮ ⑭ FALSE
count = count + 1 ↓ ⑯
⑱ ⑲ ⑰
scores(i) = count * 10
⑳ ㉑
scores(i) < 60
TRUE ㉒ ㉓ FALSE ㉔ ㉕
marks(i) = '*' marks(i) = ' '
㉖ ㉗ ㉘
for (i = 1, STUDENTS, 1)

rank = 1 ㉙
㉚ ㉛ ㉜
for (j = 1, STUDENTS, 1)
㉝ ㉟ ㉞
scores(i) < scores(j)
TRUE ㊲ ㊱ FALSE
rank = rank + 1 ↓ ㊳
㊴ ㊵
ranks(i) = rank

print scores, ranks, marks ㊶

stop ㊷

answers

4	3	4	2	1	3	1	2	2	4
3	4	1	2	2	3	1	2	4	2
4	3	4	2	1	3	2	1	4	2

다음은 반복구조이므로 ㉗ 번 조건식을 평가해야 한다. i에 저장된 값 2와 STUDENTS 3을 읽어 2가 3보다 작거나 같은지에 대해 평가해야 한다. 2가 3보다 작아 참이다. 따라서 반복해야 한다. ㉙ 번 치환식이 적힌 순차 구조 기호로 이동한다. 정수형 상수 1을 rank에 저장한다. 이러한 기능을 전산에서는 원위치 기능(Reset)이라고 한다. 검토표가 정리되어야 한다.

명칭	초기	1	2	3
STUDENTS	3			
QUESTIONS	10			
i	?	1	2	
count	?	0/1/2/3/4/5/6	0/1/2/3/4	0/1/2/3/4/5/6/7/8/9/10
j	?	1/2/3/4		
rank	?	1/2	1	

scores

60	40	100

ranks

2	?	?

marks

	*	

correctAnswers

4	3	4	2	1	3	2	1	4	2

answers

4	3	4	2	1	3	1	2	2	4
3	4	1	2	2	3	1	2	4	2
4	3	4	2	1	3	2	1	4	2

순차 구조 기호이므로 실행되면 아래쪽으로 실행제어가 이동된다. 반복 구조 기호로 이동된다. 반복구조이므로 ㉚ 번 초기식을 평가한다. j에 정수형 상수 1을 저장한다.

명칭	초기	1	2	3
STUDENTS	3			
QUESTIONS	10			
i	?	1	2	
count	?	0/1/2/3/4/5/6	0/1/2/3/4	0/1/2/3/4/5/6/7/8/9/10
j	?	1/2/3/4	1	
rank	?	1/2	1	

scores

60	40	100

ranks

2	?	?

marks

	*	

correctAnswers

4	3	4	2	1	3	2	1	4	2

answers

4	3	4	2	1	3	1	2	2	4
3	4	1	2	2	3	1	2	4	2
4	3	4	2	1	3	2	1	4	2

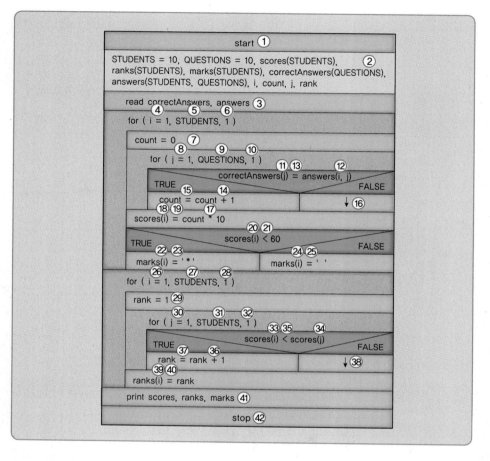

start ①

STUDENTS = 10, QUESTIONS = 10, scores(STUDENTS), ②
ranks(STUDENTS), marks(STUDENTS), correctAnswers(QUESTIONS),
answers(STUDENTS, QUESTIONS), i, count, j, rank

read correctAnswers, answers ③
④   ⑤   ⑥
for (i = 1, STUDENTS, 1)

count = 0 ⑦
⑧   ⑨   ⑩
for (j = 1, QUESTIONS, 1)
⑪⑬   ⑫
correctAnswers(j) = answers(i, j)

TRUE   ⑮   ⑭   FALSE
count = count + 1   ↓ ⑯
⑱⑲   ⑰
scores(i) = count * 10
⑳㉑
TRUE   scores(i) < 60   FALSE
㉒ ㉓   ㉔㉕
marks(i) = ' * '   marks(i) = ' '
㉖   ㉗   ㉘
for (i = 1, STUDENTS, 1)

rank = 1 ㉙
㉚   ㉛   ㉜
for (j = 1, STUDENTS, 1)
㉝㉟   ㉞
TRUE   scores(i) < scores(j)   FALSE
㊲   ㊱
rank = rank + 1   ↓ ㊳
㊴㊵
ranks(i) = rank

print scores, ranks, marks ㊶

stop ㊷

다음은 반복구조이므로 ㉛ 번 조건식을 평가해야 한다. j에 저장된 값 1과 STUDENTS 3을 읽어 1이 3보다 작거나 같은지를 평가해야 한다. 1이 3보다 작으므로 참이다. 반복해야 한다.

선택 구조 기호로 이동해야 한다. ㉝ 번 scores(i)를 평가한다. i에 저장된 값인 2를 참조하여 scores 배열의 두 번째 배열요소에 저장된 값 40을 읽어 레지스터에 저장한다. 다음은 ㉞ 번 scores(j)를 평가한다. 마찬가지로 j에 저장된 값인 1을 참조하여 scores 배열의 첫 번째 배열요소에 저장된 값 60을 읽어 레지스터에 저장한다. ㉟ 번 관계식을 평가한다. 40 이 60보다 작은지에 대해 평가한다. 작으므로 참이다.

왼쪽으로 실행제어가 이동된다. 순차 구조 기호로 이동한다. ㊱ 번 산술식을 평가한다. rank 에 저장된 값 1을 읽어 레지스터에 저장하고, 1을 더하여 2를 구하여 레지스터에 저장한다. ㊲ 번 치환식을 평가한다. 레지스터에 저장된 값 2를 읽어 rank에 저장한다. rank에 저장된 값이 1에서 2로 바뀌게 된다.

명칭	초기	1	2	3
STUDENTS	3			
QUESTIONS	10			
i	?	1	2	
count	?	0/1/2/3/4/5/6	0/1/2/3/4	0/1/2/3/4/5/6/7/8/9/10
j	?	1/2/3/4	1	
rank	?	1/2	1/2	

scores

60	40	100

ranks

2	?	?

marks

	*	

correctAnswers

4	3	4	2	1	3	2	1	4	2

answers

4	3	4	2	1	3	1	2	2	4
3	4	1	2	2	3	1	2	4	2
4	3	4	2	1	3	2	1	4	2

반복구조이므로 ㉜ 번 변경식을 평가한다. j에 저장된 값 1을 읽어 1을 더하여 구한 값 2를 j에 저장한다. j에 저장된 값이 1에서 2로 바뀌게 된다.

명칭	초기	1	2	3
STUDENTS	3			
QUESTIONS	10			
i	?	1	2	
count	?	0/1/2/3/4/5/6	0/1/2/3/4	0/1/2/3/4/5/6/7/8/9/10
j	?	1/2/3/4	1/2	
rank	?	1/2	1/2	

scores

60	40	100

ranks

2	?	?

marks

	*	

correctAnswers

4	3	4	2	1	3	2	1	4	2

answers

4	3	4	2	1	3	1	2	2	4
3	4	1	2	2	3	1	2	4	2
4	3	4	2	1	3	2	1	4	2

```
                          start ①

STUDENTS = 10, QUESTIONS = 10, scores(STUDENTS),        ②
ranks(STUDENTS), marks(STUDENTS), correctAnswers(QUESTIONS),
answers(STUDENTS, QUESTIONS), i, count, j, rank

    read correctAnswers, answers ③
       ④        ⑤        ⑥
    for ( i = 1, STUDENTS, 1 )

        count = 0 ⑦
              ⑧        ⑨        ⑩
          for ( j = 1, QUESTIONS, 1 )
                          ⑪⑬              ⑫
               correctAnswers(j) = answers(i, j)
          TRUE                                        FALSE
               ⑮        ⑭
              count = count + 1                    ↓ ⑯
         ⑱⑲        ⑰
        scores(i) = count * 10
                          ⑳㉑
                    scores(i) < 60
          TRUE                                      FALSE
            ㉒㉓                              ㉔㉕
          marks(i) = ' * '                  marks(i) = ' '
        ㉖        ㉗        ㉘
    for ( i = 1, STUDENTS, 1 )

        rank = 1 ㉙
              ㉚        ㉛        ㉜
          for ( j = 1, STUDENTS, 1 )
                          ㉝㉟          ㉞
                    scores(i) < scores(j)
          TRUE                                      FALSE
               ㊲        ㊱
              rank = rank + 1                    ↓ ㊳
         ㊴㊵
        ranks(i) = rank

    print scores, ranks, marks ㊶
                          stop ㊷
```

다음은 반복구조이므로 ㉛ 번 조건식을 평가해야 한다. j에 저장된 값 2와 STUDENTS 3을 읽어 2가 3보다 작거나 같은지를 평가해야 한다. 2가 3보다 작으므로 참이다. 반복해야 한다.

선택 구조 기호로 이동해야 한다. ㉝ 번 scores(i)를 평가한다. i에 저장된 값인 2를 참조하여 scores 배열의 두 번째 배열요소에 저장된 값 40을 읽어 레지스터에 저장한다. 다음은 ㉞ 번 scores(j)를 평가한다. 마찬가지로 j에 저장된 값인 2를 참조하여 scores 배열의 두 번째 배열요소에 저장된 값 40을 읽어 레지스터에 저장한다. ㉟ 번 관계식을 평가한다. 40이 40보다 작은지에 대해 평가한다. 같으므로 거짓이다. 오른쪽으로 실행제어가 이동된다. ㊳ 번 처리없이 아래쪽으로 실행제어만 이동시키는 순차 구조 기호로 이동한다.

반복구조이므로 ㉜ 번 변경식을 평가한다. j에 저장된 값 2를 읽어 1을 더하여 구한 값 3을 j에 저장한다. j에 저장된 값이 2에서 3으로 바뀌게 된다.

명칭	초기	1	2	3
STUDENTS	3			
QUESTIONS	10			
i	?	1	2	
count	?	0/1/2/3/4/5/6	0/1/2/3/4	0/1/2/3/4/5/6/7/8/9/10
j	?	1/2/3/4	1/2/3	
rank	?	1/2	1/2	

scores

60	40	100

ranks

2	?	?

marks

	*

correctAnswers

4	3	4	2	1	3	2	1	4	2

answers

4	3	4	2	1	3	1	2	2	4
3	4	1	2	2	3	1	2	4	2
4	3	4	2	1	3	2	1	4	2

다음은 반복구조이므로 ㉛ 번 조건식을 평가해야 한다. j에 저장된 값 3과 STUDENTS 3을 읽어 3이 3보다 작거나 같은지를 평가해야 한다. 같으므로 참이다. 반복해야 한다.

선택 구조 기호로 이동해야 한다. ㉝ 번 scores(i)를 평가한다. i에 저장된 값인 2를 참조하여 scores 배열의 두 번째 배열요소에 저장된 값 40을 읽어 레지스터에 저장한다. 다음은 ㉞ 번 scores(j)를 평가한다. 마찬가지로 j에 저장된 값인 3을 참조하여 scores 배열의 세 번째 배열요소에 저장된 값 100을 읽어 레지스터에 저장한다. ㉟ 번 관계식을 평가한다. 40이 100보다 작은지에 대해 평가한다. 작아서 참이다.

왼쪽으로 실행제어가 이동된다. 순차 구조 기호로 이동한다. ㊱ 번 산술식을 평가한다. rank에 저장된 값 2를 읽어 레지스터에 저장하고, 1을 더하여 3을 구하여 레지스터에 저장한다. ㊲ 번 치환식을 평가한다. 레지스터에 저장된 값 3을 읽어 rank에 저장한다. rank에 저장된 값이 2에서 3으로 바뀌게 된다.

```
                              start ①

STUDENTS = 10, QUESTIONS = 10, scores(STUDENTS),        ②
ranks(STUDENTS), marks(STUDENTS), correctAnswers(QUESTIONS),
answers(STUDENTS, QUESTIONS), i, count, j, rank

              read correctAnswers, answers ③
              ④        ⑤         ⑥
            for ( i = 1, STUDENTS, 1 )

              count = 0 ⑦
                   ⑧        ⑨        ⑩
                 for ( j = 1, QUESTIONS, 1 )
                                                ⑪ ⑬           ⑫
                          correctAnswers(j) = answers(i, j)
              TRUE                                            FALSE
                    ⑮       ⑭
                  count = count + 1                    ↓ ⑯
              ⑱ ⑲      ⑰
            scores(i) = count * 10
                                      ⑳ ㉑
                            scores(i) < 60
              TRUE       ㉒ ㉓                          FALSE    ㉔ ㉕
            marks(i) = ' * '                         marks(i) = ' '
            ㉖        ㉗       ㉘
          for ( i = 1, STUDENTS, 1 )

            rank = 1 ㉙
                 ㉚      ㉛      ㉜
               for ( j = 1, STUDENTS, 1 )
                                        ㉝㉟      ㉞
                          scores(i) < scores(j)
              TRUE    ㊲      ㊱                        FALSE
                  rank = rank + 1                      ↓ ㊳
              ㊴㊵
            ranks(i) = rank

              print scores, ranks, marks ㊶

                              stop ㊷
```

명칭	초기	1	2	3
STUDENTS	3			
QUESTIONS	10			
i	?	1	2	
count	?	0/1/2/3/4/5/6	0/1/2/3/4	0/1/2/3/4/5/6/7/8/9/10
j	?	1/2/3/4	1/2/3	
rank	?	1/2	1/2/3	

scores

60	40	100

ranks

2	?	?

marks

	*	

correctAnswers

4	3	4	2	1	3	2	1	4	2

answers

4	3	4	2	1	3	1	2	2	4
3	4	1	2	2	3	1	2	4	2
4	3	4	2	1	3	2	1	4	2

반복구조이므로 ㉜ 번 변경식을 평가한다. j에 저장된 값 3을 읽어 1을 더하여 구한 값 4를 j에 저장한다. j에 저장된 값이 3에서 4로 바뀌게 된다.

명칭	초기	1	2	3
STUDENTS	3			
QUESTIONS	10			
i	?	1	2	
count	?	0/1/2/3/4/5/6	0/1/2/3/4	0/1/2/3/4/5/6/7/8/9/10
j	?	1/2/3/4	1/2/3/4	
rank	?	1/2	1/2/3	

scores

60	40	100

ranks

2	?	?

marks

	*	

correctAnswers

4	3	4	2	1	3	2	1	4	2

answers

4	3	4	2	1	3	1	2	2	4
3	4	1	2	2	3	1	2	4	2
4	3	4	2	1	3	2	1	4	2

다음은 반복구조이므로 ㉛ 번 조건식을 평가해야 한다. j에 저장된 값 4와 STUDENTS 3을 읽어 4가 3보다 작거나 같은지를 평가해야 한다. 크므로 거짓이다. 탈출해야 한다.

석차를 매기는 반복 구조 기호 아래쪽에 있는 순차구조 기호로 이동한다. ㊴ 번 ranks(i)를 평가한다. i에 저장된 값 2를 읽어 ranks 배열의 두 번째 배열요소를 참조하게 된다. ㊵ 번 치환식으로 rank에 저장된 값인 3을 ranks 배열의 두 번째 배열요소에 저장하게 된다. 검토표에서 3을 적는다.

start ①

STUDENTS = 10, QUESTIONS = 10, scores(STUDENTS), ② ranks(STUDENTS), marks(STUDENTS), correctAnswers(QUESTIONS), answers(STUDENTS, QUESTIONS), i, count, j, rank

read correctAnswers, answers ③

④ ⑤ ⑥ for (i = 1, STUDENTS, 1)

count = 0 ⑦

⑧ ⑨ ⑩ for (j = 1, QUESTIONS, 1)

⑪⑬ ⑫ correctAnswers(j) = answers(i, j)

| TRUE ⑮ ⑭ | FALSE |
| count = count + 1 | ↓ ⑯ |

⑱⑲ ⑰ scores(i) = count * 10

⑳㉑ scores(i) < 60

| TRUE ㉒㉓ | FALSE ㉔㉕ |
| marks(i) = ' * ' | marks(i) = ' ' |

㉖ ㉗ ㉘ for (i = 1, STUDENTS, 1)

rank = 1 ㉙

㉚ ㉛ ㉜ for (j = 1, STUDENTS, 1)

㉝㉟ ㉞ scores(i) < scores(j)

| TRUE ㊲ ㊱ | FALSE |
| rank = rank + 1 | ↓ ㊳ |

㊴㊵ ranks(i) = rank

print scores, ranks, marks ㊶

stop ㊷

명칭	초기	1	2	3
STUDENTS	3			
QUESTIONS	10			
i	?	1	2	
count	?	0/1/2/3/4/5/6	0/1/2/3/4	0/1/2/3/4/5/6/7/8/9/10
j	?	1/2/3/4	1/2/3/4	
rank	?	1/2	1/2/3	

scores

60	40	100

ranks

2	3	?

marks

	*	

correctAnswers

4	3	4	2	1	3	2	1	4	2

answers

4	3	4	2	1	3	1	2	2	4
3	4	1	2	2	3	1	2	4	2
4	3	4	2	1	3	2	1	4	2

반복구조이므로 반복 구조 기호에서 ㉘ 번 변경식을 평가해야 한다. i에 저장된 값 2를 읽어 레지스터에 저장하고, 1을 더하여 구한 값 3을 i에 저장한다. i에 저장된 값이 2에서 3으로 바뀌게 된다.

명칭	초기	1	2	3
STUDENTS	3			
QUESTIONS	10			
i	?	1	2	3
count	?	0/1/2/3/4/5/6	0/1/2/3/4	0/1/2/3/4/5/6/7/8/9/10
j	?	1/2/3/4	1/2/3/4	
rank	?	1/2	1/2/3	

scores

60	40	100

ranks

2	3	?

marks

	*	

correctAnswers

4	3	4	2	1	3	2	1	4	2

answers

4	3	4	2	1	3	1	2	2	4
3	4	1	2	2	3	1	2	4	2
4	3	4	2	1	3	2	1	4	2

다음은 반복구조이므로 ㉗ 번 조건식을 평가해야 한다. i에 저장된 값 3과 STUDENTS 3을 읽어 3이 3보다 작거나 같은지에 대해 평가해야 한다. 같으므로 참이다. 따라서 반복해야 한다.

세 번째 학생에 대해 등수를 매겨 보자. 여러분이 직접 검토해 보자. 반드시 해 보고 뒤쪽에 작성되어 있는 검토표와 비교해 보자.

```
                              start ①

STUDENTS = 10, QUESTIONS = 10, scores(STUDENTS),        ②
ranks(STUDENTS), marks(STUDENTS), correctAnswers(QUESTIONS),
answers(STUDENTS, QUESTIONS), i, count, j, rank

         read correctAnswers, answers ③
              ④        ⑤        ⑥
         for ( i = 1, STUDENTS, 1 )

            count = 0  ⑦
                  ⑧        ⑨        ⑩
              for ( j = 1, QUESTIONS, 1 )
                                  ⑪ ⑬              ⑫
                       correctAnswers(j) = answers(i, j)
              TRUE      ⑮       ⑭                  FALSE
                       count = count + 1              ↓ ⑯
              ⑱⑲        ⑰
            scores(i) = count * 10
                              ⑳ ㉑
                         scores(i) < 60
              TRUE       ㉒ ㉓              ㉔ ㉕    FALSE
                       marks(i) = ' * '        marks(i) = ' '
              ㉖        ㉗        ㉘
         for ( i = 1, STUDENTS, 1 )

            rank = 1 ㉙
                  ㉚        ㉛        ㉜
              for ( j = 1, STUDENTS, 1 )
                                  ㉝ ㉟          ㉞
                         scores(i) < scores(j)
              TRUE       ㊲       ㊱                FALSE
                       rank = rank + 1                ↓ ㊳
              ㊴ ㊵
            ranks(i) = rank

         print scores, ranks, marks ㊶

                              stop ㊷
```

명칭	초기	1	2	3
STUDENTS	3			
QUESTIONS	10			
i	?	1	2	3
count	?	0/1/2/3/4/5/6	0/1/2/3/4	0/1/2/3/4/5/6/7/8/9/10
j	?	1/2/3/4	1/2/3/4	1/2/3/4
rank	?	1/2	1/2/3	1

scores

60	40	100

ranks

2	3	1

marks

	*	

correctAnswers

4	3	4	2	1	3	2	1	4	2

answers

4	3	4	2	1	3	1	2	2	4
3	4	1	2	2	3	1	2	4	2
4	3	4	2	1	3	2	1	4	2

세 번째 학생의 등수를 매겼다면, 반복구조이므로 반복 구조 기호에서 ㉘번 변경식을 평가해야 한다. i에 저장된 값 3을 읽어 레지스터에 저장하고, 1을 더하여 구한 값 4를 i에 저장한다. i에 저장된 값이 3에서 4로 바뀌게 된다.

명칭	초기	1	2	3
STUDENTS	3			
QUESTIONS	10			
i	?	1	2	3/4
count	?	0/1/2/3/4/5/6	0/1/2/3/4	0/1/2/3/4/5/6/7/8/9/10
j	?	1/2/3/4	1/2/3/4	1/2/3/4
rank	?	1/2	1/2/3	1

scores

60	40	100

ranks

2	3	1

marks

	*	

correctAnswers

4	3	4	2	1	3	2	1	4	2

answers

4	3	4	2	1	3	1	2	2	4
3	4	1	2	2	3	1	2	4	2
4	3	4	2	1	3	2	1	4	2

다음은 반복구조이므로 ㉗ 번 조건식을 평가해야 한다. i에 저장된 값 4와 STUDENTS 3을 읽어 4가 3보다 작거나 같은지에 대해 평가해야 한다. 4가 3보다 크므로 거짓이다. 따라서 탈출해야 한다.

출력하는 순차 구조 기호로 이동한다. ㊶ 번 print 명령어로 scores, ranks, marks 배열을 출력한다. 순차 구조이므로 실행이 끝나면 아래쪽으로 이동하여 ㊷ 번 stop이 적힌 순차 구조 기호로 이동하게 되고, stop 명령어에 의해 실행이 끝나게 된다.

검토표를 보면, 원하는 값들이 구해진 것을 알 수 있다. 알고리즘은 정확하다는 것이다.

시스템 다이어그램에서 정리된 모듈들은 C언어의 논리적인
모듈인 함수들로 구현되어야 하고, 구현된 함수들은 컴퓨터에
입력되어야 하므로 원시 코드 파일이 필요하다. 따라서 첫 번째로
원시 코드 파일을 작성해야 한다.

algorithm

구현

06 구현

| CHAPTER |

이렇게 해서 알고리듬이 정확하다는 것을 확인했으면, C 언어로 구현해 보자. 배경도, 시스템 다이어그램, 모듈기술서 그리고 나씨-슈나이더만 다이어그램을 참고하여 C 언어로 어떻게 구현하는지 알아보자.

시스템 다이어그램에서 정리된 모듈들은 C언어의 논리적인 모듈인 함수들로 구현되어야 하고, 구현된 함수들은 컴퓨터에 입력되어야 하므로 원시 코드 파일이 필요하다. 따라서 첫 번째로 원시 코드 파일을 작성해야 한다. 원시 코드 파일은 배경도 또는 시스템 다이어그램으로 정리된 논리적 모듈에서 연산 모듈 이름을 원시 코드 파일 이름으로 짓도록 하자.

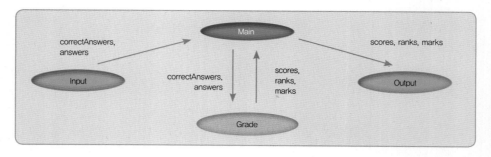

연산 모듈 이름이 Grade이므로 원시 코드 파일 이름을 Grade.c로 짓도록 하자. 그리고 원시 코드 파일의 첫 번째 줄에 한 줄 주석으로 원시 코드 파일 이름을 적자.

C코드

```
// Grade.c
```

다음은 배경도와 모듈 기술서를 참고하여 프로그램에 관해서 설명을 달도록 하자. 블록주석을 이용하자. 원시 코드 파일 이름, 기능, 작성자와 작성 일자는 반드시 적자.

모듈 기술서		
명칭	한글	채점하다
	영문	Grade
기능		정답들과 열 명의 학생의 답안들을 입력받아 채점하여 점수들, 등수들, 점수가 60점 미만인 학생들에 대해 표시한다.
입 · 출력	입력	정답들, 답안들
	출력	점수들, 등수들, 표시들
관련 모듈		

```
// Grade.c
/*******************************************************************
 파일 이름 : Grade.c
 기    능 : 정답들과 열 명의 학생의 답안들을 입력받아 채점하여 점수들,
            등수들, 점수가 60점 미만인 학생들에 대해 표시한다.
 작 성 자 : 김 석 현
 작성 일자 : 2014년 5월 19일
 *******************************************************************/
```

다음은 자료명세서를 참고하여 C언어에서 제공하는 자료형을 정리하여 자료형 이름을 선언하자.

	자료 명세서				
번호	명칭		자료유형	구분	C언어 자료형
	한글	영문			
1	학생 인원수	STUDENTS	정수	상수	
2	문항 개수	QUESTIONS	정수	상수	
2	점수들	scores	정수 배열	출력	UShort [STUDENTS]
3	등수들	ranks	정수 배열	출력	UShort [STUDENTS]
4	표시들	marks	문자 배열	출력	char [STUDENTS]
5	정답들	correctAnswers	정수 배열	입력	UShort [QUESTIONS]
6	답안들	answers	정수 배열	입력	UShort [STUDENTS][QUESTIONS]
7	반복제어변수	i	정수	추가	UShort
8	개수	count	정수	처리	UShort
9	반복제어변수	j	정수	추가	UShort

자료명세서에 정리된 자료유형은 정수이거나 정수 배열이다. C언어에서 정수형 관련 키워드를 정리해야 한다. C언어 문법책에서 자료형을 찾아보자. 정수 데이터를 표현하기 위해서 정수 자료형에 관련된 키워드들이 몇 개 제공된다. 먼저 정수 데이터라는 의미로 int, 그리고 워드 크기를 규정하기 위해서 2바이트 워드에 대해 short 그리고 4바이트 워드에 대해 long을 제공하고 있다. 마지막으로 부호 비트를 사용할 때 signed 그리고 사용하지 않을 때 unsigned 키워드를 제공한다. 정리하면 다음 표와 같다.

부호 비트 사용 유무	기억장소(Word) 크기	자료형
unsigned signed(default)	short(2byte) long(4byte)	int

이러한 키워드들을 조합함으로써 기억장소의 크기 그리고 표현할 수 있는 값의 범위를 결정할 수 있다.

번호	자료형	크기	범위
1	signed short int	2	−32768 ~ 32767
2	signed long int	4	−2147483648 ~ 2147483647
3	unsigned short int	2	0 ~ 65535
4	unsigned long int	4	0 ~ 4294967295

점수, 답안, 정답, 개수에서 표현될 값은 0과 양수이어야 하므로 unsigned를 사용하자. 그리고 범위도 0에서 100까지이면 충분하므로 short를 사용하자. 따라서 점수, 답안, 정답, 개수, 반복제어변수의 자료형은 unsigned short int로 하자. 번거로움을 줄이기 위해서 typedef로 자료형 이름 UShort를 만들자.

C코드

```
// Grade.c
/**********************************************************************
 파일 이름 : Grade.c
 기    능 : 정답들과 열 명의 학생의 답안들을 입력받아 채점하여 점수들,
            등수들, 점수가 60점 미만인 학생들에 대해 표시한다.
 작 성 자 : 김 석 현
 작성 일자 : 2014년 5월 19일
 **********************************************************************/
// 자료형 이름(Type name) 선언
typedef unsigned short int UShort;
```

표시의 자료형은 문자이다. C언어에서는 문자라는 의미로 char 키워드를 제공한다. 그리고 아스키코드(ASCII)로 정수 형태로 저장하기 때문에 부호를 저장하느냐 안 하느냐에 따라 두 종류의 키워드, signed와 unsigned가 제공한다. C 언어에서 제공되는 키워드들을 정리하면 다음 표와 같다.

부호 비트 사용 유무	자료형	크기	범위
unsigned signed(default)	char	1 Byte	0 ~ 255 −128 ~ 127

기본 문자형은 signed char형으로 보통 char로 사용한다. 여기서도 char를 사용하자.

다음은 C언어에서 배열형을 정리해 보자. C언어에서 배열은 어떻게 표현될까? 배열은 고급 프로그래밍 언어라면 지원한다. C언어에서도 배열형을 제공한다. C언어에서 배열을 선언하는 절차는 다음과 같다.

(1) 배열 이름을 적는다.
(2) 배열형을 강조하는 구두점인 대괄호를 배열 이름 뒤에 적는다.
(3) 배열 이름 앞에 공백을 두고 배열요소의 자료형을 적는다.
(4) 배열 이름 뒤에 적힌 대괄호에 배열 크기를 적는다. 배열 크기는 반드시 상수이어야 한다.
(5) 선언문장으로 처리되도록 하려면 줄의 끝에 세미콜론을 적는다.

정수 배열인 점수들 scores, 등수들 ranks, 정답들 correctAnswers는 여러 개의 칸을 갖는 한 줄의 배열이다. 이러한 배열을 1차원 배열이라 한다.

그러면 정답들 correctAnswers 배열을 선언해 보자.

(1) 배열 이름을 적는다. correctAnswers
(2) 배열형을 강조하는 구두점인 대괄호를 배열 이름 뒤에 적는다. correctAnswers[]
(3) 배열 이름 앞에 공백을 두고 배열요소의 자료형을 적는다. UShort correctAnswers[]
(4) 배열 이름 뒤에 적힌 대괄호에 배열 크기를 적는다. 문항 개수 QUESTIONS이다.

UShort correctAnswers[QUESTIONS]

잠깐, 먼저 자료명세서에 정리된 기호상수 QUESTIONS를 C언어로 구현해 보자. 기호상수 QUESTIONS는 배열 크기이다. 기호상수 QUESTIONS는 C언어에서 매크로로 구현되어야 한다. 매크로 형식은 다음과 같다.

C코드

```
#define 매크로이름 치환문자열
```

배열 크기는 앞으로는 무조건 매크로로 구현하도록 하자. 매크로 위치는 프로그램을 설명하는 주석 단락 바로 아래쪽이다.

한 줄에 하나씩 매크로가 작성되어야 한다. #define 전처리기 지시자를 적고, 공백을 두고 기호상수 이름 QUESTIONS를 적어 매크로 이름으로 삼고, 공백을 두고 정수형 상수 10을 적자.

```
// Grade.c
/*************************************************************
 파일 이름 : Grade.c
 기    능 : 정답들과 열 명의 학생의 답안들을 입력받아 채점하여 점수들,
           등수들, 점수가 60점 미만인 학생들에 대해 표시한다.
 작 성 자 : 김석현
 작성 일자 : 2014년 5월 19일
*************************************************************/
// 매크로(Macro)
#define QUESTIONS 10

// 자료형 이름(Type name) 선언
typedef unsigned short int UShort;
```

(5) 선언문장으로 처리되도록 하려면 줄의 끝에 세미콜론을 적는다.

　　UShort correctAnswers[QUESTIONS];

correctAnswers 배열의 자료형은 다시 말해서 배열형은 선언문장에서 배열 이름과 세미콜론을 지우면 된다. 따라서 correctAnswers 배열의 자료형은 UShort [QUESTIONS]이다. 배열형이다.

다음은 문자 배열인 표시들 marks를 선언해 보자.

(1) 배열 이름을 적는다. marks
(2) 배열형을 강조하는 구두점인 대괄호를 배열 이름 뒤에 적는다. marks[]
(3) 배열 이름 앞에 공백을 두고 배열요소의 자료형을 적는다. char marks[]
(4) 배열 이름 뒤에 적힌 대괄호에 배열 크기를 적는다. 배열 크기는 반드시 상수이어야 한다. 학생 인원 수 STUDENTS이다. char marks[STUDENTS]
　　STUDENTS 기호상수를 매크로로 작성하자. QUESTIONS 기호상수를 구현한 것을 참조하여 여러분이 직접 작성하자.
(5) 선언문장으로 처리되도록 하려면 줄의 끝에 세미콜론을 적는다. char marks[STUDENTS];

marks의 자료형은 char [STUDENTS]이다.

다음은 답안들 answers 배열을 선언해 보자. answers는 여러 개의 칸을 갖는 줄이 여러 개인 배열이다. 개념적으로 2차원 배열이다. answers 배열의 자료형은 무엇일까? answers 배열을 선언해 보자. answers 배열을 선언하기 전에 반드시 기억해야 하는 것은 C언어에서 배열은 차원 개념을 제공하지 않는다는 것이다. 다시 말해서 C언어에서 배열은 1차원 배열만 지원한다는 것이다. 그러면 2차원 이상 다차원 배열은 어떻게 표현되는 것일까? C언어에서 다차원 배열은 단지 배열형인 배열요소를 갖는 1차원 배열일 뿐이다. answers 배열은 열 개의 칸을 갖는 줄이 열 개인 배열이다.

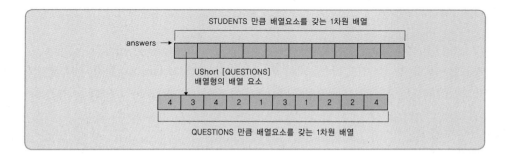

answers 배열을 선언해 보자.

(1) 배열 이름을 적는다. answers
(2) 배열형을 강조하는 구두점인 대괄호를 배열 이름 뒤에 적는다. answers[]
(3) 배열 이름 앞에 공백을 두고 배열요소의 자료형을 적는다.

배열요소가 배열이다. 열 개의 칸을 갖는 배열이다. 다시 말해서 1차원 배열이다. 배열요소가 되는 배열을 선언해 보자.

❶ 배열 이름은 없으므로 생략하자.
❷ 배열형을 강조하는 구두점인 대괄호를 배열 이름 뒤에 적는다. []
❸ 배열 이름 앞에 공백을 두고 배열요소의 자료형을 적는다. 배열요소의 자료형은 정수이므로 UShort 이다. UShort []
❹ 배열 이름 뒤에 적힌 대괄호에 배열 크기를 적는다. 배열 크기는 문항 개수QUESTIONS이다. UShort [QUESTIONS]

배열요소의 자료형은 배열형으로 UShort [QUESTIONS]이다.

UShort [QUESTIONS] answers[]

(4) 배열 이름 뒤에 적힌 대괄호에 배열 크기를 적는다. 학생 인원 수 STUDENTS이다.

　　UShort [QUESTIONS] answers[STUDENTS]

(5) 대괄호[]와 소괄호()는 후위이므로 배열 이름 앞에 있는 [QUESTIONS]를 뒤로 이동

　　시킨다. UShort answers[STUDENTS][QUESTIONS]

(6) 선언문장으로 처리되도록 하려면 줄의 끝에 세미콜론을 적는다.

　　UShort answers[STUDENTS][QUESTIONS];

변수나 배열의 자료형은 선언문장에서 변수나 배열이름과 세미콜론을 지우고 남은 것이 된다. answers와 세미콜론(;)을 지우면 보면, answers 배열의 자료형은 UShort [STUDENTS] [QUESTIONS]이다. 배열형이다.

자료형 이름을 선언했다면, 다음은 함수(Function)를 선언(Declaration)하자. 시스템 다이어그램에 작도된 순서로, 다시 말해서 위쪽에서 아래쪽으로 그리고 아래쪽에서는 왼쪽에서 오른쪽으로 함수를 선언하여 함수 원형(Function Prototype)을 만들자.

맨 처음 선언해야 하는 것은 Main 모듈에 대해 main 함수이다. main 함수는 운영체제에 의해서 호출되는 함수로 운영체제와의 정보전달을 위해 이미 약속된 함수 원형이 있다.

```
C코드   // Grade.c
/***********************************************************
 파일 이름 : Grade.c
 기    능 : 정답들과 열 명의 학생의 답안들을 입력받아 채점하여 점수들,
            등수들, 점수가 60점 미만인 학생에 대해 표시한다.
 작 성 자 : 김 석 현
 작 성 일 자 : 2014년 5월 19일
 ***********************************************************/
// 매크로(Macro)
#define STUDENTS   10
#define QUESTIONS 10

// 자료형 이름(Type name) 선언
typedef unsigned short int UShort;

// 함수 선언 : 함수 원형(Function Prototype)
int main(int argc, char *argv[]);
```

다음은 Input 모듈에 대해 Input 함수를 선언해야 한다. 함수를 선언하는 절차로 선언해 보자.

(1) 반환형을 적는다.

출력데이터가 두 개다. correctAnswers와 answers다. 출력하는 데이터들이 두 개 이상이다. 따라서 반환형은 void이어야 한다. 출력데이터들은 매개변수로 선언되어야 한다.

C코드
```
void
```

(2) 공백을 두고 함수 이름을 적는다.

C코드
```
void Input
```

(3) 함수형을 강조하기 위해 함수 이름 뒤에 소괄호를 적는다.

C코드
```
void Input()
```

(4) 입력데이터가 있으면 매개변수로 선언해야 한다. 매개변수는 자료형을 적고 공백을 두고 이름을 적어 선언해야 한다. 입력데이터가 없다.

(5) 출력데이터가 두 개 이상이면, 매개변수로 선언해야 한다.

출력데이터가 매개변수로 선언되는 경우 매개변수에 주소를 저장해야 하므로 매개변수의 자료형은 포인터형이어야 한다. 자료명세서를 참고하면, 정답들 correctAnswers는 정수 배열이고, 답안들 answers도 정수 배열이다.

C언어에서는 정보전달에 배열 자체가 사용되지 않고, 배열의 시작주소를 사용해야 한다. 이유는 없다. 약속이다. 다시 말해서 문법으로 정해져 있다는 것이다. 매개변수로 선언되는 correctAnswers와 answers는 배열의 시작주소를 저장하는 포인터 변수인 배열 포인터이어야 한다. 따라서 correctAnswers와 answers는 배열 포인터(Pointer to Array)이다. correctAnswers부터 선언해 보자. 배열 포인터 변수를 선언하는 절차는 다음과 같다.

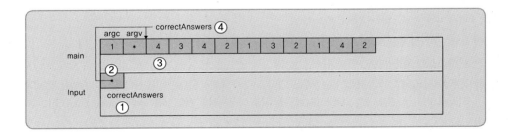

❶ 변수 이름을 적는다. correctAnswers

❷ 포인터형을 강조하는 구두점인 별표를 변수 이름 앞에 적는다. *correctAnswers

❸ 별표 앞에 공백을 두고 변수에 저장된 주소를 갖는 기억장소, 첫 번째 배열요소의 자료형을 적는다.
자료형 이름으로 선언된 UShort이다. UShort *correctAnswers

❹ 배열포인터를 강조하는 구두점인 소괄호로 변수 이름과 가장 오른쪽 별표를 싼다.
UShort (*correctAnswers)

❺ 자동변수이면 선언 문장이므로 줄의 끝에 세미콜론을 적어야 한다. 매개변수라면 세미콜론을 생략한다.

correctAnswers를 소괄호에 적어 매개변수로 선언하자.

C코드

```
void Input(UShort (*correctAnswers))
```

다음은 answers를 선언해 보자. 배열 포인터 변수를 선언하는 절차는 다음과 같다.

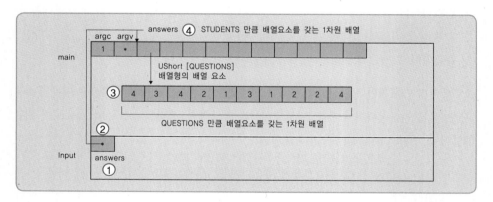

❶ 변수 이름을 적는다. answers

❷ 포인터형을 강조하는 구두점인 별표를 변수 이름 앞에 적는다. *answers

❸ 별표 앞에 공백을 두고 변수에 저장된 주소를 갖는 기억장소, 첫 번째 배열요소의 자료형을 적는다.
배열요소가 배열이다. 다시 말해서 배열형이다. 앞에서 이미 선언했듯이 자료형은 UShort [QUESTIONS]
이다. UShort [QUESTIONS] *answers

❹ 배열포인터를 강조하는 구두점인 소괄호로 변수 이름과 가장 오른쪽 별표를 싼다.
UShort [QUESTIONS] (*answers)

❺ C언어에서 소괄호 ()와 대괄호 []는 후위 표기이다. 다시 말해서 만드는 이름 뒤에 적어야 한다는 것이다.
따라서 answers 앞에 있는 [QUESTIONS]는 뒤로 이동시켜야 한다. UShort (*answers)[QUESTIONS]

❻ 자동변수이면 선언문장이므로 줄의 끝에 세미콜론을 적어야 한다. 매개변수라면 세미콜론을 생략한다.

answers를 소괄호에 적어 매개변수로 선언해 보자. 쉼표를 적어 구분하고, 적으면 된다.

C코드

```
void Input(UShort (*correctAnswers), UShort (*answers)[QUESTIONS])
```

(6) 선언 문장이므로 줄의 끝에 세미콜론을 적는다.

C코드

```
void Input(UShort (*correctAnswers), UShort (*answers)[QUESTIONS]);
```

correctAnswers는 1차원 배열 포인터, answers는 2차원 배열 포인터라고 한다. 2차원 배열 포인터는 칸(열)의 개수를 생략할 수 없다는 것도 기억하자.

C코드

```
// Grade.c
/*********************************************************************
   파일 이름 : Grade.c
   기     능 : 정답들과 열 명의 학생의 답안들을 입력받아 채점하여 점수들,
               등수들, 점수가 60점 미만인 학생에 대해 표시한다.
   작 성 자 : 김 석 현
   작성 일자 : 2014년 5월 19일
  *********************************************************************/
// 매크로(Macro)
#define STUDENTS 10
#define QUESTIONS 10

// 자료형 이름(Type name) 선언
typedef unsigned short int UShort;

// 함수 선언 : 함수 원형(Function Prototype)
int main(int argc, char *argv[]);
void Input(UShort (*correctAnswers), UShort (*answers)[QUESTIONS]);
```

다음은 연산모듈 Grade에 대해 Grade 함수를 선언해 보자. 함수를 선언하는 절차에 따라 선언해보자.

(1) 반환형을 적자. 출력데이터가 scores, ranks, marks이다. 출력데이터가 두 개 이상이므로 반환형을 void로 하자. Input 함수 원형이 적힌 줄 바로 아래쪽 줄에 void를 적는다.

C코드

```
void
```

(2) 반환형과 공백을 두고 모듈이름 Grade를 함수이름으로 적는다.

```
void Grade
```

(3) 함수형을 강조하는 구두점인 소괄호를 함수 이름 뒤에 적는다.

```
void Grade()
```

(4) 입력데이터를 매개변수로 선언한다. 입력데이터 correctAnswers와 answers에 대해 매개
변수로 선언한다. 매개변수가 두 개 이상이면 쉼표로 구분하여 적는다. correctAnswers
와 answers는 배열이다. C언어에서는 배열 자체는 정보전달에 사용할 수 없고, 배열의
시작주소만을 사용하도록 규정되어 있다. 따라서 배열의 시작주소를 저장할 매개변수
를 선언해야 한다. 다시 말해서 배열 포인터 변수로 선언해야 한다.

correctAnswers 포인터 변수를 선언하는 절차에 따라 직접 선언해 보자.

> **실습**
> correctAnswers 배열 포인터 변수를 선언해 보자.

❶ 변수 이름을 적는다. correctAnswers
❷ 포인터형을 강조하는 구두점인 별표를 변수 이름 앞에 적는다. *correctAnswers
❸ 별표 앞에 공백을 두고 변수에 저장된 주소를 갖는 기억장소, 첫 번째 배열요소의 자료형을 적는다.
  자료형 이름으로 선언된 UShort이다. UShort *correctAnswers
❹ 배열 포인터를 강조하는 구두점인 소괄호로 변수 이름과 가장 오른쪽 별표를 싼다. UShort
  (*correctAnswers)
❺ 자동변수이면 선언 문장이므로 줄의 끝에 세미콜론을 적어야 한다. 매개변수라면 세미콜론을 생략한다.

```
void Grade(UShort (*correctAnswers))
```

다음은 answers 배열 포인터 변수를 선언하는 절차에 따라 직접 선언해 보자.

> **실습**
> answers 배열 포인터 변수를 선언해 보자.

❶ 변수 이름을 적는다. answers

❷ 포인터형을 강조하는 구두점인 별표를 변수 이름 앞에 적는다. *answers

❸ 별표 앞에 공백을 두고 변수에 저장된 주소를 갖는 기억장소, 첫 번째 배열요소의 자료형을 적는다. 배열요소가 배열이다. 다시 말해서 배열형이다. 앞에서 이미 선언했듯이 자료형은 UShort [QUESTIONS] 이다. UShort [QUESTIONS] *answers

❹ 배열 포인터를 강조하는 구두점인 소괄호로 변수 이름과 가장 오른쪽 별표를 싼다. UShort [QUESTIONS] (*answers)

❺ C언어에서 소괄호 ()와 대괄호 []는 후위 표기이다. 다시 말해서 만드는 변수 이름 뒤에 적어야 한다는 것이다. 따라서 answers 앞에 있는 [QUESTIONS]는 뒤로 이동시켜야 한다. UShort (*answers)[QUESTIONS]

❻ 자동변수이면 선언 문장이므로 줄의 끝에 세미콜론을 적어야 한다. 매개변수라면 세미콜론을 생략한다.

answers를 소괄호에 적어 매개변수로 선언해 보자. 쉼표를 적어 구분하고, 적으면 된다.

C코드
```
void Grade(UShort (*correctAnswers), UShort (*answers)[QUESTIONS])
```

(5) 두 개 이상의 출력데이터가 있는 경우 출력데이터를 매개변수로 선언하자. scores, ranks는 정수 배열이고, marks는 문자 배열이다. C언어에서는 배열 자체가 정보전달에 사용되지 않고, 배열의 시작주소를 사용한다. scores부터 차례로 배열 포인터 변수를 선언하여 소괄호에 쉼표로 구분하여 적도록 하자.

정리하면, 배열은 C언어에서 입력과 출력으로 정보전달에 사용될 때는 배열 포인터로 사용해야 한다는 것이다.

여러분이 직접 매개변수로 scores, ranks, marks를 선언해 보자.

scores 매개변수를 선언해 보자.

❶ 변수 이름을 적는다. scores

❷ 포인터형을 강조하는 구두점인 소괄호를 변수 이름 앞에 적는다. *scores

❸ 별표 앞에 공백을 두고 변수에 저장된 주소를 갖는 기억장소, 첫 번째 배열요소의 자료형을 적는다. 자료형 이름으로 선언된 UShort이다. UShort *scores

❹ 배열 포인터를 강조하는 구두점인 소괄호로 변수 이름과 가장 오른쪽 별표를 싼다. UShort (*scores)

❺ 자동변수이면 선언 문장이므로 줄의 끝에 세미콜론을 적어야 한다. 매개변수라면 세미콜론을 생략한다. 소괄호에 쉼표로 구분하여 scores 매개변수를 적자.

```
void Grade(UShort (*correctAnswers), UShort (*answers)[QUESTIONS],
UShort (*scores))
```

다음은 ranks 매개변수를 선언해 보자.

❶ 변수 이름을 적는다. ranks

❷ 포인터형을 강조하는 구두점인 별표를 변수 이름 앞에 적는다. *ranks

❸ 별표 앞에 공백을 두고 변수에 저장된 주소를 갖는 기억장소, 첫 번째 배열요소의 자료형을 적는다. 자료형 이름으로 선언된 UShort이다. UShort *ranks

❹ 배열 포인터를 강조하는 구두점인 소괄호로 변수 이름과 가장 오른쪽 별표를 싼다. UShort (*ranks)

❺ 자동변수이면 선언 문장이므로 줄의 끝에 세미콜론을 적어야 한다. 매개변수라면 세미콜론을 생략한다. 소괄호에 쉼표로 구분하여 ranks 매개변수를 적자.

```
void Grade(UShort (*correctAnswers), UShort (*answers)[QUESTIONS],
UShort (*scores), UShort (*ranks))
```

마지막으로 marks 매개변수를 선언해 보자.

❶ 변수 이름을 적는다. marks

❷ 포인터형을 강조하는 구두점인 별표를 변수 이름 앞에 적는다. *marks

❸ 별표 앞에 공백을 두고 변수에 저장된 주소를 갖는 기억장소, 첫 번째 배열요소의 자료형을 적는다. 자료명세서를 참고하면, 문자 배열이다. 따라서 배열요소의 자료형은 문자이다. C언어에서는 char 이다. char *marks

❹ 배열 포인터를 강조하는 구두점인 소괄호로 변수 이름과 가장 오른쪽 별표를 싼다. char (*marks)

❺ 자동변수이면 선언 문장이므로 줄의 끝에 세미콜론을 적어야 한다. 매개변수라면 세미콜론을 생략한다. 소괄호에 쉼표로 구분하여 marks 매개변수를 적자.

```
void Grade(UShort (*correctAnswers), UShort (*answers)[QUESTIONS],
UShort (*scores), UShort (*ranks), char (*marks))
```

(6) 선언 문장이므로 줄의 끝에 세미콜론을 적는다.

```
void Grade(UShort (*correctAnswers), UShort (*answers)[QUESTIONS],
UShort (*scores), UShort (*ranks), char (*marks));
```

한 줄로 선언하다 보면, 길어 화면에 다 보이지 않으면 편집할 때 불편하고 짜증스럽기도 한다. 그러한 경우 입력데이터들과 출력데이터들을 나누어 여러 줄에 적도록 하자. 두 번째 줄에 적절히 들여쓰기하여 코드를 보기 좋게 읽기 쉽도록 하자.

C코드

```
void Grade(UShort (*correctAnswers), UShort (*answers)[QUESTIONS],
    UShort (*scores), UShort (*ranks), char (*marks));
```

correctAnswers, scores, ranks, marks는 1차원 배열 포인터, answers는 2차원 배열 포인터라고 한다. 2차원 배열 포인터는 칸(열)의 개수를 생략할 수 없다는 것도 기억하자.

C코드

```
// Grade.c
/***********************************************************************
 파일 이름 : Grade.c
 기    능 : 정답들과 열 명의 학생의 답안들을 입력받아 채점하여 점수들,
            등수들, 점수가 60점 미만인 학생에 대해 표시한다.
 작 성 자 : 김 석 현
 작성 일자 : 2014년 5월 19일
***********************************************************************/
// 매크로(Macro)
#define STUDENTS  10
#define QUESTIONS 10

// 자료형 이름(Type name) 선언
typedef unsigned short int UShort;

// 함수 선언 : 함수 원형(Function Prototype)
int main(int argc, char *argv[]);
void Input(UShort (*correctAnswers), UShort (*answers)[QUESTIONS]);
void Grade(UShort (*correctAnswers), UShort (*answers)[QUESTIONS],
    UShort (*scores), UShort (*ranks), char (*marks));
```

마지막으로 Output 모듈을 Output 함수로 선언하자. 함수를 선언하는 절차에 따라 선언해 보자.

(1) 반환형을 적자. 출력데이터가 없다. 출력데이터가 없으므로 반환형을 void로 하자. Grade 함수 원형이 적힌 줄 바로 아래쪽 줄에 void를 적는다.

C코드

```
void
```

(2) 반환형과 공백을 두고 모듈 이름 Output을 함수이름으로 적는다.

```
void Output
```

(3) 함수형을 강조하는 구두점인 소괄호를 함수 이름 뒤에 적는다.

```
void Output()
```

(4) 입력데이터를 매개변수로 선언한다. 입력데이터 scores, ranks와 marks에 대해 매개
   변수로 선언한다. 매개변수가 두 개 이상이면 쉼표로 구분하여 적는다. scores, ranks
   는 정수 배열이고, marks는 문자 배열이다.

C언어에서는 배열 자체는 정보전달에 사용할 수 없고, 배열의 시작주소만을 사용하도록
규정되어 있다. 따라서 배열의 시작주소를 저장할 매개변수를 선언해야 한다. 다시 말해서
배열 포인터 변수로 선언해야 한다.

여러분이 직접 scores, ranks와 marks에 대해 매개변수로 선언해 보자. 그리고 책을 읽자.
배열 포인터 변수를 선언하는 절차에 따라 scores 매개변수를 선언해 보자.

❶ 변수 이름을 적는다. scores

❷ 포인터형을 강조하는 구두점인 별표를 변수 이름 앞에 적는다. *scores

❸ 별표 앞에 공백을 두고 변수에 저장된 주소를 갖는 기억장소, 첫 번째 배열요소의 자료형을 적는다.
   자료형 이름으로 선언된 UShort이다. UShort *scores

❹ 배열 포인터를 강조하는 구두점인 소괄호로 변수 이름과 가장 오른쪽 별표를 싼다. UShort (*scores)

❺ 자동변수이면 선언 문장이므로 줄의 끝에 세미콜론을 적어야 한다. 매개변수라면 세미콜론을 생략한다.
   소괄호에 scores를 첫 번째 매개변수를 적자.

```
void Output(UShort (*scores))
```

다음은 ranks 매개변수를 선언해 보자.

❶ 변수 이름을 적는다. ranks

❷ 포인터형을 강조하는 구두점인 별표를 변수 이름 앞에 적는다. *ranks

❸ 별표 앞에 공백을 두고 변수에 저장된 주소를 갖는 기억장소, 첫 번째 배열요소의 자료형을 적는다. 자료형 이름으로 선언된 UShort이다. UShort *ranks

❹ 배열 포인터를 강조하는 구두점인 소괄호로 변수 이름과 가장 오른쪽 별표를 싼다. UShort (*ranks)

❺ 자동변수이면 선언 문장이므로 줄의 끝에 세미콜론을 적어야 한다. 매개변수라면 세미콜론을 생략한다. 소괄호에 쉼표로 구분하여 ranks 매개변수를 두 번째로 적자.

C코드
```
void Output(UShort (*scores), UShort (*ranks))
```

마지막으로 marks 매개변수를 선언해 보자.

❶ 변수 이름을 적는다. marks

❷ 포인터형을 강조하는 구두점인 별표를 변수 이름 앞에 적는다. *marks

❸ 별표 앞에 공백을 두고 변수에 저장된 주소를 갖는 기억장소, 첫 번째 배열요소의 자료형을 적는다. 자료명세서를 참고하면, 문자 배열이다. 따라서 배열요소의 자료형은 문자이다. C언어에서는 char 이다. char *ranks

❹ 배열 포인터를 강조하는 구두점인 소괄호로 변수 이름과 가장 오른쪽 별표를 싼다. char (*marks)

❺ 자동변수이면 선언문장이므로 줄의 끝에 세미콜론을 적어야 한다. 매개변수라면 세미콜론을 생략한다. 소괄호에 쉼표로 구분하여 marks 매개변수를 세 번째로 적자.

C코드
```
void Output(UShort (*scores), UShort (*ranks), char (*marks))
```

(6) 선언 문장이므로 줄의 끝에 세미콜론을 적는다.

C코드
```
void Output(UShort (*scores), UShort (*ranks), char (*marks));
```

C코드
```
// Grade.c
/***********************************************************
 파일 이름 : Grade.c
 기    능 : 정답들과 열 명의 학생의 답안들을 입력받아 채점하여 점수들,
            등수들, 점수가 60점 미만인 학생에 대해 표시한다.
 작 성 자 : 김 석 현
 작성 일자 : 2014년 5월 19일
 ***********************************************************/
// 매크로(Macro)
#define STUDENTS  10
```

```
#define QUESTIONS 10

// 자료형 이름(Type name) 선언
typedef unsigned short int UShort;

// 함수 선언 : 함수 원형(Function Prototype)
int main(int argc, char *argv[]);
void Input(UShort (*correctAnswers), UShort (*answers)[QUESTIONS]);
void Grade(UShort (*correctAnswers), UShort (*answers)[QUESTIONS],
    UShort (*scores), UShort (*ranks), char (*marks));
void Output(UShort (*scores), UShort (*ranks), char (*marks));
```

Output 함수까지 선언했다. 다음은 함수들을 정의(Definition)해야 한다. C언어에서 함수를 정의하는 형식은 다음과 같다.

C코드
```
[반환형] 함수이름([매개변수 목록]) // 함수 머리
{ // 함수 몸체 시작
    [선언문장]
    [제어문장]
    [return 문장]
} // 함수 몸체 끝
```

시스템 다이어그램에 정리된 순서로 함수를 정의한다. 위쪽에서 아래쪽으로, 왼쪽에서 오른쪽으로 정의하자.

main 함수를 정의해야 한다. 함수 원형을 그대로 옮겨 적고 줄의 끝에 적힌 세미콜론을 지운다. 그리고 줄의 끝에 여는 중괄호를 적고 줄의 바꾸어 닫는 중괄호를 적어 함수 블록을 설정하여 함수 몸체를 만든다.

C코드
```
// Grade.c
/*****************************************************************
  파일 이름 : Grade.c
  기    능 : 정답들과 열 명의 학생의 답안들을 입력받아 채점하여 점수들,
             등수들, 점수가 60점 미만인 학생에 대해 표시한다.
  작 성 자 : 김석현
  작성 일자 : 2014년 5월 19일
*****************************************************************/
// 매크로(Macro)
#define STUDENTS  10
#define QUESTIONS 10

// 자료형 이름(Type name) 선언
```

```
typedef unsigned short int UShort;

// 함수 선언 : 함수 원형(Function Prototype)
int main(int argc, char *argv[]);
void Input(UShort (*correctAnswers), UShort (*answers)[QUESTIONS]);
void Grade(UShort (*correctAnswers), UShort (*answers)[QUESTIONS],
    UShort (*scores), UShort (*ranks), char (*marks));
void Output(UShort (*scores), UShort (*ranks), char (*marks));

// 함수 정의
int main(int argc, char *argv[]) {
}
```

프로그램이 정상적으로 끝날 때 운영체제로 전달해야 하는 값인 0을 반환하는 문장을 main 함수에서 마지막 문장으로 작성하자.

C코드

```
// Grade.c
/*********************************************************************
 파일 이름 : Grade.c
 기    능 : 정답들과 열 명의 학생의 답안들을 입력받아 채점하여 점수들,
           등수들, 점수가 60점 미만인 학생에 대해 표시한다.
 작 성 자 : 김 석 현
 작성 일자 : 2014년 5월 19일
 *********************************************************************/
// 매크로(Macro)
#define STUDENTS  10
#define QUESTIONS 10

// 자료형 이름(Type name) 선언
typedef unsigned short int UShort;

// 함수 선언 : 함수 원형(Function Prototype)
int main(int argc, char *argv[]);
void Input(UShort (*correctAnswers), UShort (*answers)[QUESTIONS]);
void Grade(UShort (*correctAnswers), UShort (*answers)[QUESTIONS],
    UShort (*scores), UShort (*ranks), char (*marks));
void Output(UShort (*scores), UShort (*ranks), char (*marks));

// 함수 정의
int main(int argc, char *argv[]) {
    return 0;
}
```

시스템 다이어그램에서 Main 모듈로 입력되는 데이터들에 대해 자동변수나 배열로 선언한다. correctAnswers, answers, scores, ranks, marks는 Main 모듈로 입력되는 데이터들이다. correctAnswers와 answers는 Input 모듈로부터 입력되어 Grade 모듈로 출력되고, scores, ranks, marks는 Grade 모듈로부터 입력되어 Output 모듈로 출력되므로 반드시 main 함수에 선언되어야 한다.

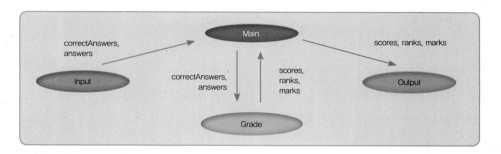

시스템 다이어그램에서 정리된 순서로 선언하자. 먼저 Input 모듈로부터 입력되는 correctAnswers와 answers를 main 함수에 선언하자. correctAnswers와 answers는 자료명세서를 참고하면 정수 배열이다. 따라서 main 함수에 배열로 선언해야 한다. 함수 블록에 선언되는 변수나 배열은 선언과 동시에 정의된다. 다른 말로는 스택 세그먼트에 할당되는 변수와 배열은 선언과 동시에 정의된다. 따라서 선언한다고 하면 정의된 것이다. 배열은 한 줄에 하나씩 선언하자.

자료 명세서					
번호	명칭		자료유형	구분	C언어 자료형
	한글	영문			
1	학생 인원수	STUDENTS	정수	상수	
2	문항 개수	QUESTIONS	정수	상수	
2	점수들	scores	정수 배열	출력	UShort [STUDENTS]
3	등수들	ranks	정수 배열	출력	UShort [STUDENTS]
4	표시들	marks	문자 배열	출력	char [STUDENTS]
5	정답들	correctAnswers	정수 배열	입력	UShort [QUESTIONS]
6	답안들	answers	정수 배열	입력	UShort [STUDENTS][QUESTIONS]
7	반복제어변수	i	정수	추가	UShort
8	개수	count	정수	처리	UShort
9	반복제어변수	j	정수	추가	UShort

main 함수 블록의 첫 번째 줄과 두 번째 줄에 correctAnswers와 answers 배열을 선언해 보자. 앞에서 이미 설명되었으므로 여러분이 먼저 배열들을 선언해 보자.

배열을 선언하는 절차는 다음과 같다.

(1) 배열 이름을 적는다. correctAnswers

(2) 배열형을 강조하는 구두점인 대괄호를 배열 이름 뒤에 적는다. correctAnswers[]

(3) 배열 이름 앞에 공백을 두고 배열요소의 자료형을 적는다. 자료명세서에서 correctAnswers의 자료형이 정수 배열이다. 배열요소의 자료형은 정수이다. 따라서 자료형 이름으로 선언된 UShort 자료형을 사용하자. UShort correctAnswers[]

(4) 배열 크기를 대괄호에 적는다. 문항 수 QUESTIONS이다.

UShort correctAnswers[QUESTIONS]

(5) 선언 문장이므로 줄의 끝에 세미콜론을 적는다. UShort correctAnswers[QUESTIONS];

main 함수 블록에 들여쓰기하여 적자. 함수블록에 다시 말해서 스택 세그먼트에 할당되는 배열은 선언과 동시에 정의된다.

C코드

```c
// Grade.c
/************************************************************
 파일 이름 : Grade.c
 기    능 : 정답들과 열 명의 학생의 답안들을 입력받아 채점하여 점수들,
            등수들, 점수가 60점 미만인 학생에 대해 표시한다.
 작 성 자 : 김석현
 작성 일자 : 2014년 5월 19일
 ************************************************************/
// 매크로(Macro)
#define STUDENTS  10
#define QUESTIONS 10

// 자료형 이름(Type name) 선언
typedef unsigned short int UShort;

// 함수 선언 : 함수 원형(Function Prototype)
int main(int argc, char *argv[]);
void Input(UShort (*correctAnswers), UShort (*answers)[QUESTIONS]);
void Grade(UShort (*correctAnswers), UShort (*answers)[QUESTIONS],
    UShort (*scores), UShort (*ranks), char (*marks));
void Output(UShort (*scores), UShort (*ranks), char (*marks));

// 함수 정의
int main(int argc, char *argv[]) {
    UShort correctAnswers[QUESTIONS];

    return 0;
}
```

다음은 answers 배열을 선언해 보자. 컴퓨터에서는 차원이란 개념이 적용되지 않는다. 컴퓨터에서는 오직 1차원만 적용된다는 것이다. 그러면 컴퓨터에서 2차원, 3차원 같은 다차원 배열은 어떻게 구현되는 것일까?

답은 배열요소가 배열인 1차원 배열이다. 2차원 배열은 줄의 개수만큼 배열요소를 갖는 1차원 배열이다. 이때 2차원 배열의 배열요소는 칸의 개수만큼 배열요소를 갖는 배열이다. answers는 학생 명수 STUDENTS만큼 배열요소를 갖는 1차원 배열이다. answers 배열의 배열요소는 문항 개수 QUESTIONS만큼 배열요소를 갖는 배열이다.

먼저 배열요소가 되는 배열을 선언해 보자. 학생 한 명에 대해 열 개의 답을 입력받아야 한다. 따라서 학생 한 명에 대해 열 개의 답을 적을 수 있는 배열을 선언해 보자. 배열을 선언하는 절차에 따라 선언해 보자.

(1) 배열 이름을 적는다. 배열이 배열요소인 경우 배열 이름이 없으므로 여기서는 생략하자.
(2) 배열형을 강조하는 구두점인 대괄호를 배열 이름 뒤에 적는다. []
(3) 배열 이름 앞에 공백을 두고 배열요소의 자료형을 적는다. 자료명세서에서 답안들 answers 배열의 자료유형은 정수 배열이므로 배열요소의 자료형은 정수이다. 따라서 자료형 이름으로 선언된 UShort 자료형을 사용하자. UShort []
(4) 배열 크기를 대괄호에 적는다. 문항 수 QUESTIONS이다. UShort [QUESTIONS]

배열요소로 사용될 배열을 선언한 것이므로 줄의 끝에 세미콜론을 적을 필요는 없다. 따라서 배열요소가 되는 배열의 자료형이다.

이제 answers 배열을 선언해 보자. 배열을 선언하는 절차에 따라 선언해 보자.

(1) 배열 이름을 적는다. answers
(2) 배열형을 강조하는 구두점인 대괄호를 배열 이름 뒤에 적는다. answers[]
(3) 배열 이름 앞에 공백을 두고 배열요소의 자료형을 적는다. answers 배열의 배열요소의 자료형은 배열형이다. UShort [QUESTIONS] answers[]
(4) 배열 크기를 대괄호에 적는다. 학생 명수 STUDENTS이다. UShort [QUESTIONS] answers[STUDENTS]
(5) C언어에서 소괄호 ()와 대괄호 []는 후위 표기이다. 다시 말해서 만드는 이름 뒤에 적어야 한다는 것이다. 따라서 answers 앞에 있는 [QUESTIONS]는 뒤로 이동시켜야 한

다. UShort answers[STUDENTS][QUESTIONS]

(6) 선언 문장이므로 줄의 끝에 세미콜론을 적는다.

　　UShort answers[STUDENTS] [QUESTIONS];

main 함수 블록에 들여쓰기하여 적자. 함수블록에 다시 말해서 스택 세그먼트에 할당되는
배열은 선언과 동시에 정의된다.

C코드

```
// Grade.c
/*********************************************************************
 파일 이름 : Grade.c
 기    능 : 정답들과 열 명의 학생의 답안들을 입력받아 채점하여 점수들,
            등수들, 점수가 60점 미만인 학생에 대해 표시한다.
 작 성 자 : 김 석 현
 작성 일자 : 2014년 5월 19일
 *********************************************************************/
// 매크로(Macro)
#define STUDENTS  10
#define QUESTIONS 10

// 자료형 이름(Type name) 선언
typedef unsigned short int UShort;

// 함수 선언 : 함수 원형(Function Prototype)
int main(int argc, char *argv[]);
void Input(UShort (*correctAnswers), UShort (*answers)[QUESTIONS]);
void Grade(UShort (*correctAnswers), UShort (*answers)[QUESTIONS],
    UShort (*scores), UShort (*ranks), char (*marks));
void Output(UShort (*scores), UShort (*ranks), char (*marks));

// 함수 정의
int main(int argc, char *argv[]) {
    UShort correctAnswers[QUESTIONS];
    UShort answers[STUDENTS] [QUESTIONS];

    return 0;
}
```

다음은 Grade 모듈로부터 입력되는 scores, ranks, marks를 선언하자. 자료명세서를 참고
하면, scores, ranks는 정수 배열이고 marks는 문자배열이다. 따라서 배열로 선언해야 한다.

자료 명세서					
번호	명칭		자료유형	구분	C언어 자료형
	한글	영문			
1	학생 인원수	STUDENTS	정수	상수	
2	문항 개수	QUESTIONS	정수	상수	
2	점수들	scores	정수 배열	출력	UShort [STUDENTS]
3	등수들	ranks	정수 배열	출력	UShort [STUDENTS]
4	표시들	marks	문자 배열	출력	char [STUDENTS]
5	정답들	correctAnswers	정수 배열	입력	UShort [QUESTIONS]
6	답안들	answers	정수 배열	입력	UShort [STUDENTS][QUESTIONS]
7	반복제어변수	i	정수	추가	UShort
8	개수	count	정수	처리	UShort
9	반복제어변수	j	정수	추가	UShort

scores 배열부터 선언해 보자.

(1) 배열 이름을 적는다. scores
(2) 배열형을 강조하는 구두점인 대괄호를 배열 이름 뒤에 적는다. scores[]
(3) 배열 이름 앞에 공백을 두고 배열요소의 자료형을 적는다. 자료명세서에서 scores의 자료형이 정수 배열이다. 배열요소의 자료형은 정수이다. 따라서 자료형 이름으로 선언된 UShort 자료형을 사용하자. UShort scores[]
(4) 배열 크기를 대괄호에 적는다. 학생 수 STUDENTS이다. UShort scores[STUDENTS]
(5) 선언문장이므로 줄의 끝에 세미콜론을 적는다. UShort scores[STUDENTS];

main 함수 블록의 세 번째 줄에 들여쓰기하여 적자.

```
C코드    // Grade.c
        /********************************************************************
          파일 이름 : Grade.c
          기    능 : 정답들과 열 명의 학생의 답안들을 입력받아 채점하여 점수들,
                     등수들, 점수가 60점 미만인 학생에 대해 표시한다.
          작 성 자 : 김 석 현
          작성 일자 : 2014년 5월 19일
        ********************************************************************/
        // 매크로(Macro)
        #define STUDENTS  10
        #define QUESTIONS 10

        // 자료형 이름(Type name) 선언
        typedef unsigned short int UShort;

        // 함수 선언 : 함수 원형(Function Prototype)
        int main(int argc, char *argv[]);
        void Input(UShort (*correctAnswers), UShort (*answers)[QUESTIONS]);
        void Grade(UShort (*correctAnswers), UShort (*answers)[QUESTIONS],
            UShort (*scores), UShort (*ranks), char (*marks));
        void Output(UShort (*scores), UShort (*ranks), char (*marks));

        // 함수 정의
        int main(int argc, char *argv[]) {
            UShort correctAnswers[QUESTIONS];
            UShort answers[STUDENTS][QUESTIONS];
            UShort scores[STUDENTS];

            return 0;
        }
```

ranks 배열부터 선언해 보자.

(1) 배열 이름을 적는다. ranks

(2) 배열형을 강조하는 구두점인 대괄호를 배열 이름 뒤에 적는다. ranks[]

(3) 배열 이름 앞에 공백을 두고 배열요소의 자료형을 적는다. 자료명세서에서 ranks의 자
    료형이 정수 배열이다. 배열요소의 자료형은 정수이다. 따라서 자료형 이름으로 선언
    된 UShort 자료형을 사용하자. UShort ranks[]

(4) 배열 크기를 대괄호에 적는다. 학생 수 STUDENTS이다. UShort ranks[STUDENTS]

(5) 선언문장이므로 줄의 끝에 세미콜론을 적는다. UShort ranks[STUDENTS];

main 함수 블록에 네 번째 줄로 들여쓰기하여 적자.

```
// Grade.c
/*******************************************************************
 파일 이름 : Grade.c
 기   능 : 정답들과 열 명의 학생의 답안들을 입력받아 채점하여 점수들,
           등수들, 점수가 60점 미만인 학생에 대해 표시한다.
 작 성 자 : 김 석 현
 작성 일자 : 2014년 5월 19일
 *******************************************************************/
// 매크로(Macro)
#define STUDENTS   10
#define QUESTIONS 10

// 자료형 이름(Type name) 선언
typedef unsigned short int UShort;

// 함수 선언 : 함수 원형(Function Prototype)
int main(int argc, char *argv[]);
void Input(UShort (*correctAnswers), UShort (*answers)[QUESTIONS]);
void Grade(UShort (*correctAnswers), UShort (*answers)[QUESTIONS],
    UShort (*scores), UShort (*ranks), char (*marks));
void Output(UShort (*scores), UShort (*ranks), char (*marks));

// 함수 정의
int main(int argc, char *argv[]) {
    UShort correctAnswers[QUESTIONS];
    UShort answers[STUDENTS][QUESTIONS];
    UShort scores[STUDENTS];
    UShort ranks[STUDENTS];

    return 0;
}
```

마지막으로 marks 배열을 선언해 보자.

(1) 배열 이름을 적는다. marks

(2) 배열형을 강조하는 구두점인 대괄호를 배열 이름 뒤에 적는다. marks[]

(3) 배열 이름 앞에 공백을 두고 배열요소의 자료형을 적는다. 자료명세서에서 marks의
    자료형이 문자 배열이다. 배열요소의 자료형은 문자이다. 따라서 C언어에서 제공하는
    char 자료형을 사용하자. char marks[]

(4) 배열 크기를 대괄호에 적는다. 학생 인원 수 STUDENTS이다. char marks[STUDENTS]

(5) 선언문장이므로 줄의 끝에 세미콜론을 적는다. char marks[STUDENTS];

main 함수 블록에 다섯 번째 줄에 들여쓰기하여 적자.

```
// Grade.c
/*********************************************************************
 파일 이름 : Grade.c
 기    능 : 정답들과 열 명의 학생의 답안들을 입력받아 채점하여 점수들,
            등수들, 점수가 60점 미만인 학생에 대해 표시한다.
 작 성 자 : 김 석 현
 작성 일자 : 2014년 5월 19일
 *********************************************************************/
// 매크로(Macro)
#define STUDENTS  10
#define QUESTIONS 10

// 자료형 이름(Type name) 선언
typedef unsigned short int UShort;

// 함수 선언 : 함수 원형(Function Prototype)
int main(int argc, char *argv[]);
void Input(UShort (*correctAnswers), UShort (*answers)[QUESTIONS]);
void Grade(UShort (*correctAnswers), UShort (*answers)[QUESTIONS],
    UShort (*scores), UShort (*ranks), char (*marks));
void Output(UShort (*scores), UShort (*ranks), char (*marks));

// 함수 정의
int main(int argc, char *argv[]) {
    UShort correctAnswers[QUESTIONS];
    UShort answers[STUDENTS][QUESTIONS];
    UShort scores[STUDENTS];
    UShort ranks[STUDENTS];
    char marks[STUDENTS];

    return 0;
}
```

컴퓨터에서는 차원 개념이 적용되지 않지만, 우리에게는 차원 개념을 적용하면 쉽게 이해할 수 있으므로 설명할 때 correctAnswers, scores, ranks, marks는 1차원 배열이라 하고, answers는 2차원 배열이라 할 것이다.

다음은 시스템 다이어그램을 참고하여 모듈 간의 관계를 함수 호출 문장으로 작성하자. Main 모듈과 Input 모듈 간의 관계를 Input 함수 호출 문장으로 작성하자. C언어에서 함수 호출 문장의 형식은 다음과 같다.

```
         치환식                      호출식
     변수 이름    =    함수이름([실인수, ...]);
```

먼저 Input 함수 원형을 다시 한 번 보자.

```
    void Input(UShort (*correctAnswers), UShort (*answers)[QUESTIONS]);
```

Input 함수에서 반환형이 void이다. 따라서 return 문장으로 데이터가 출력되지 않는다. 따라서 치환식은 생략한다. 호출식으로만 작성하면 된다. 호출식은 함수 이름을 적고, 함수 호출 연산자인 소괄호를 함수 이름 뒤에 여닫아야 한다.

```
    Input()
```

배열 포인터 변수로 매개변수가 두 개 있다. 그러면 실인수 두 개를 쉼표로 구분하여 적어야 한다. 배열 포인터 변수는 배열의 시작 주소를 저장하는 변수이다. 따라서 배열 이름을 적으면 된다. 왜냐하면, 배열 이름은 배열의 시작주소이다. 주소 상수이다. 함수 호출식을

```
    Input(correctAnswers, answers)
```

만들 때 주의해야 하는 것은 매개변수 개수, 자료형 그리고 순서를 반드시 지켜야 한다.

```
    Input(correctAnswers, answers);
```

마지막으로 호출 문장으로 처리되도록 해야 하므로 줄의 끝에 세미콜론을 적는다.

여기까지 원시 코드를 정리해 보자. 선언문장과 제어문장을 구분하기 위해 빈 줄을 하나 삽입하도록 하자. 배열 선언문장과 함수 호출문장을 구분하도록 빈 줄을 하나 삽입하도록 하자. 함수 호출 문장과 return 문장을 구분하도록 빈 줄을 하나 삽입하도록 하자.

```
C코드    // Grade.c
        /*********************************************************************
          파일 이름 : Grade.c
          기    능 : 정답들과 열 명의 학생의 답안들을 입력받아 채점하여 점수들,
                     등수들, 점수가 60점 미만인 학생에 대해 표시한다.
          작 성 자 : 김 석 현
          작성 일자 : 2014년 5월 19일
        *********************************************************************/
        // 매크로(Macro)
        #define STUDENTS   10
        #define QUESTIONS 10

        // 자료형 이름(Type name) 선언
        typedef unsigned short int UShort;

        // 함수 선언 : 함수 원형(Function Prototype)
        int main(int argc, char *argv[]);
        void Input(UShort (*correctAnswers), UShort (*answers)[QUESTIONS]);
        void Grade(UShort (*correctAnswers), UShort (*answers)[QUESTIONS],
            UShort (*scores), UShort (*ranks), char (*marks));
        void Output(UShort (*scores), UShort (*ranks), char (*marks));

        // 함수 정의
        int main(int argc, char *argv[]) {
            UShort correctAnswers[QUESTIONS];
            UShort answers[STUDENTS][QUESTIONS];
            UShort scores[STUDENTS];
            UShort ranks[STUDENTS];
            char marks[STUDENTS];

            Input(correctAnswers, answers);

            return 0;
        }
```

다음은 Main 모듈과 Grade 모듈 간의 관계를 함수 호출 문장으로 작성해 보자. 먼저 Grade
함수 원형을 확인하자. 함수 호출 문장을 작성할 때는 반드시 함수 원형을 확인하도록 하자.

```
C코드    void Grade(UShort (*correctAnswers), UShort (*answers)[QUESTIONS],
            UShort (*scores), UShort (*ranks), char (*marks));
```

반환형이 void이다. 치환식은 생략되어야 한다. 함수 호출식만 작성하면 된다. 함수 이름
을 적고 함수 호출 연산자인 소괄호를 함수 이름 뒤에 여닫는다.

C코드

```
Grade()
```

매개변수들도 모두 배열 포인터이다. 배열 포인터 변수는 배열의 시작 주소를 저장하는 변수이다. 따라서 배열 이름을 적으면 된다. 왜냐하면, 배열 이름은 배열의 시작주소이다. 주소 상수이다. 따라서 매개변수들의 개수만큼 자료형에 맞게 순서대로 쉼표로 구분하여 배열 이름을 적으면 된다.

C코드

```
Grade(correctAnswers, answers, scores, ranks, marks)
```

마지막으로 호출 문장으로 처리되도록 해야하므로 줄의 끝에 세미콜론을 적는다.

C코드

```
Grade(correctAnswers, answers, scores, ranks, marks);
```

Input 함수 호출 문장이 적힌 아래쪽 줄에 Grade 함수 호출 문장을 적는다. 여기까지 원시 코드를 정리해 보자.

C코드

```
// Grade.c
/**************************************************************
 파일 이름 : Grade.c
 기    능 : 정답들과 열 명의 학생의 답안들을 입력받아 채점하여 점수들,
            등수들, 점수가 60점 미만인 학생에 대해 표시한다.
 작 성 자 : 김석현
 작성 일자 : 2014년 5월 19일
 **************************************************************/
// 매크로(Macro)
#define STUDENTS  10
#define QUESTIONS 10

// 자료형 이름(Type name) 선언
typedef unsigned short int UShort;

// 함수 선언 : 함수 원형(Function Prototype)
int main(int argc, char *argv[]);
void Input(UShort (*correctAnswers), UShort (*answers)[QUESTIONS]);
void Grade(UShort (*correctAnswers), UShort (*answers)[QUESTIONS],
    UShort (*scores), UShort (*ranks), char (*marks));
void Output(UShort (*scores), UShort (*ranks), char (*marks));

// 함수 정의
int main(int argc, char *argv[]) {
```

```
    UShort correctAnswers[QUESTIONS];
    UShort answers[STUDENTS][QUESTIONS];
    UShort scores[STUDENTS];
    UShort ranks[STUDENTS];
    char marks[STUDENTS];

    Input(correctAnswers, answers);
    Grade(correctAnswers, answers, scores, ranks, marks);

    return 0;
}
```

마지막으로 Main 모듈과 Output 모듈 간의 관계를 Output 함수 호출 문장으로 작성하자. 먼저 Output 함수 원형을 확인하자. 함수 호출 문장을 작성할 때는 반드시 함수 원형을 확인하도록 하자.

C코드
```
void Output(UShort (*scores), UShort (*ranks), char (*marks));
```

반환형이 void이다. 치환식은 생략되어야 한다. 함수 호출식만 작성하면 된다. 함수 이름을 적고 함수 호출 연산자인 소괄호를 함수 이름 뒤에 여닫는다.

C코드
```
Output()
```

매개변수들도 모두 배열 포인터이다. 배열 포인터 변수는 배열의 시작 주소를 저장하는 변수이다. 따라서 배열 이름을 적으면 된다. 왜냐하면, 배열 이름은 배열의 시작주소이다. 주소 상수이다. 따라서 매개변수들의 개수만큼 자료형에 맞게 순서대로 쉼표로 구분하여 배열 이름을 적으면 된다.

C코드
```
Output(scores, ranks, marks)
```

마지막으로 호출 문장으로 처리되어야 하므로 줄의 끝에 세미콜론을 적는다.

C코드
```
Output(scores, ranks, marks);
```

Grade 함수 호출 문장이 적힌 줄 아래쪽 줄에 Output 함수 호출 문장을 적는다. 여기까지 원시 코드를 정리해 보자.

C코드

```
// Grade.c
/***************************************************************
  파일 이름 : Grade.c
  기   능 : 정답들과 열 명의 학생의 답안들을 입력받아 채점하여 점수들,
           등수들, 점수가 60점 미만인 학생에 대해 표시한다.
  작 성 자 : 김 석 현
  작성 일자 : 2014년 5월 19일
 ***************************************************************/
// 매크로(Macro)
#define STUDENTS  10
#define QUESTIONS 10

// 자료형 이름(Type name) 선언
typedef unsigned short int UShort;

// 함수 선언 : 함수 원형(Function Prototype)
int main(int argc, char *argv[]);
void Input(UShort (*correctAnswers), UShort (*answers)[QUESTIONS]);
void Grade(UShort (*correctAnswers), UShort (*answers)[QUESTIONS],
    UShort (*scores), UShort (*ranks), char (*marks));
void Output(UShort (*scores), UShort (*ranks), char (*marks));

// 함수 정의
int main(int argc, char *argv[]) {
    UShort correctAnswers[QUESTIONS];
    UShort answers[STUDENTS][QUESTIONS];
    UShort scores[STUDENTS];
    UShort ranks[STUDENTS];
    char marks[STUDENTS];

    Input(correctAnswers, answers);
    Grade(correctAnswers, answers, scores, ranks, marks);
    Output(scores, ranks, marks);

    return 0;
}
```

이렇게 해서 main 함수가 정의되었다. 다음은 시스템 다이어그램을 참고하면, Input 함수를 정의해야 한다. 먼저 Input 함수에 대해 설명을 달자. 최소한으로 함수 이름, 기능, 입력, 출력을 적어 두자. 블록 주석을 이용하자.

```c
// Grade.c
/****************************************************************
 파일 이름 : Grade.c
 기   능 : 정답들과 열 명의 학생의 답안들을 입력받아 채점하여 점수들,
           등수들, 점수가 60점 미만인 학생에 대해 표시한다.
 작 성 자 : 김 석 현
 작성 일자 : 2014년 5월 19일
 ****************************************************************/

// 매크로(Macro)
#define STUDENTS  10
#define QUESTIONS 10

// 자료형 이름(Type name) 선언
typedef unsigned short int UShort;

// 함수 선언 : 함수 원형(Function Prototype)
int main(int argc, char *argv[]);
void Input(UShort (*correctAnswers), UShort (*answers)[QUESTIONS]);
void Grade(UShort (*correctAnswers), UShort (*answers)[QUESTIONS],
    UShort (*scores), UShort (*ranks), char (*marks));
void Output(UShort (*scores), UShort (*ranks), char (*marks));

// 함수 정의
int main(int argc, char *argv[]) {
    UShort correctAnswers[QUESTIONS];
    UShort answers[STUDENTS][QUESTIONS];
    UShort scores[STUDENTS];
    UShort ranks[STUDENTS];
    char marks[STUDENTS];

    Input(correctAnswers, answers);
    Grade(correctAnswers, answers, scores, ranks, marks);
    Output(scores, ranks, marks);

    return 0;
}

/****************************************************************
 함수 이름 : Input
 기   능 : 키보드로 정답들과 답안들을 입력받는다.
 입   력 : 없음
 출   력 : 정답들, 답안들
 ****************************************************************/
```

다음은 함수 머리를 만들자. 줄의 끝에 있는 세미콜론을 빼고, 함수 원형을 그대로 옮겨 적는다.

```
C코드    /**************************************************************
        함수 이름 : Input
        기    능 : 키보드로 정답들과 답안들을 입력받는다.
        입    력 : 없음
        출    력 : 정답들, 답안들
        **************************************************************/
        void Input(UShort (*correctAnswers), UShort (*answers)[QUESTIONS])
```

함수 머리가 적힌 줄의 마지막에 중괄호를 열고 다음 줄에 중괄호를 담아 함수 블록을 만든다.

```
C코드    /**************************************************************
        함수 이름 : Input
        기    능 : 키보드로 정답들과 답안들을 입력받는다.
        입    력 : 없음
        출    력 : 정답들, 답안들
        **************************************************************/
        void Input(UShort (*correctAnswers), UShort (*answers)[QUESTIONS]) {
        }
```

함수에서 자동변수를 사용해야 하면 자동변수를 선언하자. C언어에서는 변수를 선언하는 위치가 정해져 있다. 함수 블록에서 첫 번째 식이 적힌 줄보다 앞에 반드시 선언되어야 한다. Input 함수에서는 반복해서 키보드 입력을 해야 하므로, 반복제어변수로 동시에 첨자로 사용되어야 하는 자동변수를 선언해야 한다. 관습적으로 자동변수 이름은 i와 j로 선언하자. 들여쓰기하여 한 줄에 하나씩 자동변수를 선언한다.

```
C코드    /**************************************************************
        함수 이름 : Input
        기    능 : 키보드로 정답들과 답안들을 입력받는다.
        입    력 : 없음
        출    력 : 정답들, 답안들
        **************************************************************/
        void Input(UShort (*correctAnswers), UShort (*answers)[QUESTIONS]) {
            UShort i;
            UShort j;
        }
```

다음은 정답들에 대해 열 번 키보드로 입력받아야 하므로 제어문으로 반복문을 작성해야 한다. 그것도 반복횟수가 정해졌으므로 for 반복문이다. 선언문과 제어문을 구분하기 위해 빈 줄을 하나 삽입하도록 하자. for 키워드를 적고 소괄호를 여닫는다. 반복문은 반복제어변수에 대해 초기식, 조건식 그리고 변경식을 가진다. 반복제어변수는 i를 사용하자. 반복제어변수 i를 첨자로도 같이 사용하자. C언어에서 첨자는 0부터 시작하므로 초기식은 i = 0이어야 한다. 조건식은 문항수 QUESTIONS 만큼 열 번 반복하도록 해야 한다. 그래서 0부터 시작하므로 QUESTIONS보다 작아야 한다. 따라서 i 〈 QUESTIONS이다. 변경식은 하나씩 증가시켜야 한다. 따라서 누적으로 다음과 같이 표현되어야 한다.

C코드
```
i = i + 1
i += 1
++i
i++
```

관습적으로 많이 사용되는 식은 i++이다.

소괄호에 차례대로 세미콜론으로 구분하여 초기식, 조건식, 변경식을 적는다. 그리고 닫는 소괄호뒤에 중괄호를 열고 다음줄에 중괄호를 닫아 제어블록을 만든다.

C코드
```
/*****************************************************************
 함수 이름 : Input
 기    능 : 키보드로 정답들과 답안들을 입력받는다.
 입    력 : 없음
 출    력 : 정답들, 답안들
 *****************************************************************/
void Input(UShort (*correctAnswers), UShort (*answers)[QUESTIONS]) {
    UShort i;
    UShort j;

    for(i = 0; i < QUESTIONS; i++) {
    }
}
```

다음은 반복해야 하는 키보드 입력에 대해 구현해 보자. C언어에서는 키보드 입력 기능을 제공하지 않는다. C언어에서 제공하는 많은 연산자에서 키보드 입력 관련 연산자는 없다. 그러면 어떻게 구현해야 할까? C 컴파일러 개발자에 의해서 제공되는 라이브러리 함수를 사용해야 한다. 라이브러리 함수를 사용하는 방법은 이미 앞에 출간된 책들에서 설명했으므로 자세하게 설명하지 않겠다.

다양한 자료형의 데이터를 한꺼번에 입력할 수 있는 라이브러리 함수는 scanf 함수이다. scanf 함수 호출 문장을 작성하기 위해서는 scanf 함수가 앞에 선언되어야 한다. 따라서 매크로로 scanf 함수가 선언된 헤더 파일을 지정해서 전처리기(Preprocessor)가 scanf 함수 원형을 복사하도록 지시해야 한다. 매크로 형식은 다음과 같다.

C코드
```
#include <헤더파일이름>
```

scanf 함수 원형이 작성된 헤더 파일 이름은 라이브러리 사용 설명서를 보면 stdio.h이다. 매크로는 다음과 같이 작성되어야 한다.

C코드
```
#include <stdio.h>
```

매크로 위치는 scanf 함수 호출 문장 앞이면 된다. 그러나 관습적으로 프로그램을 설명하는 주석 다음 줄에 매크로가 작성된다.

C코드
```
// Grade.c
/********************************************************************
 파일 이름 : Grade.c
 기    능 : 정답들과 열 명의 학생의 답안들을 입력받아 채점하여 점수들,
            등수들, 점수가 60점 미만인 학생에 대해 표시한다.
 작 성 자 : 김 석 현
 작 성 일 자 : 2014년 5월 19일
 ********************************************************************/
// 매크로(Macro)
#include <stdio.h> // scanf

#define STUDENTS  10
#define QUESTIONS 10

// 자료형 이름(Type name) 선언
typedef unsigned short int UShort;

// 함수 선언 : 함수 원형(Function Prototype)
int main(int argc, char *argv[]);
void Input(UShort (*correctAnswers), UShort (*answers)[QUESTIONS]);
void Grade(UShort (*correctAnswers), UShort (*answers)[QUESTIONS],
     UShort (*scores), UShort (*ranks), char (*marks));
void Output(UShort (*scores), UShort (*ranks), char (*marks));

// 함수 정의
```

```
int main(int argc, char *argv[]) {
    UShort correctAnswers[QUESTIONS];
    UShort answers[STUDENTS][QUESTIONS];
    UShort scores[STUDENTS];
    UShort ranks[STUDENTS];
    char marks[STUDENTS];

    Input(correctAnswers, answers);
    Grade(correctAnswers, answers, scores, ranks, marks);
    Output(scores, ranks, marks);

    return 0;
}

/***************************************************************
 함수 이름 : Input
 기    능 : 키보드로 정답들과 답안들을 입력받는다.
 입    력 : 없음
 출    력 : 정답들, 답안들
 **************************************************************/
void Input(UShort (*correctAnswers), UShort (*answers)[QUESTIONS]) {
    UShort i;
    UShort j;

    for(i = 0; i < QUESTIONS; i++) {
    }
}
```

다음은 함수 호출 문장을 작성하면 된다. scanf 함수 원형을 보자.

C코드

```
int scanf( const char *format [,argument]... );
```

매개변수 목록에 대해 정리해 보자. 입력 서식(format)은 어떠한 자료유형의 데이터를 몇 개 입력받을지를 지정하는 것으로 문자열로 구성되어야 한다. 입력받는 데이터의 개수는 % 기호로 자료유형은 문자열(String)이면 s, 정수이면 d, 문자이면 c 그리고 실수이면 f 등으로 지정하면 된다. 서식 문자열 안에는 '%'와 자료형 변환 형식문자 그리고 공백 문자들 이외의 다른 문자('Wn'도 포함)들을 사용하면 불편함으로 가급적 사용하지 말자.

입력받는 데이터가 1개이므로 %는 하나이고, 정수형이지만 unsigned short int이므로 hu를 사용해야 한다. "%hu"로 서식 문자열 리터럴을 만들어야 한다. 왜 "%hu"를 사용해야

알고리듬을 만들 때 배열이 어떻게 사용될까

하는지를 알고 싶으면 C 컴파일러 개발자에게 질문해야 한다.

그리고 입력받은 수를 저장해야 하므로 수를 저장할 배열요소의 주소를 scanf 함수에 전달해야 한다. 그러면 scanf 함수는 전달된 주소를 갖는 기억장소에 사용자에 의해서 키보드로 입력되는 값을 복사해 주게 된다.

배열요소의 주소를 구하는 형식을 정리하면 다음과 같다.

배열을 선언할 때 배열형을 강조하는 대괄호([])를 사용한 개수에 따라
(1) 1개이면 1차원 배열인데 여러 개의 칸로 구성된 배열이기 때문에 배열요소는 칸이다.
      배열이름(혹은 배열 포인터 변수이름) + 첨자 (칸의 주소)
(2) 2개이면 2차원 배열인데 여러 개의 줄로 구성된 배열이다. 기본적으로 줄은 한 개 이상의 칸으로 구성된다. 따라서 배열요소는 줄이 될 수도 있고, 칸이 될 수도 있다.
      배열이름(혹은 배열 포인터 변수이름)[첨자] (줄의 주소)
      배열이름(혹은 배열 포인터 변수이름)[첨자] + 첨자 (칸의 주소)
(3) 3개이면 3차원 배열인데 여러 개의 면으로 구성된 배열이다. 기본적으로 하나의 면은 한 개 이상의 줄로 구성되고, 줄은 또한, 한 개 이상의 칸으로 구성된다. 따라서 배열요소는 면, 줄 그리고 칸이 될 수 있다.
      배열이름(혹은 배열 포인터 변수이름)[첨자] (면의 주소)
      배열이름(혹은 배열 포인터 변수이름)[첨자][첨자] (줄의 주소)
      배열이름(혹은 배열 포인터 변수이름)[첨자][첨자] + 첨자 (칸의 주소)
결론적으로 차원의 개수보다 하나 적은 대괄호([])와 + 그리고 첨자로 배열요소의 주소를 구하면 된다.

1차원 배열에서 배열요소의 주소를 어떻게 구할까? 1차원 배열의 배열요소의 주소를 구한 식은 다음과 같다.

배열 이름(혹은 배열 포인터 변수 이름) + 첨자

배열 이름은 배열의 시작 주소이다. 주소를 저장하고 있는 기억장소가 존재하는 것이 아니다. 따라서 배열 이름 자체는 변수가 아니라 상수이다. 반드시 기억해야 하므로 다시 정리하면, 배열 이름 자체는 어디까지나 숫자 상수와 같은 부류의 포인터 상수(주소 상수, Pointer Constant)일 뿐이므로 배열 이름이 배열의 시작 주소를 저장하는 포인터 변수처럼 기억장소를 차지하는 것은 결코 아니다.

배열의 시작 주소인 포인터 상수인 배열 이름이나 배열 포인터 변수를 이용해서 포인터 산

술 연산을 할 수 있다. 다시 말해서 배열 이름이나 배열 포인터 변수 이름과 첨자를 피연산
자들로 해서 포인터 산술 연산자 +를 사용하여 포인터 산술식을 만들 수 있다.

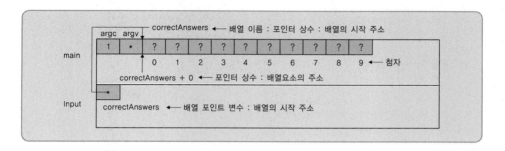

주소를 구하는 포인터 산술 연산자 +를 사용해야 한다. 배열 이름이나 배열 포인터 변수 이
름 뒤에 포인터 산술 연산자를 적고, 첨자로 반복제어변수 i를 적으면 (i + 1) 번째 배열요
소의 주소를 구하는 식이 작성된다. C언어에서는 첨자가 0부터 시작하므로 반복제어변수
i의 초기식을 보면 0으로 초기화되었다. 배열 포인터 변수 이름 correctAnswers 뒤에 +를
적고, 포인터 산술 연산자 + 다음에 i를 적으면 된다. correctAnswers + i이다.

scanf 함수 호출 문장은 scanf 함수 이름을 적고 함수 호출 연산자인 소괄호를 여닫아야 한
다. 소괄호에 첫 번째로 입력 서식 문자열 리터럴을 적고, 배열요소의 주소를 구하는 식을
쉼표로 구분하여 적는다. 문장으로 처리되도록 줄의 끝에 세미콜론을 적는다. 이렇게 작성
된 scanf 함수 호출 문장을 for 반복문의 제어블록에 들여쓰기하고 적자.

C코드

```
/**************************************************************
함수 이름 : Input
기    능 : 키보드로 정답들과 답안들을 입력받는다.
입    력 : 없음
출    력 : 정답들, 답안들
**************************************************************/
void Input(UShort (*correctAnswers), UShort (*answers)[QUESTIONS]) {
    UShort i;
    UShort j;

    for(i = 0; i < QUESTIONS; i++) {
        scanf("%hu", correctAnswers + i);
    }
}
```

정답 열 개를 입력받게 되었다. 다음은 학생 열 명에 대해 답 열 개씩 입력받아야 한다. 먼저 학생 열 명에 대해 처리를 위해 for 반복문을 작성해야 한다. 여러분이 먼저 작성해 보자. 정답을 입력받는 for 반복문 아래에 다시 for 반복문을 작성해야 한다. 반복제어변수 i를 다시 사용하자. i도 첨자로 사용되어야 하므로 초기식은 i = 0이어야 한다. C언어에서 첨자는 0부터 시작하기 때문이다. 조건식은 학생 인원수 STUDENTS보다 작아야 한다. 첨자가 0부터 시작하므로 마지막 첨자는 배열 크기보다 하나 작아야 한다. 변경식은 하나씩 증가하는 누적이어야 한다.

C코드

```
/**************************************************************
함수 이름 : Input
기    능 : 키보드로 정답들과 답안들을 입력받는다.
입    력 : 없음
출    력 : 정답들, 답안들
**************************************************************/
void Input(UShort (*correctAnswers), UShort (*answers)[QUESTIONS]) {
    UShort i;
    UShort j;

    for(i = 0; i < QUESTIONS; i++) {
        scanf("%hu", correctAnswers + i);
    }

    for(i = 0; i < STUDENTS; i++) {
    }
}
```

학생 한 명당 열 개의 답을 입력받아야 하므로 다시 for 반복문을 작성해야 한다. 여러분이 먼저 작성해 보자. 학생 열 명을 처리하는 for 반복문의 제어블록에 작성되어야 한다. 따라서 들여쓰기하고 반복제어변수를 j로 하여 for 반복문을 작성하자. 초기식에서 0으로 초기화하고, 문항 개수 QUESTIONS보다 작은 동안 하나씩 증가하도록 작성되어야 한다.

```
/***********************************************************
  함수 이름 : Input
  기    능 : 키보드로 정답들과 답안들을 입력받는다.
  입    력 : 없음
  출    력 : 정답들, 답안들
 ***********************************************************/
void Input(UShort (*correctAnswers), UShort (*answers)[QUESTIONS]) {
    UShort i;
    UShort j;

    for(i = 0; i < QUESTIONS; i++) {
        scanf("%hu", correctAnswers + i);
    }

    for(i = 0; i < STUDENTS; i++) {
        for(j = 0; j < QUESTIONS; j++) {
        }
    }
}
```

다음은 scanf 함수 호출 문장을 작성해야 한다. scanf 함수 원형을 복사하도록 지시해야 한다. 그렇지만 이미 매크로가 작성되었으므로 다시 작성할 필요는 없다. 함수 호출 문장을 작성할 때 문자열 리터럴은 정답을 입력할 때와 같다. 한 개씩 입력되어야 하고, 자료형이 unsigned short int이므로 자료형 변환 문자는 hu이어야 한다. 따라서 입력 서식 문자열 리터럴은 "%hu"이다. 다음은 배열요소의 주소를 구하는 식을 작성해 보자. answers를 보면 2차원 배열 포인터이다. 2차원 배열요소의 주소를 구하는 식의 형식은 다음과 같다.

C코드

배열이름(혹은 배열포인터변수 이름) [첨자] + 첨자

학생 한 명의 열 개의 답들은 2차원 배열의 배열요소이다. i를 첨자로 answers[i]이다. 배열요소가 배열이므로 answers[i]는 주소이다. 배열 자체는 주소이기 때문이다. 2차원 개념으로 하면 줄의 주소이다. 답이 저장될 곳은 줄이 아니라 칸이므로 칸의 주소이어야 한다.

따라서 줄의 시작주소 answers[i]를 기준으로 포인터 산술 연산자로 j를 첨자로 하여 칸의 주소를 구해야 한다. 따라서 answers[i] + j로 칸의 주소를 구하면 된다.

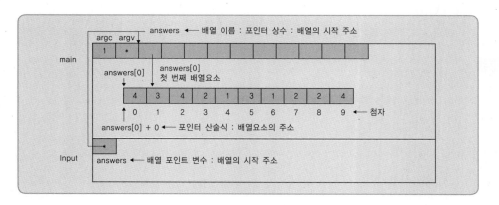

함수 호출 문장은 scanf 함수 이름을 적고 함수 호출 연산자인 소괄호를 여닫는다. 소괄호에 첫 번째로 입력 서식 문자열을 적고, 쉼표로 구분하여 두 번째로 배열요소의 주소를 구하는 식을 적는다. 그리고 문장으로 처리되도록 줄의 끝에 세미콜론을 적어 scanf 함수 호출 문장을 작성한다. j를 반복제어변수로 사용하는 for 반복문의 제어블록에 들여쓰기하여 적는다.

```
/*********************************************************************
함수 이름 : Input
기    능 : 키보드로 정답들과 답안들을 입력받는다.
입    력 : 없음
출    력 : 정답들, 답안들
*********************************************************************/
void Input(UShort (*correctAnswers), UShort (*answers)[QUESTIONS]) {
    UShort i;
    UShort j;

    for(i = 0; i < QUESTIONS; i++) {
        scanf("%hu", correctAnswers + i);
    }

    for(i = 0; i < STUDENTS; i++) {
        for(j = 0; j < QUESTIONS; j++) {
            scanf("%hu", answers[i] + j);
        }
    }
}
```

이렇게 하여 Input 모듈에 대해 Input 함수를 정의했다. 원시 코드 파일을 정리하면 다음과 같다.

C코드

```
// Grade.c
/***********************************************************************
  파일 이름 : Grade.c
  기    능 : 정답들과 열 명의 학생의 답안들을 입력받아 채점하여 점수들,
            등수들, 점수가 60점 미만인 학생에 대해 표시한다.
  작 성 자 : 김 석 현
  작성 일자 : 2014년 5월 19일
***********************************************************************/
// 매크로(Macro)
#include <stdio.h> // scanf

#define STUDENTS  10
#define QUESTIONS 10

// 자료형 이름(Type name) 선언
typedef unsigned short int UShort;

// 함수 선언 : 함수 원형(Function Prototype)
int main(int argc, char *argv[]);
void Input(UShort (*correctAnswers), UShort (*answers)[QUESTIONS]);
void Grade(UShort (*correctAnswers), UShort (*answers)[QUESTIONS],
    UShort (*scores), UShort (*ranks), char (*marks));
void Output(UShort (*scores), UShort (*ranks), char (*marks));

// 함수 정의
int main(int argc, char *argv[]) {
    UShort correctAnswers[QUESTIONS];
    UShort answers[STUDENTS][QUESTIONS];
    UShort scores[STUDENTS];
    UShort ranks[STUDENTS];
    char marks[STUDENTS];

    Input(correctAnswers, answers);
    Grade(correctAnswers, answers, scores, ranks, marks);
    Output(scores, ranks, marks);

    return 0;
}
/***********************************************************************
  함수 이름 : Input
  기    능 : 키보드로 정답들과 답안들을 입력받는다.
  입    력 : 없음
  출    력 : 정답들, 답안들
***********************************************************************/
void Input(UShort (*correctAnswers), UShort (*answers)[QUESTIONS]) {
    UShort i;
    UShort j;
```

```
    for(i = 0; i < QUESTIONS; i++) {
        scanf("%hu", correctAnswers + i);
    }

    for(i = 0; i < STUDENTS; i++) {
        for(j = 0; j < QUESTIONS; j++) {
            scanf("%hu", answers[i] + j);
        }
    }
}
```

다음은 Grade 모듈에 대해 Grade 함수를 정의해 보자. 모듈 기술서, 나씨-슈나이더만 다이어그램을 참고해야 한다. 먼저 모듈기술서를 참고하여 함수에 관해 설명을 달도록 하자.

모듈 기술서		
명칭	한글	채점하다
	영문	Grade
기능		정답들과 열 명의 학생의 답안들을 입력받아 채점하여 점수들, 등수들, 점수가 60점 미만인 학생들에 대해 표시한다.
입·출력	입력	정답들, 답안들
	출력	점수들, 등수들, 표시들
관련 모듈		

최소한으로 함수 이름, 기능, 입력, 출력을 적어 두자. 블록 주석을 이용하자.

C코드
```
/*************************************************************
함수 이름 : Grade
기     능 : 정답들과 답안들을 입력받아 채점하여 점수들, 등수들, 표시들을 출력한다.
입     력 : 정답들, 답안들
출     력 : 점수들, 등수들, 표시들
*************************************************************/
```

다음은 함수 머리를 만들자. 함수 원형을 그대로 옮겨 적고, 줄의 끝에 있는 세미콜론을 지우자.

```
/*******************************************************************
  함수 이름 : Grade
  기    능 : 정답들과 답안들을 입력받아 채점하여 점수들, 등수들, 표시들을 출력한다.
  입    력 : 정답들, 답안들
  출    력 : 점수들, 등수들, 표시들
  *******************************************************************/
void Grade(UShort (*correctAnswers), UShort (*answers)[QUESTIONS],
    UShort (*scores), UShort (*ranks), char (*marks))
```

다음은 나씨–슈나이더만 다이어그램에서 start와 stop이 적힌 순차 구조 기호를 구현해 보자.

```
start
stop
```

함수 머리를 만들었으면 함수 몸체를 만들어야 한다. 함수 몸체는 한 개 이상의 문장을 처리해야 하므로 다시 말해서 복문이어야 하므로 C언어에서 복문을 표현하는 개념인 블록으로 구현해야 한다. 함수 머리가 적힌 줄의 마지막에 여는 중괄호를 적고 다음 줄에 닫는 중괄호를 적어 함수 블록을 만든다. start가 적힌 순차 구조 기호에 대해 여는 중괄호를 적고 stop이 적힌 순차구조 기호에 대해 닫는 중괄호를 적으면 된다.

```
/*******************************************************************
  함수 이름 : Grade
  기    능 : 정답들과 답안들을 입력받아 채점하여 점수들, 등수들, 표시들을 출력한다.
  입    력 : 정답들, 답안들
  출    력 : 점수들, 등수들, 표시들
  *******************************************************************/
void Grade(UShort (*correctAnswers), UShort (*answers)[QUESTIONS],
    UShort (*scores), UShort (*ranks), char (*marks)) {
}
```

다음은 배열과 변수를 선언하는 순차 구조 기호를 구현해 보자.

```
STUDENTS = 10, QUESTIONS = 10, scores(STUDENTS),
ranks(STUDENTS), marks(STUDENTS), correctAnswers(QUESTIONS),
answers(STUDENTS, QUESTIONS), i, count, j, rank
```

자료명세서를 참고하여 배열요소의 자료형과 변수의 자료형을 정리해야 한다. 이미 앞에서 자료형을 설계할 때 다음과 같이 정리했다.

번호	명칭		자료유형	구분	C언어 자료형
	한글	영문			
1	학생 인원수	STUDENTS	정수	상수	
2	문항 개수	QUESTIONS	정수	상수	
2	점수들	scores	정수 배열	출력	UShort [STUDENTS]
3	등수들	ranks	정수 배열	출력	UShort [STUDENTS]
4	표시들	marks	문자 배열	출력	char [STUDENTS]
5	정답들	correctAnswers	정수 배열	입력	UShort [QUESTIONS]
6	답안들	answers	정수 배열	입력	UShort [STUDENTS][QUESTIONS]
7	반복제어변수	i	정수	추가	UShort
8	개수	count	정수	처리	UShort
9	반복제어변수	j	정수	추가	UShort

(표 제목: 자료 명세서)

순차 구조 기호에 선언된 순서대로 한 줄에 하나씩 선언하자. 기호상수 STUDENTS, QUESTIONS는 매크로로 구현해야 한다. 이미 앞에서 작성했기 때문에 여기서 자세히 설명하지 않겠다. 다음은 scores 배열을 선언해 보자. 매개변수로 배열 포인터 변수로 이미 선언되어 있다. 따라서 선언할 필요가 없다. 마찬가지로 ranks, marks, correctAnswers, answers 배열들은 이미 매개변수로 선언되었으므로 선언할 필요가 없다.

반복제어변수인 i와 j, count, rank를 자동변수로 선언하자. C언어에서는 변수를 선언하는 위치가 정해져 있다. 함수 블록에서 첫 번째 식이 적힌 줄보다 앞에 반드시 선언되어야 한다. 변수를 선언하는 형식은 다음과 같다.

C코드

```
auto 자료형 변수이름[= 초깃값] ;
```

auto는 변수가 할당되는 곳이 스택임을 지정하는 기억 부류 지정자이다. 생략해도 컴파일러에 의해서 지정되므로 대부분 선언할 때 생략한다. Grade 함수 블록에서 들여쓰기하고, 한 줄에 하나씩 자동변수를 선언한다. 자료형을 적고 공백을 두고, 변수 이름을 적는다. 선언문장으로 처리되게 하려고 줄의 끝에 세미콜론을 적는다. 초기화해야 한다면, 변수 이름 뒤에 등호를 적고, 초깃값을 적으면 된다.

```
C코드
/**************************************************************
  함수 이름 : Grade
  기    능 : 정답들과 답안들을 입력받아 채점하여 점수들, 등수들, 표시들을 출력한다.
  입    력 : 정답들, 답안들
  출    력 : 점수들, 등수들, 표시들
  **************************************************************/
void Grade(UShort (*correctAnswers), UShort (*answers)[QUESTIONS],
    UShort (*scores), UShort (*ranks), char (*marks)) {
    UShort i;
    UShort count;
    UShort j;
    UShort rank;
}
```

나씨-슈나이더만 다이어그램의 제어 구조 기호들을 구현하기 전에 모듈 기술서를 참고하여 처리 과정을 적도록 하자. 처리단계마다 한 줄 주석으로 처리하면 된다.

```
C코드
/**************************************************************
  함수 이름 : Grade
  기    능 : 정답들과 답안들을 입력받아 채점하여 점수들, 등수들, 표시들을 출력한다.
  입    력 : 정답들, 답안들
  출    력 : 점수들, 등수들, 표시들
  **************************************************************/
void Grade(UShort (*correctAnswers), UShort (*answers)[QUESTIONS],
    UShort (*scores), UShort (*ranks), char (*marks)) {
    UShort i;
    UShort count;
    UShort j;
    UShort rank;

    // 1. 정답들과 답안들을 입력받는다.
    // 2. 학생 수만큼 반복한다.
        // 2.1. 점수를 매기다.
        // 2.2. 평가하다.
    // 3. 학생 수만큼 반복한다.
        // 3.1. 등수를 매기다.
    // 4. 점수들, 등수들 그리고 표시들을 출력한다.
    // 5. 끝내다.
}
```

다음은 "1. 정답들과 답안들을 입력받는다." 처리단계에 대해 배열들을 입력하는 순차 구조 기호를 구현해 보자.

```
read  correctAnswers, answers
```

correctAnswers와 answers는 매개변수로 선언되어 있다. Grade 함수를 호출하는 함수 main 함수에서 값을 복사해 저장하게 된다. 따라서 Grade 호출문장으로 이미 구현되었다.

다음은 "2. 학생 수만큼 반복한다." 처리단계에 대해 반복 구조 기호를 구현해 보자.

```
for ( i = 1, STUDENTS, 1 )
```

for 반복구조다. C언어에서도 for 반복문을 제공한다. C언어에서 for 반복문의 형식은 다음과 같다.

C코드

```
for(초기식; 조건식; 변경식) {
    // 단문 혹은 복문
}
```

for 키워드를 적고, 소괄호를 여닫는다. 소괄호에 차례대로 세미콜론으로 구분하여 초기식, 조건식 그리고 변경식을 적는다.

초기식은 i = 1이다. 반복 구조 기호에 적힌 대로 옮겨 적는다. 그러나 반복제어변수가 첨자로도 사용되어야 하므로 1이 아니라 0을 적는다. C언어에서는 첨자는 0부터 시작하기 때문이다. 다음은 세미콜론을 적고 조건식을 적어야 한다. 반복 구조 기호에 적힌 STUDENTS가 조건식을 의미하는데, i가 1부터 시작하는 경우 i는 STUDENTS보다 작거나 같은지 관계식 i <= STUDENTS를 작성하면 된다. i가 0부터 시작하므로 조건식은 STUDENTS에서 1을 뺀 값과 비교하여야 한다. 따라서 i <= STUDENTS −1로 작성해야 한다. 그렇지만 STUDENTS − 1 산술식을 없애고자 한다면, i가 STUDENTS보다 작은지 관계식 i < STUDENTS로 작성하면 된다.

다음은 세미콜론을 적고 변경식을 작성하면 된다. 반복 구조 기호에서 1이 변경식을 의미하는 데 이는 반복제어변수 i에 저장되는 값에 1을 더하여 구한 값을 다시 반복제어변수 i

에 저장하라는 의미이다. 식으로 작성하면 다음과 같다.

C코드
```
i = i + 1
```

C언어의 특징으로 다양한 누적 관련 연산자를 제공한다는 것이다. 따라서 다음과 같이 다양한 식을 작성할 수 있다. 가장 많이 사용되는 식은 i++이다.

C코드
```
i = i + 1
i += 1
++i
i++
```

반복되어야 하는 문장이 두 개 이상으로, 다시 말해서 복문이므로 블록을 설정해야 한다. 대부분 반복문의 식들을 적은 소괄호에서 닫는 소괄호 뒤에 여는 중괄호를 적고, 줄을 바꾸고 닫는 중괄호를 적는다.

"2. 학생 수만큼 반복한다." 주석이 적힌 줄의 다음 줄에 한 번 들여쓰기하고 for 반복문을 작성한다. 반복해야 하는 처리단계들, "2.1. 점수를 매기다."와 "2.2. 평가하다."는 for 반복문의 제어블록에 적는다.

C코드
```
/******************************************************************
 함수 이름  :  Grade
 기      능  :  정답들과 답안들을 입력받아 채점하여 점수들, 등수들, 표시들을 출력한다.
 입      력  :  정답들, 답안들
 출      력  :  점수들, 등수들, 표시들
 ******************************************************************/
void Grade(UShort (*correctAnswers), UShort (*answers)[QUESTIONS],
    UShort (*scores), UShort (*ranks), char (*marks)) {
    UShort i;
    UShort count;
    UShort j;
    UShort rank;

    // 1. 정답들과 답안들을 입력받는다.
    // 2. 학생 수만큼 반복한다.
    for( i = 0; i < STUDENTS; i++) {
        // 2.1. 점수를 매기다.
        // 2.2. 평가하다.
    }
    // 3. 학생 수만큼 반복한다.
        // 3.1. 등수를 매기다.
```

```
    // 4. 점수들, 등수들 그리고 표시들을 출력한다.
    // 5. 끝내다.
}
```

다음은 "2.1. 점수를 매기다." 처리단계에 대해 구현해 보자. 첫 번째로 맞은 개수를 세기 위해 count 변수를 0으로 원위치하는 순차 구조 기호를 구현해 보자.

```
for ( i = 1, STUDENTS, 1 )
    count = 0
```

치환식이 적힌 순차 구조 기호를 구현하는 방법은 순차 구조 기호에 적힌 내용을 그대로 옮겨 적고, 문장으로 처리되도록 줄의 끝에 세미콜론을 적는다. 나씨–슈나이더만 다이어그램이나 "2.1."에서 알 수 있듯이 반복해서 처리해야 하는 내용이므로 for 반복문의 제어블록에 한 번 들여쓰기하고, count = 0을 그대로 옮겨 적고, 줄의 끝에 세미콜론을 적는다.

C코드
```
/*******************************************************************
 함수 이름 : Grade
 기    능 : 정답들과 답안들을 입력받아 채점하여 점수들, 등수들, 표시들을 출력한다.
 입    력 : 정답들, 답안들
 출    력 : 점수들, 등수들, 표시들
 *******************************************************************/
void Grade(UShort (*correctAnswers), UShort (*answers)[QUESTIONS],
    UShort (*scores), UShort (*ranks), char (*marks)) {
    UShort i;
    UShort count;
    UShort j;
    UShort rank;

    // 1. 정답들과 답안들을 입력받는다.
    // 2. 학생 수만큼 반복한다.
    for( i = 0; i < STUDENTS; i++) {
        // 2.1. 점수를 매기다.
        count = 0;
        // 2.2. 평가하다.
    }
    // 3. 학생 수만큼 반복한다.
        // 3.1. 등수를 매기다.
    // 4. 점수들, 등수들 그리고 표시들을 출력한다.
    // 5. 끝내다.
}
```

다음은 열 개의 답안에 대해 정답과 비교하여 개수를 세기 위한 반복구조 기호를 구현해야 한다. for 반복구조이다. 따라서 for 반복문으로 구현해야 한다. 앞에서 설명한 내용을 참고하여 여러분이 직접 해보자.

```
for ( i = 1, STUDENTS, 1 )
    count = 0
        for ( j = 1, QUESTIONS, 1 )
```

i를 반복제어변수로 하는 for 반복문의 제어블록에 작성되어야 한다. count를 0으로 원위 치하는 치환문장이 적힌 줄의 다음 줄에 들여쓰기하여 작성한다.

for 키워드를 적고, 소괄호를 여닫고, 소괄호에 첫 번째로 j = 1 초기식을 적는다. 초깃값 을 0으로 고친다. C언어에서는 첨자는 0부터 시작해서 첨자로도 사용해야 하기 때문이다.

그리고 세미콜론을 적고, 조건식 j < QUESTIONS를 적는다. 마지막으로 세미콜론을 적 고, 변경식 j++을 적는다.

닫는 소괄호 뒤에 여는 중괄호를 적고 줄을 바꾸어 닫는 중괄호를 적어 for 반복문의 제어 블록을 설정한다.

C코드
```
/***********************************************************
 함수 이름 : Grade
 기      능 : 정답들과 답안들을 입력받아 채점하여 점수들, 등수들, 표시들을 출력한다.
 입      력 : 정답들, 답안들
 출      력 : 점수들, 등수들, 표시들
 ***********************************************************/
void Grade(UShort (*correctAnswers), UShort (*answers)[QUESTIONS],
    UShort (*scores), UShort (*ranks), char (*marks)) {
    UShort i;
    UShort count;
    UShort j;
    UShort rank;

    // 1. 정답들과 답안들을 입력받는다.
    // 2. 학생 수만큼 반복한다.
    for( i = 0; i < STUDENTS; i++) {
        // 2.1. 점수를 매기다.
        count = 0;
        for(j = 0; j < QUESTIONS; j++) {
```

```
        }
        // 2.2. 평가하다.
    }
    // 3. 학생 수만큼 반복한다.
        // 3.1. 등수를 매기다.
    // 4. 점수들, 등수들 그리고 표시들을 출력한다.
    // 5. 끝내다.
}
```

다음은 정답과 답안을 비교하는 선택구조 기호를 구현해 보자.

```
for ( j = 1, QUESTIONS, 1 )
                    correctAnswers(j) = 1answers(i, j)
    TRUE                                        FALSE
```

C언어에서는 if 문과 else 절을 제공한다. 다음과 같은 형식을 가진다.

C코드
```
if(조건식) {
    // 참일 때 처리
}
else {
    // 거짓일 때 처리
}
```

조건식을 평가해서 참이면 if 문장의 제어블록에 적힌 내용을 처리하고, 거짓이면 else 절의 제어블록에 적힌 내용을 처리한다.

if 키워드를 적고 소괄호를 여닫아야 한다. C언어에서는 반복문과 선택문에서 사용되는 조건식은 반드시 소괄호로 싸여야 한다. 소괄호에 선택구조 기호에서 역삼각형에 적힌 내용을 그대로 옮겨 적는다. 이때 주의할 내용은 등가 비교연산자는 C언어에서는 치환 연산자 =와 구분하기 위해서 등호 두 개(==)를 연달아 적어야 한다는 것이다. 그리고 첨자 연산자는 소괄호()가 아니라 대괄호[]이어야 한다.

C언어에서 배열요소에 저장된 값을 구하는 형식을 정리하면 다음과 같다.

배열을 선언할 때 배열형을 강조하는 대괄호([])를 사용한 개수만큼 배열 이름 뒤에 적고, 대괄호에 첨자를 적으면 배열요소에 저장된 값을 구할 수 있다.

(1) 1차원 배열이면 1개이므로
배열이름(혹은 배열 포인터 변수이름)[첨자]

(2) 2차원 배열이면 2개이므로
배열이름(혹은 배열 포인터 변수이름)[첨자][첨자]

(3) 3차원 배열이면 3개이므로
배열이름(혹은 배열 포인터 변수이름)[첨자][첨자][첨자]

결론적으로 차원의 개수만큼 대괄호([])와 대괄호에 적히는 첨자로 배열요소에 저장된 값(내용)을 구하면 된다.

2차원 배열에서는 배열을 선언할 때 사용한 대괄호의 개수와 맞게 두 개 적어야 한다. 앞에 적힌 대괄호에는 줄의 첨자, 뒤에 적히는 대괄호는 칸의 첨자를 적도록 하자. 선택 구조 기호에 적힌 대로 앞에 적힌 대괄호에 i를 뒤에 적힌 대괄호에 j를 적는다.

그리고 닫는 소괄호 뒤에 중괄호를 열고, 다음 줄에 중괄호를 닫아 if 문장의 제어블록을 설정한다. j를 반복제어변수로 사용하는 for 반복문에서 처리되어야 하므로 for 반복문의 제어블록에 들여쓰기하고 작성하면 된다.

C코드

```
/*************************************************************
함수 이름 : Grade
기    능 : 정답들과 답안들을 입력받아 채점하여 점수들, 등수들, 표시들을 출력한다.
입    력 : 정답들, 답안들
출    력 : 점수들, 등수들, 표시들
*************************************************************/
void Grade(UShort (*correctAnswers), UShort (*answers)[QUESTIONS],
    UShort (*scores), UShort (*ranks), char (*marks)) {
    UShort i;
    UShort count;
    UShort j;
    UShort rank;

    // 1. 정답들과 답안들을 입력받는다.
    // 2. 학생 수만큼 반복한다.
    for( i = 0; i < STUDENTS; i++) {
        // 2.1. 점수를 매기다.
        count = 0;
        for(j = 0; j < QUESTIONS; j++) {
            if(correctAnswers[j] == answers[i][j]) {
            }
        }
        // 2.2. 평가하다.
    }
```

```
    // 3. 학생 수만큼 반복한다.
        // 3.1. 등수를 매기다.
    // 4. 점수들, 등수들 그리고 표시들을 출력한다.
    // 5. 끝내다.
}
```

다음은 조건식을 평가했을 때 참인 경우 처리를 하는 순차 구조 기호를 구현해 보자. if 문
장의 제어블록에 들여쓰기하고 순차 구조 기호에 적힌 내용을 그대로 옮겨 적고, 줄의 끝
에 세미콜론을 적어 문장으로 처리되도록 한다.

C코드

```
/*****************************************************************
함수 이름 : Grade
기    능 : 정답들과 답안들을 입력받아 채점하여 점수들, 등수들, 표시들을 출력한다.
입    력 : 정답들, 답안들
출    력 : 점수들, 등수들, 표시들
*****************************************************************/
void Grade(UShort (*correctAnswers), UShort (*answers)[QUESTIONS],
    UShort (*scores), UShort (*ranks), char (*marks)) {
    UShort i;
    UShort count;
    UShort j;
    UShort rank;

    // 1. 정답들과 답안들을 입력받는다.
    // 2. 학생 수만큼 반복한다.
    for( i = 0; i < STUDENTS; i++) {
        // 2.1. 점수를 매기다.
        count = 0;
        for(j = 0; j < QUESTIONS; j++) {
            if(correctAnswers[j] == answers[i][j]) {
                count = count + 1;
            }
        }
        // 2.2. 평가하다.
    }
    // 3. 학생 수만큼 반복한다.
        // 3.1. 등수를 매기다.
    // 4. 점수들, 등수들 그리고 표시들을 출력한다.
    // 5. 끝내다.
}
```

C언어는 누적 관련 연산자를 많이 제공한다. 따라서 다음과 같이 다양하게 구현될 수도 있다.

```
count = count + 1;
count += 1;
++count;
count++;
```

관습적으로 가장 많이 사용되는 문장은 count++; 이다.

```
/*****************************************************************
함수 이름 : Grade
기    능 : 정답들과 답안들을 입력받아 채점하여 점수들, 등수들, 표시들을 출력한다.
입    력 : 정답들, 답안들
출    력 : 점수들, 등수들, 표시들
*****************************************************************/
void Grade(UShort (*correctAnswers), UShort (*answers)[QUESTIONS],
    UShort (*scores), UShort (*ranks), char (*marks)) {
    UShort i;
    UShort count;
    UShort j;
    UShort rank;

    // 1. 정답들과 답안들을 입력받는다.
    // 2. 학생 수만큼 반복한다.
    for( i = 0; i < STUDENTS; i++) {
        // 2.1. 점수를 매기다.
        count = 0;
        for(j = 0; j < QUESTIONS; j++) {
            if(correctAnswers[j] == answers[i][j]) {
                count++;
            }
        }
        // 2.2. 평가하다.
    }
    // 3. 학생 수만큼 반복한다.
        // 3.1. 등수를 매기다.
    // 4. 점수들, 등수들 그리고 표시들을 출력한다.
    // 5. 끝내다.
}
```

다음은 조건식을 평가했을 때 거짓인 경우 처리를 구현해야 한다. 처리할 내용이 없다. 아래쪽으로 향하는 화살표가 작도된 순차 구조 기호는 처리할 내용이 없음을 의미한다. C언어에서는 어떻게 구현될까? C언어에서는 처리할 내용이 없으면 else 절을 생략하면 된다.

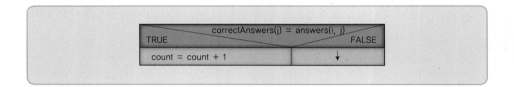

다음은 점수를 계산하여 점수들 scores 배열에 해당 번째 배열요소에 저장하는 순차 구조 기호를 구현해 보자.

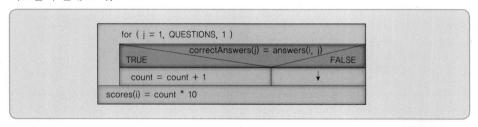

치환식이 적힌 순차 구조 기호이면, 순차 구조 기호에 적힌 내용을 그대로 옮겨 적고, 줄의 끝에 세미콜론을 적어 문장으로 처리되도록 한다. 첨자 연산자는 소괄호가 아니라 대괄호로 바꾸어 적는다. j를 반복제어변수로 하는 for 반복문에서 개수를 센 다음 처리해야 하므로 j를 반복제어변수로 하는 반복문이 적힌 줄 다음 줄에 적는다. i를 반복제어변수로 하는 for 반복문의 제어블록에 들여쓰기하여 작성되어야 한다.

C코드

```
/***************************************************************
 함수 이름 : Grade
 기    능 : 정답들과 답안들을 입력받아 채점하여 점수들, 등수들, 표시들을 출력한다.
 입    력 : 정답들, 답안들
 출    력 : 점수들, 등수들, 표시들
 ***************************************************************/
void Grade(UShort (*correctAnswers), UShort (*answers)[QUESTIONS],
    UShort (*scores), UShort (*ranks), char (*marks)) {
    UShort i;
    UShort count;
    UShort j;
    UShort rank;

    // 1. 정답들과 답안들을 입력받는다.
    // 2. 학생 수만큼 반복한다.
    for( i = 0; i < STUDENTS; i++) {
        // 2.1. 점수를 매기다.
        count = 0;
        for(j = 0; j < QUESTIONS; j++) {
            if(correctAnswers[j] == answers[i][j]) {
```

```
            count++;
        }
    }
    scores[i] = count * 10;
    // 2.2. 평가하다.
    }
    // 3. 학생 수만큼 반복한다.
        // 3.1. 등수를 매기다.
    // 4. 점수들, 등수들 그리고 표시들을 출력한다.
    // 5. 끝내다.
}
```

다음은 "2.2. 평가하다." 처리단계에 대해 구현해 보자. 먼저 60점 미만인지 확인하는 선택 구조 기호를 구현해 보자. 앞에서 if 문장과 else 절을 설명했으므로 참고하여 먼저 구현해 보자.

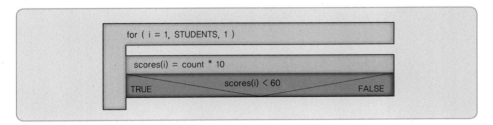

if 키워드를 적고 소괄호를 여닫는다. 가운데 역삼각형에 적힌 내용을 소괄호에 적는다. 첨자 연산자는 소괄호가 아니라 대괄호를 적는다. 닫는 소괄호 뒤에 중괄호를 열고 다음 줄에 중괄호를 닫아 if 문장의 제어블록을 설정한다. 다음 줄에 else 키워드를 적고 중괄호를 열고 다음 줄에 중괄호를 닫아 거짓일 때 처리를 하는 C언어 문장(들)을 적을 제어블록을 설정한다.

"2.2. 평가하다." 주석이 적힌 다음 줄에 작성하자. i를 반복제어변수로 하는 for 반복문의 제어블록에 작성되어야 하므로 들여쓰기하여 적는다.

C코드
```
/*******************************************************************
 함수 이름 : Grade
 기     능 : 정답들과 답안들을 입력받아 채점하여 점수들, 등수들, 표시들을 출력한다.
 입     력 : 정답들, 답안들
 출     력 : 점수들, 등수들, 표시들
 *******************************************************************/
void Grade(UShort (*correctAnswers), UShort (*answers)[QUESTIONS],
    UShort (*scores), UShort (*ranks), char (*marks)) {
    UShort i;
    UShort count;
    UShort j;
```

```
    UShort rank;

    // 1. 정답들과 답안들을 입력받는다.
    // 2. 학생 수만큼 반복한다.
    for( i = 0; i < STUDENTS; i++) {
        // 2.1. 점수를 매기다.
        count = 0;
        for(j = 0; j < QUESTIONS; j++) {
            if(correctAnswers[j] == answers[i][j]) {
                count++;
            }
        }
        scores[i] = count * 10;
        // 2.2. 평가하다.
        if( scores[i] < 60 ) {
        }
        else {
        }
    }
    // 3. 학생 수만큼 반복한다.
        // 3.1. 등수를 매기다.
    // 4. 점수들, 등수들 그리고 표시들을 출력한다.
    // 5. 끝내다.
}
```

다음은 조건식을 평가했을 때 참인 경우 처리를 하는 순차 구조 기호를 구현해 보자.

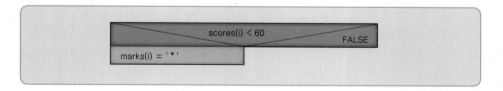

C언어에서는 if 문장의 제어블록에 작성되어야 한다. 치환식이 적힌 순차 구조 기호이므로 순차 구조 기호에 적힌 내용을 그대로 옮겨 적고, 문장으로 처리되도록 줄의 끝에 세미콜론을 적는다. 첨자 연산자는 소괄호가 아니라 대괄호를 적어야 한다. 문자 상수는 마찬가지로 작은따옴표를 그대로 사용하면 된다. if 문장의 제어블록에 작성되어야 하므로 들여쓰기한다.

C코드
```
/*********************************************************************
함수 이름 : Grade
기    능 : 정답들과 답안들을 입력받아 채점하여 점수들, 등수들, 표시들을 출력한다.
입    력 : 정답들, 답안들
출    력 : 점수들, 등수들, 표시들
*********************************************************************/
void Grade(UShort (*correctAnswers), UShort (*answers)[QUESTIONS],
```

```
           UShort (*scores), UShort (*ranks), char (*marks)) {
           UShort i;
           UShort count;
           UShort j;
           UShort rank;

           // 1. 정답들과 답안들을 입력받는다.
           // 2. 학생 수만큼 반복한다.
           for( i = 0; i < STUDENTS; i++) {
               // 2.1. 점수를 매기다.
               count = 0;
               for(j = 0; j < QUESTIONS; j++) {
                   if(correctAnswers[j] == answers[i][j]) {
                       count++;
                   }
               }
               scores[i] = count * 10;
               // 2.2. 평가하다.
               if( scores[i] < 60 ) {
                   marks[i] = '*';
               }
           }
           // 3. 학생 수만큼 반복한다.
               // 3.1. 등수를 매기다.
           // 4. 점수들, 등수들 그리고 표시들을 출력한다.
           // 5. 끝내다.
       }
```

다음은 조건식을 평가했을 때 거짓인 경우 처리를 해야 하는 순차 구조 기호를 구현해 보자.

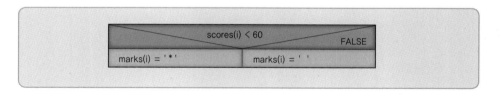

C언어에서는 조건식을 평가했을 때 거짓인 처리를 하고자 한다면, else 절을 사용해야 한다. else 키워드를 적고 중괄호를 열고 다음 줄에 중괄호를 닫아 제어블록을 설정한다. 그리고 제어블록에 처리해야 하는 내용을 문장으로 작성하면 된다. 들여쓰기하고 치환식이 적힌 순차 구조 기호이므로 순차 구조 기호에 적힌 내용을 그대로 옮겨 적고, 줄의 끝에 세미콜론을 적어 문장으로 처리되도록 한다. 첨자 연산자는 소괄호가 아니라 대괄호이어야 하고, 문자 상수는 작은따옴표로 싸여야 한다.

```
/*********************************************************************
함수 이름 : Grade
기    능 : 정답들과 답안들을 입력받아 채점하여 점수들, 등수들, 표시들을 출력한다.
입    력 : 정답들, 답안들
출    력 : 점수들, 등수들, 표시들
*********************************************************************/
void Grade(UShort (*correctAnswers), UShort (*answers)[QUESTIONS],
     UShort (*scores), UShort (*ranks), char (*marks)) {
    UShort i;
    UShort count;
    UShort j;
    UShort rank;

    // 1. 정답들과 답안들을 입력받는다.
    // 2. 학생 수만큼 반복한다.
    for( i = 0; i < STUDENTS; i++) {
        // 2.1. 점수를 매기다.
        count = 0;
        for(j = 0; j < QUESTIONS; j++) {
            if(correctAnswers[j] == answers[i][j]) {
                count++;
            }
        }
        scores[i] = count * 10;
        // 2.2. 평가하다.
        if( scores[i] < 60 ) {
            marks[i] = '*';
        }
        else {
            marks[i] = ' ';
        }
    }
    // 3. 학생 수만큼 반복한다.
        // 3.1. 등수를 매기다.
    // 4. 점수들, 등수들 그리고 표시들을 출력한다.
    // 5. 끝내다.
}
```

if 문장이나 else 절에서 단문인 경우 제어블록을 생략해도 된다. 그렇지만 코드를 읽기 쉽게 하려면 혹은 개발 과정에서 추가되는 코드를 처리하기 위해서 위쪽에 작성된 코드처럼 단문일지라도 제어블록을 설정하도록 하자.

굳이 제어블록을 없애고자 한다면, 3항 조건 연산자를 사용하여 C언어답게 구현해 보자. 3항 조건 연산자를 사용하는 형식은 다음과 같다.

(조건식) ? (조건식을 평가했을 때 참인 경우 처리할 내용) : (거짓인 경우 처리할 내용)

if 키워드를 지우고, 조건식을 소괄호로 싸서 적고, 물음표를 적는다. 다음은 if 문장의 제
어블록을 지우고, 대신에 if 문장의 제어블록에 적힌 내용을 소괄호로 싸서 적는다. 다음은
콜론(:)을 적고, 마찬가지로 else를 지우고 else 절의 제어블록에 적힌 내용을 소괄호로 싸
서 적는다. 문장으로 처리되게 줄의 끝에 세미콜론을 적는다.

```
/***************************************************************
함수 이름 : Grade
기    능 : 정답들과 답안들을 입력받아 채점하여 점수들, 등수들, 표시들을 출력한다.
입    력 : 정답들, 답안들
출    력 : 점수들, 등수들, 표시들
***************************************************************/
void Grade(UShort (*correctAnswers), UShort (*answers)[QUESTIONS],
    UShort (*scores), UShort (*ranks), char (*marks)) {
    UShort i;
    UShort count;
    UShort j;
    UShort rank;

    // 1. 정답들과 답안들을 입력받는다.
    // 2. 학생 수만큼 반복한다.
    for( i = 0; i < STUDENTS; i++) {
        // 2.1. 점수를 매기다.
        count = 0;
        for(j = 0; j < QUESTIONS; j++) {
            if(correctAnswers[j] == answers[i][j]) {
                count++;
            }
        }
        scores[i] = count * 10;
        // 2.2. 평가하다.
        ( scores[i] < 60 ) ? (marks[i] = '*') : (marks[i] = ' ');
    }
    // 3. 학생 수만큼 반복한다.
        // 3.1. 등수를 매기다.
    // 4. 점수들, 등수들 그리고 표시들을 출력한다.
    // 5. 끝내다.
}
```

이처럼 if 문장과 else 절이 단문으로 처리되는 경우 3항 조건 연산자를 사용하여 선택문
을 간결하게 구현할 수 있다.

다음은 "3. 학생 수만큼 반복한다." 처리단계에 대해 구현해 보자. 여러분이 직접 구현해 보자.

```
for ( i = 1, STUDENTS, 1 )
```

for 키워드를 적고 소괄호로 여닫는다. 소괄호에 세미콜론으로 구분하여 초기식, 조건식 그리고 변경식을 차례로 적는다.

초기식은 반복 구조 기호에서 i = 1이다. 첫 번째로 소괄호에 그대로 옮겨 적는데, i가 첨자로도 사용되므로 초깃값을 0으로 고쳐 적는다. 왜냐하면, C언어에서는 첨자는 0부터 시작하기 때문이다.

다음은 초기식뒤에 세미콜론을 적어 구분하고 조건식을 작성해야 한다. 반복 구조 기호에서 STUDENTS이다. STUDENTS의 의미는 i가 STUDENTS보다 작거나 같은지 관계식 i <= STUDENTS이다. 그런데 초깃값이 0으로 되었으므로 같은지 등가 비교를 한 번 하지 않도록 하면 된다. 따라서 조건식은 i가 STUDENTS보다 작은지 관계식 i < STUDENTS를 작성하면 된다.

마지막으로 조건식 다음에 세미콜론을 적어 구분하고 변경식을 작성해야 한다. 변경식은 반복 구조 기호에서 1이다. 1은 반복제어변수 i를 1씩 증가한다는 의미이다. 반복제어변수 i에 저장된 값에 1을 더하여 구한 값을 다시 i에 저장해야 한다. 따라서 다음과 같이 식이 작성되어야 한다.

C코드
```
i = i + 1
```

전산에서 많이 사용되는 표현인 누적이다. C언어에서는 누적 관련 연산자를 많이 제공한다. 이러한 연산자를 사용하여 C언어답게 표현하는 연습도 해야 한다. 다음과 같이 다양한 표현을 할 수 있다.

C코드

```
i = i + 1
i +=  1
++i
i++
```

관습적으로 많이 사용되는 표현은 후위 증가 연산자로 표현된 식 i++이다. 다음은 닫는 소
괄호 뒤에 중괄호를 열고 다음 줄에 중괄호를 닫아 제어블록을 설정한다. for 반복문의 제
어블록에는 "3.1. 등수를 매기다." 처리단계를 주석으로 적으면 된다.

"3. 학생 수만큼 반복한다." 주석이 적힌 줄 다음 줄에 for 반복문을 작성한다.

C코드

```
/*****************************************************************
 함수 이름 : Grade
 기    능 : 정답들과 답안들을 입력받아 채점하여 점수들, 등수들, 표시들을 출력한다.
 입    력 : 정답들, 답안들
 출    력 : 점수들, 등수들, 표시들
 *****************************************************************/
void Grade(UShort (*correctAnswers), UShort (*answers)[QUESTIONS],
    UShort (*scores), UShort (*ranks), char (*marks)) {
    UShort i;
    UShort count;
    UShort j;
    UShort rank;

    // 1. 정답들과 답안들을 입력받는다.
    // 2. 학생 수만큼 반복한다.
    for( i = 0; i < STUDENTS; i++) {
        // 2.1. 점수를 매기다.
        count = 0;
        for(j = 0; j < QUESTIONS; j++) {
            if(correctAnswers[j] == answers[i][j]) {
                count++;
            }
        }
        scores[i] = count * 10;
        // 2.2. 평가하다.
        ( scores[i] < 60 ) ? (marks[i] = '*') : (marks[i] = ' ');
    }
    // 3. 학생 수만큼 반복한다.
    for(i = 0; i < STUDENTS; i++) {
        // 3.1. 등수를 매기다.
    }
    // 4. 점수들, 등수들 그리고 표시들을 출력한다.
    // 5. 끝내다.
}
```

다음은 "3.1. 등수를 매기다." 처리단계에 대해 구현해 보자. 등수를 매기기 위해 rank 변수를 1로 원위치(Reset)하는 순차 구조 기호부터 구현해 보자.

```
for ( i = 1, STUDENTS, 1 )
    rank = 1
```

"3.1. 등수를 매기다." 처리단계가 주석으로 적힌 줄 다음 줄에 치환식이 적힌 순차 구조 기호이므로 순차 구조기호에 적힌 내용을 그대로 옮겨 적고, 문장으로 처리되도록 줄의 끝에 세미콜론을 적는다. for 반복문의 제어블록에 들여쓰기하여 식문장을 작성하면 된다.

C코드

```c
/*************************************************************
함수 이름 : Grade
기     능 : 정답들과 답안들을 입력받아 채점하여 점수들, 등수들, 표시들을 출력한다.
입     력 : 정답들, 답안들
출     력 : 점수들, 등수들, 표시들
*************************************************************/
void Grade(UShort (*correctAnswers), UShort (*answers)[QUESTIONS],
    UShort (*scores), UShort (*ranks), char (*marks)) {
    UShort i;
    UShort count;
    UShort j;
    UShort rank;

    // 1. 정답들과 답안들을 입력받는다.
    // 2. 학생 수만큼 반복한다.
    for( i = 0; i < STUDENTS; i++) {
        // 2.1. 점수를 매기다.
        count = 0;
        for(j = 0; j < QUESTIONS; j++) {
            if(correctAnswers[j] == answers[i][j]) {
                count++;
            }
        }
        scores[i] = count * 10;
        // 2.2. 평가하다.
        ( scores[i] < 60 ) ? (marks[i] = '*') : (marks[i] = ' ');
    }
    // 3. 학생 수만큼 반복한다.
    for(i = 0; i < STUDENTS; i++) {
        // 3.1. 등수를 매기다.
        rank = 1;
    }
    // 4. 점수들, 등수들 그리고 표시들을 출력한다.
    // 5. 끝내다.
}
```

다음은 등수를 매기기 위해 반복해야 하므로 반복 구조 기호를 구현해 보자. for 반복문은 여러 번 설명하고 있으므로 먼저 여러분이 구현해 보자.

```
for ( i = 1, STUDENTS, 1 )
    rank = 1
    for ( j = 1, STUDENTS, 1 )
```

for 키워드를 적고 소괄호로 여닫는다. 소괄호에 세미콜론으로 구분하여 초기식, 조건식 그리고 변경식을 차례로 적는다.

초기식은 반복 구조 기호에서 j = 1이다. 첫 번째로 소괄호에 그대로 옮겨 적는데, j가 첨자로도 사용되므로 초깃값을 0으로 고쳐 적는다. 왜냐하면, C언어에서는 첨자는 0부터 시작하기 때문이다.

다음은 초기식뒤에 세미콜론을 적어 구분하고 조건식을 작성해야 한다. 반복 구조 기호에서 STUDENTS이다. STUDENTS의 의미는 j가 STUDENTS보다 작거나 같은지 관계식 j <= QUESTIONS이다. 그런데 초깃값이 0으로 되었으므로 같은지 등가 비교를 하지 않도록 하면 된다. 따라서 조건식은 j가 STUDENTS보다 작은지 관계식 i < STUDENTS를 작성하면 된다.

마지막으로 조건식 다음에 세미콜론을 적어 구분하고 변경식을 작성해야 한다. 변경식은 반복 구조 기호에서 1이다. 1은 반복제어변수 j를 1씩 증가한다는 의미이다. 반복제어변수 j에 저장된 값에 1을 더하여 구한 값을 다시 j에 저장해야 한다. 따라서 다음과 같이 식이 작성되어야 한다.

C코드

```
j = j + 1
```

전산에서 많이 사용되는 표현인 누적이다. C언어에서는 누적 관련 연산자를 많이 제공한다. 이러한 연산자를 사용하여 C언어답게 표현하는 연습도 해야 한다. 다음과 같이 다양한 표현을 할 수 있다.

C코드

```
j = j + 1
j +=  1
++j
j++
```

관습적으로 많이 사용되는 표현은 후위 증가 연산자로 표현된 식 j++이다. 다음은 닫는 소괄호 뒤에 중괄호를 열고 다음 줄에 중괄호를 닫아 제어블록을 설정한다.

반복제어변수 i를 사용하는 for 반복문의 제어블록에 들여쓰기하여 적어야 하는 데, rank를 1로 원위치하는 치환문장이 적힌 줄 다음 줄에 for 반복문을 작성한다.

C코드
```
/*******************************************************************
함수 이름 : Grade
기   능 : 정답들과 답안들을 입력받아 채점하여 점수들, 등수들, 표시들을 출력한다.
입   력 : 정답들, 답안들
출   력 : 점수들, 등수들, 표시들
*******************************************************************/
void Grade(UShort (*correctAnswers), UShort (*answers)[QUESTIONS],
    UShort (*scores), UShort (*ranks), char (*marks)) {
    UShort i;
    UShort count;
    UShort j;
    UShort rank;

    // 1. 정답들과 답안들을 입력받는다.
    // 2. 학생 수만큼 반복한다.
    for( i = 0; i < STUDENTS; i++) {
        // 2.1. 점수를 매기다.
        count = 0;
        for(j = 0; j < QUESTIONS; j++) {
            if(correctAnswers[j] == answers[i][j]) {
                count++;
            }
        }
        scores[i] = count * 10;
        // 2.2. 평가하다.
        ( scores[i] < 60 ) ? (marks[i] = '*') : (marks[i] = ' ');
    }
    // 3. 학생 수만큼 반복한다.
    for(i = 0; i < STUDENTS; i++) {
        // 3.1. 등수를 매기다.
        rank = 1;
        for(j = 0; j < STUDENTS; j++) {
        }
    }
```

```
    // 4. 점수들, 등수들 그리고 표시들을 출력한다.
    // 5. 끝내다.
}
```

다음은 점수들을 비교하는 선택 구조 기호를 구현해 보자. 먼저 여러분이 구현해 보자.

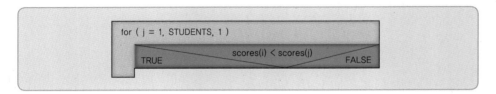

```
for ( j = 1, STUDENTS, 1 )

              scores(i) < scores(j)
TRUE                                    FALSE
```

C언어에서는 if 문장으로 구현해야 한다. if 키워드를 적고 소괄호를 여닫는다. 소괄호에 조건식을 적는다. 가운데 역삼각형에 적힌 내용을 그대로 소괄호에 옮겨 적는다. 첨자 연산자는 소괄호에서 대괄호로 바꾸어 적는다.

닫는 소괄호 뒤에 중괄호({)를 열고 다음 줄에 중괄호(})를 닫아 제어블록을 설정한다. if 문장은 j를 반복제어변수로 사용하는 for 반복문의 제어블록에 작성되어야 한다. 따라서 for 반복문의 제어블록에서 들여쓰기하여 if 문장을 작성한다.

C코드

```
/*******************************************************************
 함수 이름 : Grade
 기    능 : 정답들과 답안들을 입력받아 채점하여 점수들, 등수들, 표시들을 출력한다.
 입    력 : 정답들, 답안들
 출    력 : 점수들, 등수들, 표시들
 *******************************************************************/
void Grade(UShort (*correctAnswers), UShort (*answers)[QUESTIONS],
    UShort (*scores), UShort (*ranks), char (*marks)) {
    UShort i;
    UShort count;
    UShort j;
    UShort rank;

    // 1. 정답들과 답안들을 입력받는다.
    // 2. 학생 수만큼 반복한다.
    for( i = 0; i < STUDENTS; i++) {
        // 2.1. 점수를 매기다.
        count = 0;
        for(j = 0; j < QUESTIONS; j++) {
            if(correctAnswers[j] == answers[i][j]) {
                count++;
            }
```

```
        }
        scores[i] = count * 10;
        // 2.2. 평가하다.
        ( scores[i] < 60 ) ? (marks[i] = '*') : (marks[i] = ' ');
    }
    // 3. 학생 수만큼 반복한다.
    for(i = 0; i < STUDENTS; i++) {
        // 3.1. 등수를 매기다.
        rank = 1;
        for(j = 0; j < STUDENTS; j++) {
            if(scores[i] < scores[j]) {
            }
        }
    }
    // 4. 점수들, 등수들 그리고 표시들을 출력한다.
    // 5. 끝내다.
}
```

선택 구조 기호에서 조건식을 평가했을 때 참인 경우 처리를 하는 순차 구조 기호를 구현해 보자.

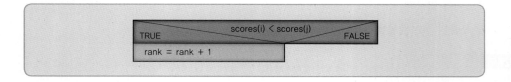

C언어에서는 if 문장의 제어블록에 처리해야 할 내용을 문장으로 구현하면 된다. 산술식과 치환식이 적힌 순차 구조 기호이므로 순차 구조 기호에 적힌 내용을 그대로 옮겨 적고, 줄의 끝에 세미콜론을 적어 문장으로 처리되도록 하면 된다. if 문장의 제어블록에 들여쓰기하고 식문장으로 작성하자.

C코드
```
/*******************************************************************
함수 이름 : Grade
기    능 : 정답들과 답안들을 입력받아 채점하여 점수들, 등수들, 표시들을 출력한다.
입    력 : 정답들, 답안들
출    력 : 점수들, 등수들, 표시들
*******************************************************************/
void Grade(UShort (*correctAnswers), UShort (*answers)[QUESTIONS],
    UShort (*scores), UShort (*ranks), char (*marks)) {
    UShort i;
    UShort count;
```

```
        UShort j;
        UShort rank;

        // 1. 정답들과 답안들을 입력받는다.
        // 2. 학생 수만큼 반복한다.
        for( i = 0; i < STUDENTS; i++) {
            // 2.1. 점수를 매기다.
            count = 0;
            for(j = 0; j < QUESTIONS; j++) {
                if(correctAnswers[j] == answers[i][j]) {
                    count++;
                }
            }
            scores[i] = count * 10;
            // 2.2. 평가하다.
            ( scores[i] < 60 ) ? (marks[i] = '*') : (marks[i] = ' ');
        }
        // 3. 학생 수만큼 반복한다.
        for(i = 0; i < STUDENTS; i++) {
            // 3.1. 등수를 매기다.
            rank = 1;
            for(j = 0; j < STUDENTS; j++) {
                if(scores[i] < scores[j]) {
                    rank = rank + 1;
                }
            }
        }
        // 4. 점수들, 등수들 그리고 표시들을 출력한다.
        // 5. 끝내다.
}
```

하나씩 증가하는 누적이다. 누적 관련 연산자를 많이 제공하는 C언어에서는 다음과 같이 구현할 수 있다.

C코드

```
rank = rank + 1;
rank +=  1;
++rank;
rank++;
```

관습적으로 많이 사용하는 표현은 rank++; 이다.

```
/****************************************************************
함수 이름 : Grade
기    능 : 정답들과 답안들을 입력받아 채점하여 점수들, 등수들, 표시들을 출력한다.
입    력 : 정답들, 답안들
출    력 : 점수들, 등수들, 표시들
****************************************************************/
void Grade(UShort (*correctAnswers), UShort (*answers)[QUESTIONS],
    UShort (*scores), UShort (*ranks), char (*marks)) {
    UShort i;
    UShort count;
    UShort j;
    UShort rank;

    // 1. 정답들과 답안들을 입력받는다.
    // 2. 학생 수만큼 반복한다.
    for( i = 0; i < STUDENTS; i++) {
        // 2.1. 점수를 매기다.
        count = 0;
        for(j = 0; j < QUESTIONS; j++) {
            if(correctAnswers[j] == answers[i][j]) {
                count++;
            }
        }
        scores[i] = count * 10;
        // 2.2. 평가하다.
        ( scores[i] < 60 ) ? (marks[i] = '*') : (marks[i] = ' ');
    }
    // 3. 학생 수만큼 반복한다.
    for(i = 0; i < STUDENTS; i++) {
        // 3.1. 등수를 매기다.
        rank = 1;
        for(j = 0; j < STUDENTS; j++) {
            if(scores[i] < scores[j]) {
                rank++;
            }
        }
    }
    // 4. 점수들, 등수들 그리고 표시들을 출력한다.
    // 5. 끝내다.
}
```

다음은 선택 구조 기호에서 조건식을 평가했을 때 거짓인 경우 처리해야 하는 순차 구조 기호를 구현해 보자. 먼저 여러분이 구현해 보자.

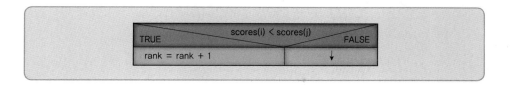

FALSE 쪽 순차 구조 기호에는 아래쪽으로 향하는 화살표가 작도되어있다. 처리할 것이 없다는 것이다. 따라서 C언어에서는 조건식을 평가했을 때 거짓인 경우 처리할 내용이 있으면 else 절을 구현해야 하고, 처리할 내용이 없으면 else 절을 생략하면 된다.

다음은 for 반복문에서 매겨진 등수를 등수 배열에 저장하는 순차 구조 기호를 구현해 보자.

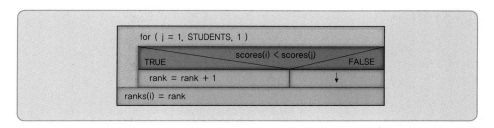

j를 반복제어변수로 사용하는 for 반복문이 끝난 후에 처리되는 내용이다. j를 반복제어변수로 사용하는 for 반복문장 아래에 작성되어야 한다. i를 반복제어변수로 사용하는 for 반복문의 제어블록에 들여쓰기하여 치환식이 적힌 순차 구조 기호이므로 순차 구조 기호에 적힌 내용을 그대로 옮겨 적는다. 첨자 연산자는 소괄호가 아니라 대괄호로 바꾸어 적도록 하자. 문장으로 처리되도록 줄의 끝에 세미콜론을 적으면 된다.

C코드

```
/*****************************************************************
함수 이름 : Grade
기    능 : 정답들과 답안들을 입력받아 채점하여 점수들, 등수들, 표시들을 출력한다.
입    력 : 정답들, 답안들
출    력 : 점수들, 등수들, 표시들
*****************************************************************/
void Grade(UShort (*correctAnswers), UShort (*answers)[QUESTIONS],
    UShort (*scores), UShort (*ranks), char (*marks)) {
    UShort i;
    UShort count;
    UShort j;
    UShort rank;

    // 1. 정답들과 답안들을 입력받는다.
    // 2. 학생 수만큼 반복한다.
    for( i = 0; i < STUDENTS; i++) {
```

```
        // 2.1. 점수를 매기다.
        count = 0;
        for(j = 0; j < QUESTIONS; j++) {
            if(correctAnswers[j] == answers[i][j]) {
                count++;
            }
        }
        scores[i] = count * 10;
        // 2.2. 평가하다.
        ( scores[i] < 60 ) ? (marks[i] = '*') : (marks[i] = ' ');
    }
    // 3. 학생 수만큼 반복한다.
    for(i = 0; i < STUDENTS; i++) {
        // 3.1. 등수를 매기다.
        rank = 1;
        for(j = 0; j < STUDENTS; j++) {
            if(scores[i] < scores[j]) {
                rank++;
            }
        }
        ranks[i] = rank;
    }
    // 4. 점수들, 등수들 그리고 표시들을 출력한다.
    // 5. 끝내다.
}
```

다음은 "4. 점수들, 등수들 그리고 표시들을 출력한다." 처리단계에 대해 순차 구조 기호를
구현해 보자. 출력하는 순차 구조 기호이다.

```
print scores, ranks, marks
```

scores, ranks, marks 배열 포인터는 main 함수에 할당된 배열들 scores, ranks, marks
의 시작주소를 저장하고 있다. 따라서 배열의 시작주소를 이용하여 첨자 연산자를 사용하
면, 배열 이름을 사용하는 것처럼 main 함수에 할당된 배열의 배열요소에 저장된 값을 읽
고 쓰기를 할 수 있다. 그래서 위에서 첨자 연산자로 값을 읽고 쓰기를 하는 것은 main 함
수에 할당된 배열의 배열요소에 쓰기를 한 경우는 배열요소에 값이 저장되었기 때문에 이
미 구해진 값들이 출력되었다. 따로 출력하는 표현을 할 필요가 없다.

다음은 "5. 끝내다." 처리단계에 대해 stop이 적힌 순차 구조 기호를 구현해야 하는 데, 앞에
서 함수 블록의 닫는 중괄호로 이미 구현했다. 이렇게 해서 연산 모듈 Grade에 대해 Grade

함수를 정의했다. 여기까지 원시 코드 파일을 정리하면 다음과 같다.

C코드

```
// Grade.c
/****************************************************************
 파일 이름 : Grade.c
 기    능 : 정답들과 열 명의 학생의 답안들을 입력받아 채점하여 점수들,
            등수들, 점수가 60점 미만인 학생에 대해 표시한다.
 작 성 자 : 김 석 현
 작성 일자 : 2014년 5월 19일
 ****************************************************************/
// 매크로(Macro)
#include <stdio.h> // scanf

#define STUDENTS  10
#define QUESTIONS 10

// 자료형 이름(Type name) 선언
typedef unsigned short int UShort;

// 함수 선언 : 함수 원형(Function Prototype)
int main(int argc, char *argv[]);
void Input(UShort (*correctAnswers), UShort (*answers)[QUESTIONS]);
void Grade(UShort (*correctAnswers), UShort (*answers)[QUESTIONS],
    UShort (*scores), UShort (*ranks), char (*marks));
void Output(UShort (*scores), UShort (*ranks), char (*marks));

// 함수 정의
int main(int argc, char *argv[]) {
    UShort correctAnswers[QUESTIONS];
    UShort answers[STUDENTS][QUESTIONS];
    UShort scores[STUDENTS];
    UShort ranks[STUDENTS];
    char marks[STUDENTS];

    Input(correctAnswers, answers);
    Grade(correctAnswers, answers, scores, ranks, marks);
    Output(scores, ranks, marks);

    return 0;
}
/****************************************************************
 함수 이름 : Input
 기    능 : 키보드로 정답들과 답안들을 입력받는다.
 입    력 : 없음
 출    력 : 정답들, 답안들
 ****************************************************************/
void Input(UShort (*correctAnswers), UShort (*answers)[QUESTIONS]) {
    UShort i;
    UShort j;

    for(i = 0; i < QUESTIONS; i++) {
```

```
            scanf("%hu", correctAnswers + i);
        }

        for(i = 0; i < STUDENTS; i++) {
            for(j = 0; j < QUESTIONS; j++) {
                scanf("%hu", answers[i] + j);
            }
        }
    }
```

```
/********************************************************************
함수 이름 : Grade
기    능 : 정답들과 답안들을 입력받아 채점하여 점수들, 등수들, 표시들을 출력한다.
입    력 : 정답들, 답안들
출    력 : 점수들, 등수들, 표시들
********************************************************************/
void Grade(UShort (*correctAnswers), UShort (*answers)[QUESTIONS],
    UShort (*scores), UShort (*ranks), char (*marks)) {
    UShort i;
    UShort count;
    UShort j;
    UShort rank;

    // 1. 정답들과 답안들을 입력받는다.
    // 2. 학생 수만큼 반복한다.
    for( i = 0; i < STUDENTS; i++) {
        // 2.1. 점수를 매기다.
        count = 0;
        for(j = 0; j < QUESTIONS; j++) {
            if(correctAnswers[j] == answers[i][j]) {
                count++;
            }
        }
        scores[i] = count * 10;
        // 2.2. 평가하다.
        ( scores[i] < 60 ) ? (marks[i] = '*') : (marks[i] = ' ');
    }
    // 3. 학생 수만큼 반복한다.
    for(i = 0; i < STUDENTS; i++) {
        // 3.1. 등수를 매기다.
        rank = 1;
        for(j = 0; j < STUDENTS; j++) {
            if(scores[i] < scores[j]) {
                rank++;
            }
        }
        ranks[i] = rank;
    }
    // 4. 점수들, 등수들 그리고 표시들을 출력한다.
    // 5. 끝내다.
}
```

다음은 출력 모듈 Output에 대해 Output 함수를 정의하자. 출력 예시처럼 아래와 같이 모니터에 출력하도록 하자.

번호	점수	등수	표시
1	60	4	
2	40	5	*
3	100	1	
...	...	...	

Output 함수에 관해 설명을 달자. 블록 주석으로 함수 이름, 기능, 입력과 출력을 적자.

C코드
```
/*******************************************************************
 함수 이름 :  output
 기    능 : 점수들, 등수들, 표시들을 모니터에 출력한다.
 입    력 : 점수들, 등수들, 표시들
 출    력 : 없음
 *******************************************************************/
```

함수 머리를 만들자. 함수 머리는 함수 원형을 그대로 옮겨 적고 줄의 끝에 적힌 세미콜론을 지우자.

C코드
```
/*******************************************************************
 함수 이름 :  output
 기    능 : 점수들, 등수들, 표시들을 모니터에 출력한다.
 입    력 : 점수들, 등수들, 표시들
 출    력 : 없음
 *******************************************************************/
void Output(UShort (*scores), UShort (*ranks), char (*marks))
```

다음은 함수 몸체를 만들자. 함수 몸체는 최소한 한 개 이상의 문장으로 구성되어야 한다. 그래서 복문을 표현하는 블록으로 설정되어야 한다. 함수 머리가 적힌 줄에 중괄호를 열고, 다음 줄에 중괄호를 닫아 함수 블록을 설정한다.

```
/***************************************************************
  함수 이름 : output
  기    능 : 점수들, 등수들, 표시들을 모니터에 출력한다.
  입    력 : 점수들, 등수들, 표시들
  출    력 : 없음
  ***************************************************************/
void Output(UShort (*scores), UShort (*ranks), char (*marks)) {
}
```

다음은 자동변수를 선언하자. C언어에서는 변수를 선언하는 위치가 정해져 있다. 첫 번째 식보다는 먼저 변수가 선언되어야 한다는 것이다. 따라서 변수를 선언하는 위치는 블록의 첫 번째 줄부터 시작한다.

반복해야 하므로 반복제어변수가 하나 필요하다. 관습적으로 반복제어변수 이름은 i로 하자. 함수 블록에 들여쓰기하고 변수를 선언하는 형식에 맞게 자동변수를 선언하자.

```
/***************************************************************
  함수 이름 : output
  기    능 : 점수들, 등수들, 표시들을 모니터에 출력한다.
  입    력 : 점수들, 등수들, 표시들
  출    력 : 없음
  ***************************************************************/
void Output(UShort (*scores), UShort (*ranks), char (*marks)) {
    UShort i;
}
```

다음은 출력예시를 참고하여 제어논리를 작성하면 된다. 제목을 출력하는 부분은 순차 구조로 위쪽에서 아래쪽으로 차례로 세 개의 printf 함수 호출 문장이 작성되어야 한다.

C언어에서는 모니터에 출력하는 기능을 제공하지 않는다. 따라서 라이브러리 함수를 사용해야 한다. 다양한 자료형의 데이터를 여러 개 한꺼번에 출력할 수 있는 printf 함수를 많이 사용한다. 라이브러리 함수를 사용하는 절차에 따라 구현하면 된다. 첫 번째는 C언어의 문법에 의하면 이름은 반드시 선언하고 사용해야 한다. 따라서 printf 함수 이름을 사용하기 위해서는 반드시 선언해야 한다는 것이다. printf 함수는 라이브러리 개발자에 의해서 작성되었다. 그래서 라이브러리 개발자에 의해서 함수가 선언, 정의되어 있다. 헤더 파일에 정리된 함수 원형을 전처리기로 복사할 것을 지시하여야 한다. 함수 원형을 복사할 위치는 #include 전처리기 지시자로 헤더 파일 이름을 지정하는 매크로를 작성해야 한다.

printf 함수 원형이 적혀진 헤더 파일은 stdio.h이다. scanf 함수도 stdio.h에 함수 원형이 작성되어 있는데, 그래서 앞에서 scanf 함수를 사용하기 위해 매크로를 작성했다. 따라서 다시 매크로를 작성할 필요가 없다.

다음은 라이브러리 함수를 호출하는 문장을 작성한다. printf 라이브러리 함수 원형을 참고해야 한다.

C코드

```
int printf( const char *format [, argument]... );
```

함수 원형을 보면, 1개 이상의 매개변수를 사용할 수 있는데, 반드시 첫 번째 데이터는 문자열이어야 한다는 것이다. 매개변수의 개수가 명확하게 정해진 것이 아니라, 변한다는 것이다. 이러한 개념은 가변 매개변수 혹은 가변 인수라고 한다. C 언어에서 가변 인수는 매개변수 목록에 ... 으로 나타낸다.

첫 번째 줄은 구분선을 출력한다. 엔터 키(Wn)를 포함하여 출력할 구분선을 큰 따옴표로 싸서 문자열 리터럴로 만들어서 printf 함수 이름을 적고 소괄호를 여닫은 다음 소괄호에 적는다. 함수 호출 문장으로 처리되도록 줄의 끝에 세미콜론을 적는다. 첫 번째 제어논리이므로 변수 선언문과 한 줄 공백을 두고, 함수 블록에 들여쓰기하여 printf 함수 호출 문장을 작성한다.

C코드

```
/***********************************************************
  함수 이름 : output
  기     능 : 점수들, 등수들, 표시들을 모니터에 출력한다.
  입     력 : 점수들, 등수들, 표시들
  출     력 : 없음
 ***********************************************************/
void Output(UShort (*scores), UShort (*ranks), char (*marks)) {
    UShort i;

    printf("==================================\n");
}
```

다음은 출력예시에서 두 번째 줄을 구현해 보자. 모니터에 문자열을 출력한다. 여덟 칸씩 공백을 두고 열 이름을 차례로 적는다. 탭문자를 출력하도록 하면 여덟칸씩 공백을 둘 수 있는데, 탭문자는 제어문자이므로 확장열 '\t'를 적으면 된다. 세 번째 줄도 구분선을 출력하도록 printf 함수 호출 문장을 작성한다. 출력할 구분선을 큰따옴표로 싸서 printf 함수 호출 문장에서 소괄호에 적는다.

```
C코드
/********************************************************************
  함수 이름 : output
  기    능 : 점수들, 등수들, 표시들을 모니터에 출력한다.
  입    력 : 점수들, 등수들, 표시들
  출    력 : 없음
  ********************************************************************/
void Output(UShort (*scores), UShort (*ranks), char (*marks)) {
    UShort i;

    printf("==================================\n");
    printf("번호\t점수\t등수\t표시\n");
    printf("----------------------------------\n");
}
```

이렇게 해서 제목을 출력했다면, 다음은 열 명의 학생에 대해 한 줄씩 학생의 성적을 출력
하도록 한다. for 반복문을 작성한다. 여러분이 직접 구현해 보자.

```
C코드
/********************************************************************
  함수 이름 : output
  기    능 : 점수들, 등수들, 표시들을 모니터에 출력한다.
  입    력 : 점수들, 등수들, 표시들
  출    력 : 없음
  ********************************************************************/
void Output(UShort (*scores), UShort (*ranks), char (*marks)) {
    UShort i;

    printf("==================================\n");
    printf("번호\t점수\t등수\t표시\n");
    printf("----------------------------------\n");
    for( i = 0; i < STUDENTS; i++) {
    }
}
```

for 키워드를 적고 소괄호를 여닫는다. 소괄호에 초기식으로 i = 0을 적는다. 반복제어변
수의 초깃값이 0이다. 반복제어변수이면서 첨자로 사용하기 위해서이다. 다음은 세미콜
론을 적어 구분하고 조건식을 적는다. 열 번 반복하도록 해야 하므로 i가 0부터 시작하므
로 STUDENTS보다 작아야 한다. 따라서 조건식은 i 〈 STUDENTS이다. 마지막으로 세
미콜론을 적어 구분하고 변경식을 적는다. 반복제어변수 i가 하나씩 증가해야 하므로 누
적이다. i++을 적자.

닫는 소괄호 뒤에 중괄호를 열고, 다음 줄에 중괄호를 닫아 for 반복문의 제어블록을 설정한다. 다음은 반복해야 하는 printf 함수 호출 문장을 작성한다. 여러분이 직접 작성해 보자. for 반복문의 제어블록에 들여쓰기하고 작성하면 된다.

```
/*****************************************************************
  함수 이름 : output
  기   능 : 점수들, 등수들, 표시들을 모니터에 출력한다.
  입   력 : 점수들, 등수들, 표시들
  출   력 : 없음
 *****************************************************************/
void Output(UShort (*scores), UShort (*ranks), char (*marks)) {
    UShort i;

    printf("===================================\n");
    printf("번호\t점수\t등수\t표시\n");
    printf("-----------------------------------\n");
    for( i = 0; i < STUDENTS; i++) {
        printf("%d\t%d\t%d\t%c\n", i + 1,
            scores[i], ranks[i], marks[i]);
    }
}
```

printf 함수 이름을 적고 소괄호로 여닫는다. 출력 서식 문자열 리터럴을 작성해서 첫 번째 실인수로 적는다. 출력할 데이터가 네 개다. 따라서 % 기호가 네 개 적혀야 한다. 첫 번째 출력되는 데이터는 번호이다. 따라서 정수형이다. 형 변환 문자는 d이다. 따라서 첫 번째 % 기호 뒤에 d를 적는다. 출력될 두 번째 데이터와 세 번째 데이터도 점수와 등수이다. 따라서 자료형이 정수이므로 형 변환 문자는 d이다. 그런데 출력될 네 번째 데이터는 표시다. 자료형은 문자이다. 문자에 대해 자료형 변환 문자는 c이다. 네 번째 % 기호 뒤에 c를 적는다. 물론 출력될 데이터 사이를 여덟 칸씩 띄우도록 하자. 여덟 칸씩 띄우도록 탭 문자에 대해 확장열 '\t'를 사용하자. 한 줄씩 출력하도록 하기 위해서는 엔터 키도 출력되어야 한다. 따라서 엔터 키에 대해 확장열 '\n'을 사용하자. 이렇게 탭 키나 엔터 키 같이 실제 출력 하는 문자가 없는 키들을 제어키라고 하고 제어키에 대해 C언어 표현 기능을 확장열이라 한다.

다음은 쉼표로 구분하고, 번호 데이터를 적어야 한다. 번호는 1번부터 시작하도록 해야 하므로 반복제어변수 i에 1을 더하는 식을 적자. i가 0부터 시작하기 때문이다. 점수, 등수, 표시는 쉼표로 구분하여 scores, ranks, marks 배열 각각의 i번째 배열요소에 저장된 값을 적어야 한다. 따라서 첨자 연산자를 사용하여 배열요소에 저장된 값을 출력하도록 해야 한다. scores, ranks, marks는 1차원 배열이므로 첨자 연산자 하나를 사용하고 첨자는 변수 i를 사용하면 된다.

다음은 출력예시에서 마지막 줄의 구분선을 출력하도록 한다. 여러분이 직접 구현해 보자.

C코드
```c
/****************************************************************
 함수 이름 : Output
 기    능 : 점수들, 등수들, 표시들을 모니터에 출력한다.
 입    력 : 점수들, 등수들, 표시들
 출    력 : 없음
 ****************************************************************/
void Output(UShort (*scores), UShort (*ranks), char (*marks)) {
    UShort i;

    printf("===================================\n");
    printf("번호\t점수\t등수\t표시\n");
    printf("-----------------------------------\n");
    for( i = 0; i < STUDENTS; i++) {
        printf("%d\t%d\t%d\t%c\n", i + 1,
            scores[i], ranks[i], marks[i]);
    }
    printf("-----------------------------------\n");
}
```

이렇게 해서 Output 함수 정의를 끝내게 된다. 여기까지 원시 코드 파일을 정리하면 다음과 같다.

C코드
```c
// Grade.c
/****************************************************************
 파일 이름 : Grade.c
 기    능 : 정답들과 열 명의 학생의 답안들을 입력받아 채점하여 점수들,
            등수들, 점수가 60점 미만인 학생에 대해 표시한다.
 작 성 자 : 김 석 현
 작성 일자 : 2014년 5월 19일
 ****************************************************************/
// 매크로(Macro)
#include <stdio.h> // scanf, printf

#define STUDENTS  10
#define QUESTIONS 10

// 자료형 이름(Type name) 선언
typedef unsigned short int UShort;

// 함수 선언 : 함수 원형(Function Prototype)
int main(int argc, char *argv[]);
void Input(UShort (*correctAnswers), UShort (*answers)[QUESTIONS]);
void Grade(UShort (*correctAnswers), UShort (*answers)[QUESTIONS],
```

```
        UShort (*scores), UShort (*ranks), char (*marks));
void Output(UShort (*scores), UShort (*ranks), char (*marks));

// 함수 정의
int main(int argc, char *argv[]) {
    UShort correctAnswers[QUESTIONS];
    UShort answers[STUDENTS][QUESTIONS];
    UShort scores[STUDENTS];
    UShort ranks[STUDENTS];
    char marks[STUDENTS];

    Input(correctAnswers, answers);
    Grade(correctAnswers, answers, scores, ranks, marks);
    Output(scores, ranks, marks);

    return 0;
}

/******************************************************************
 함수 이름 : Input
 기    능 : 키보드로 정답들과 답안들을 입력받는다.
 입    력 : 없음
 출    력 : 정답들, 답안들
 ******************************************************************/
void Input(UShort (*correctAnswers), UShort (*answers)[QUESTIONS]) {
    UShort i;
    UShort j;

    for(i = 0; i < QUESTIONS; i++) {
        scanf("%hu", correctAnswers + i);
    }

    for(i = 0; i < STUDENTS; i++) {
        for(j = 0; j < QUESTIONS; j++) {
            scanf("%hu", answers[i] + j);
        }
    }
}

/******************************************************************
 함수 이름 : Grade
 기    능 : 정답들과 답안들을 입력받아 채점하여 점수들, 등수들, 표시들을 출력한다.
 입    력 : 정답들, 답안들
 출    력 : 점수들, 등수들, 표시들
 ******************************************************************/
void Grade(UShort (*correctAnswers), UShort (*answers)[QUESTIONS],
    UShort (*scores), UShort (*ranks), char (*marks)) {
    UShort i;
    UShort count;
    UShort j;
    UShort rank;
```

```
        // 1. 정답들과 답안들을 입력받는다.
        // 2. 학생 수만큼 반복한다.
        for( i = 0; i < STUDENTS; i++) {
            // 2.1. 점수를 매기다.
            count = 0;
            for(j = 0; j < QUESTIONS; j++) {
                if(correctAnswers[j] == answers[i][j]) {
                    count++;
                }
            }
            scores[i] = count * 10;
            // 2.2. 평가하다.
            ( scores[i] < 60 ) ? (marks[i] = '*') : (marks[i] = ' ');
        }
        // 3. 학생 수만큼 반복한다.
        for(i = 0; i < STUDENTS; i++) {
            // 3.1. 등수를 매기다.
            rank = 1;
            for(j = 0; j < STUDENTS; j++) {
                if(scores[i] < scores[j]) {
                    rank++;
                }
            }
            ranks[i] = rank;
        }
        // 4. 점수들, 등수들 그리고 표시들을 출력한다.
        // 5. 끝내다.
}

/****************************************************************
함수 이름 : Output
기     능 : 점수들, 등수들, 표시들을 모니터에 출력한다.
입     력 : 점수들, 등수들, 표시들
출     력 : 없음
****************************************************************/
void Output(UShort (*scores), UShort (*ranks), char (*marks)) {
    UShort i;

    printf("=====================================\n");
    printf("번호\t점수\t등수\t표시\n");
    printf("-------------------------------------\n");
    for( i = 0; i < STUDENTS; i++) {
        printf("%d\t%d\t%d\t%c\n", i + 1,
            scores[i], ranks[i], marks[i]);
    }
    printf("-------------------------------------\n");
}
```

다음은 함수를 호출해야 한다. 그러나 main 함수는 운영체제에 의해서 호출되어 호출 문장을 따로 작성하지 않고, Input, Grade, Output 함수는 main 함수를 정의할 때 이미 호출되었기 때문에 따로 호출 문장을 작성할 필요가 없다.

이렇게 해서 편집이 끝났다. 다음은 차례로 컴파일, 링크, 적재를 진행해 보자. 오류가 없이 프로그램이 실행될 것이다. 콘솔 윈도우가 출력되고 프롬프트만 깜박거리고 있을 것이다. 입력 예시에서 제공된 데이터들을 차례로 입력해 보자. 정답과 학생 세 명의 답안을 입력했다. 결과는 다음 그림과 같다.

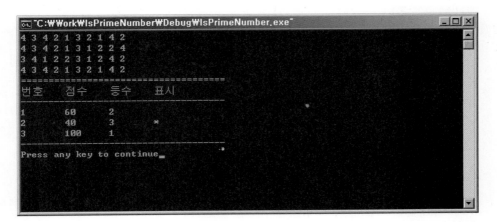

정확한 결과를 구했다면 디버깅할 필요는 없다. 디버깅은 적당한
입력에 정확한 결과를 구하지 못할 때, 논리 오류가 있을 때 논리
오류를 고치기 위해서 오류를 찾는 일이다. 그렇지만 프로그램이
작동하는 원리도 이해하고자 디버깅을 연습해보자.

CHAPTER 7

디버깅

07

|CHAPTER|

디버깅

정확한 결과를 구했으므로 디버깅할 필요는 없다. 디버깅은 적당한 입력에 정확한 결과를 구하지 못할 때, 논리 오류가 있을 때 논리 오류를 고치기 위해서 오류를 찾는 일이다. 그렇지만 프로그램이 작동하는 원리도 이해하고, 디버깅을 연습해보자.

디버깅하기 위해서는 먼저 디버깅을 하는 데 필요한 코드를 준비할 필요가 있다. 코드에 줄마다 번호를 매겨 디버깅용 코드를 만들자. 이때 학생 열 명의 답안을 입력하는 것은 비효율적이므로 학생 세 명의 답안을 입력받도록 하자. STUDENTS를 3으로 고치자.

C코드

```
001 : // Grade.c
002 : /*********************************************************
003 :   파일 이름 : Grade.c
004 :   기     능 : 정답들과 열 명의 학생의 답안들을 입력받아 채점하여 점수들,
005 :              등수들, 점수가 60점 미만인 학생에 대해 표시한다.
006 :   작 성 자 : 김 석 현
007 :   작성 일자 : 2014년 5월 19일
008 : *********************************************************/
009 : // 매크로(Macro)
010 : #include <stdio.h> // scanf, printf
011 :
012 : #define STUDENTS          3     // 학생 수
013 : #define QUESTIONS        10     // 문항의 개수
014 :
015 : // 자료형 이름(Type name) 선언
016 : typedef unsigned short int UShort;
017 :
018 : // 함수 선언 : 함수 원형(Function Prototype)
019 : int main(int argc, char *argv[]);
020 : void Input(UShort (*correctAnswers), UShort (*answers)[QUESTIONS]);
021 : void Grade(UShort (*correctAnswers), UShort (*answers)[QUESTIONS],
022 :   UShort (*scores), UShort (*ranks), char (*marks));
023 : void Output(UShort (*scores), UShort (*ranks), char (*marks));
```

```
024 :
025 :  // 함수 정의
026 :  int main(int argc, char *argv[]) {
027 :    UShort correctAnswers[QUESTIONS];
028 :    UShort answers[STUDENTS][QUESTIONS];
029 :    UShort scores[STUDENTS];
030 :    UShort ranks[STUDENTS];
031 :    char marks[STUDENTS];
032 :
033 :    Input(correctAnswers, answers);
034 :    Grade(correctAnswers, answers, scores, ranks, marks);
035 :    Output(scores, ranks, marks);
036 :
037 :    return 0;
038 :  }
039 :
040 :  /****************************************************************
041 :   함수 이름 : Input
042 :   기    능 : 키보드로 정답들과 답안들을 입력받는다.
043 :   입    력 : 없음
044 :   출    력 : 정답들, 답안들
045 :   ****************************************************************/
046 :  void Input(UShort (*correctAnswers), UShort (*answers)[QUESTIONS]) {
047 :    UShort i;
048 :    UShort j;
049 :
050 :    for(i = 0; i < QUESTIONS; i++) {
051 :        scanf("%hu", correctAnswers + i);
052 :    }
053 :
054 :    for(i = 0; i < STUDENTS; i++) {
055 :        for(j = 0; j < QUESTIONS; j++) {
056 :            scanf("%hu", answers[i] + j);
057 :        }
058 :    }
059 :  }
060 :
061 :  /****************************************************************
062 :   함수 이름 : Grade
063 :   기    능 : 정답들과 답안들을 입력받아 채점하여 점수들, 등수들, 표시들을 출력한다.
064 :   입    력 : 정답들, 답안들
065 :   출    력 : 점수들, 등수들, 표시들
066 :   ****************************************************************/
067 :  void Grade(UShort (*correctAnswers), UShort (*answers)[QUESTIONS],
068 :    UShort (*scores), UShort (*ranks), char (*marks)) {
069 :    UShort i;
070 :    UShort count;
071 :    UShort j;
072 :    UShort rank;
073 :
074 :    // 1. 정답들과 답안들을 입력받는다.
```

```
075 :     // 2. 학생 수만큼 반복한다.
076 :     for( i = 0; i < STUDENTS; i++) {
077 :         // 2.1. 점수를 매기다.
078 :         count = 0;
079 :         for(j = 0; j < QUESTIONS; j++) {
080 :             if(correctAnswers[j] == answers[i][j]) {
081 :                 count++;
082 :             }
083 :         }
084 :         scores[i] = count * 10;
085 :         // 2.2. 평가하다.
086 :         ( scores[i] < 60 ) ? (marks[i] = '*') : (marks[i] = ' ');
087 :     }
088 :     // 3. 학생 수만큼 반복한다.
089 :     for(i = 0; i < STUDENTS; i++) {
090 :         // 3.1. 등수를 매기다.
091 :         rank = 1;
092 :         for(j = 0; j < STUDENTS; j++) {
093 :             if(scores[i] < scores[j]) {
094 :                 rank++;
095 :             }
096 :         }
097 :         ranks[i] = rank;
098 :     }
099 :     // 4. 점수들, 등수들 그리고 표시들을 출력한다.
100 :     // 5. 끝내다.
101 : }
102 :
103 : /************************************************************
104 :   함수 이름 : Output
105 :   기    능 : 점수들, 등수들, 표시들을 모니터에 출력한다.
106 :   입    력 : 점수들, 등수들, 표시들
107 :   출    력 : 없음
108 :   ************************************************************/
109 : void Output(UShort (*scores), UShort (*ranks), char (*marks)) {
110 :   UShort i;
111 :
112 :   printf("==================================\n");
113 :   printf("번호\t점수\t등수\t표시\n");
114 :   printf("----------------------------------\n");
115 :   for( i = 0; i < STUDENTS; i++) {
116 :     printf("%d\t%d\t%d\t%c\n", i + 1,
117 :         scores[i], ranks[i], marks[i]);
118 :   }
119 :   printf("----------------------------------\n");
120 : }
```

다음은 입력이 있으므로 입력데이터들을 설계하자. 입력 예시에서 제시된 데이터들을 그
대로 사용하자.

[모범답안]

4	3	4	2	1	3	2	1	4	2

[학생답안] 한 줄에 한 명의 학생의 답안이다. 3명에 대해 입력된다.

4	3	4	2	1	3	1	2	2	4
3	4	1	2	2	3	1	2	4	2
4	3	4	2	1	3	2	1	4	2

다음은 메모리 맵을 작도하자. 정적으로 관리되는 코드 세그먼트와 DATA 데이터 세그먼트부터 작도하자. 함수 호출 순서로 주소가 낮은 쪽으로부터 높은 쪽으로 코드 세그먼트를 할당한다. 코드 세그먼트부터 작도해 보자.

C코드
```
026 : int main(int argc, char *argv[]) {
...
033 :    Input(correctAnswers, answers);
034 :    Grade(correctAnswers, answers, scores, ranks, marks);
035 :    Output(scores, ranks, marks);
...
038 : }
```

운영체제로부터 호출되는 main 함수가 제일 먼저 호출된다. 따라서 메모리 영역에서 가장 아래쪽에 일정한 크기의 사각형을 그리고 왼쪽에 main 함수 이름을 적는다. 그리고 main 함수 이름으로부터 아래쪽 시작위치를 가리키도록 화살표를 그린다.

다음은 main 함수를 정의하는 영역에서 보면 첫 번째로 호출되는 함수가 Input 함수가 호출된다. 따라서 Input 함수 코드 세그먼트를 작도해야 한다. main 함수 코드 스택 세그먼트 위쪽에 일정한 크기의 사각형을 작도한다. 그리고 왼쪽에 함수 이름 Input을 적고 함수 이름으로부터 사각형의 아래쪽 시작 위치를 가리키는 화살표를 그린다.

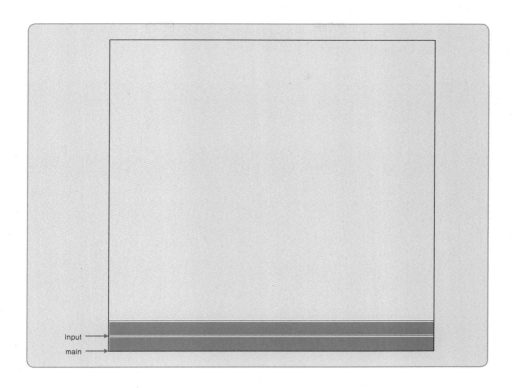

다음은 Input 함수를 정의하는 영역에서 호출되는 함수가 있는지 확인해서 있으면, 호출되는 함수 코드 세그먼트를 작도해야 한다.

C코드

```
046 : void Input(UShort (*correctAnswers), UShort (*answers)[QUESTIONS])
{
...
050 :   for(i = 0; i < QUESTIONS; i++) {
051 :       scanf("%hu", correctAnswers + i);
052 :   }
053 :
054 :   for(i = 0; i < STUDENTS; i++) {
055 :       for(j = 0; j < QUESTIONS; j++) {
056 :           scanf("%hu", answers[i] + j);
057 :       }
058 :   }
059 : }
```

Input 함수를 정의하는 영역을 보면, scanf 함수가 호출되고 있다. 따라서 scanf 함수 코드 세그먼트를 작도해야 한다. Input 코드 세그먼트 위쪽에 일정한 크기의 사각형을 그리고, 왼쪽에 함수 이름 scanf를 적고, 함수 이름으로부터 시작하여 사각형의 아래쪽 시작 위치로 가리키는 화살표를 그린다.

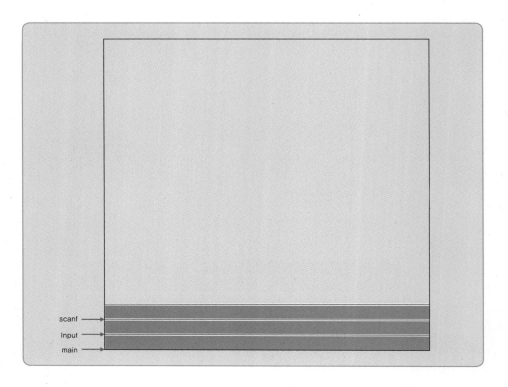

Input 함수를 정의하는 영역을 보면 scanf 함수가 여러 번 호출된다. 여러 번 호출된다고 해서 호출되는 횟수만큼 scanf 함수 코드 세그먼트를 할당하는 것은 아니다. 코드 세그먼트는 한 번만 할당된다. 이렇게 할당된 코드 세그먼트의 주소를 다른 호출 문장에서 참조할 뿐이다. 호출 문장마다 코드 세그먼트의 시작 주소를 적어야 하므로 링크라는 작업을 해야 한다는 것이다.

Input 함수에서 호출되는 함수에 대해 코드 세그먼트가 작도되었다면, 다시 main 함수를 정의하는 영역으로 되돌아간다. 그리고 Input 함수 호출 문장 다음에 호출되는 함수가 있는지 확인하고, 호출되는 함수가 있으면 코드 세그먼트를 작도한다.

```
026 : int main(int argc, char *argv[]) {
...
033 :   Input(correctAnswers, answers);
034 :   Grade(correctAnswers, answers, scores, ranks, marks);
035 :   Output(scores, ranks, marks);
...
038 : }
```

Input 함수 호출 문장 다음에 Grade 함수 호출 문장이 있다. 따라서 Grade 함수 코드 세
그먼트를 작도해야 한다.

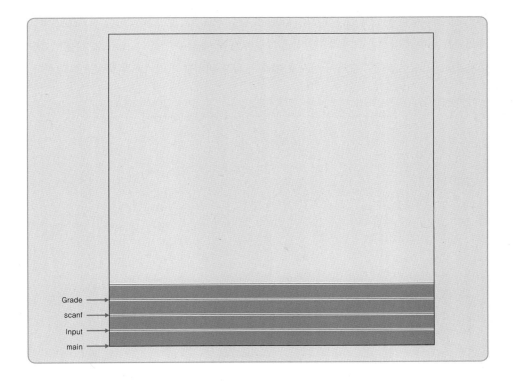

scanf 코드 세그먼트 위쪽에 일정한 크기의 사각형을 그린다. 왼쪽에 함수 이름 Grade를
적는다. 함수 이름 Grade로부터 사각형 아래쪽 시작 위치를 가리키는 화살표를 그린다.

다음은 Grade 함수를 정의하는 영역에서 함수 호출 문장을 찾는다. Grade 함수에서는 함
수를 호출하지 않는다. 따라서 코드 세그먼트가 작도되지 않는다.

다음은 main 함수를 정의하는 영역으로 다시 되돌린다. 그리고 Grade 함수 호출 문장 아래쪽에 함수 호출 문장이 있는지를 확인한다.

```
026 : int main(int argc, char *argv[]) {
...
033 :   Input(correctAnswers, answers);
034 :   Grade(correctAnswers, answers, scores, ranks, marks);
035 :   Output(scores, ranks, marks);
...
038 : }
```

Output 함수 호출 문장이 있다. 따라서 Output 함수 코드 세그먼트를 작도한다. Grade 코드 세그먼트 위쪽에 일정한 크기의 사각형을 그린다. 왼쪽에 함수 이름 Output을 적는다. 함수 이름 Output으로부터 시작하여 사각형 아래쪽 시작 위치를 가리키도록 화살표를 그린다.

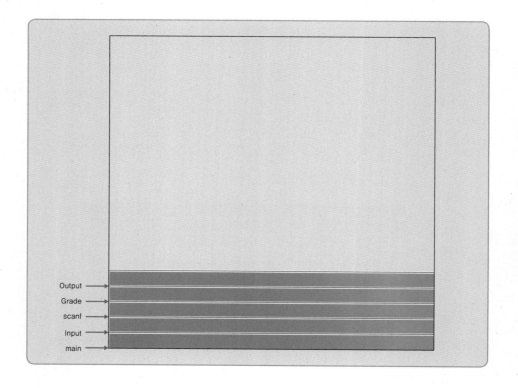

다음은 Output 함수를 정의하는 영역에서 호출되는 함수가 있는지 확인해서 있으면, 호출되는 함수 코드 세그먼트를 작도해야 한다.

C코드

```
109 : void Output(UShort (*scores), UShort (*ranks), char (*marks)) {
110 :   UShort i;
111 :
112 :   printf("===================================\n");
113 :   printf("번호\t점수\t등수\t표시\n");
114 :   printf("-----------------------------------\n");
115 :   for( i = 0; i < STUDENTS; i++) {
116 :       printf("%d\t%d\t%d\t%c\n", i + 1,
117 :              scores[i], ranks[i], marks[i]);
118 :   }
119 :   printf("-----------------------------------\n");
120 : }
```

다섯 개의 printf 함수 호출 문장이 있다. 따라서 printf 함수 코드 세그먼트를 작도해야 한
다. 한 개의 코드 세그먼트만 작도하면 된다. 같은 함수가 여러 번 호출된다고 같은 함수의
코드 세그먼트가 여러 개 할당되는 것은 아니다.

Output 함수 스택 세그먼트 위쪽에 일정한 크기의 사각형을 그린다. 왼쪽에 함수 이름
printf를 적는다. 함수 이름 printf로부터 시작하여 사각형의 아래쪽 시작 위치를 가리키
는 화살표를 그린다.

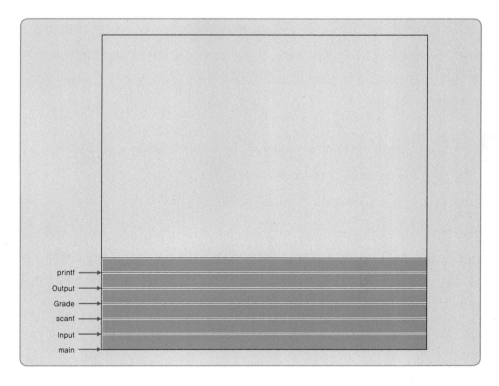

Output 함수를 정의하는 영역에서 함수 호출 문장에 대해 코드 세그먼트를 작도하는 것이 끝났으면, main 함수를 정의하는 영역으로 되돌아간다. 그리고 Output 함수 호출 문장 아래쪽에 함수 호출 문장이 있는지를 확인한다.

```
C코드
035 :    Output(scores, ranks, marks);
036 :
037 :    return 0;
038 : }
```

함수 호출 문장이 없고, return 문장이 있고 함수의 끝을 나타내는 닫는 중괄호가 있다. 더는 함수 호출 문장이 없다. 정적으로 관리되는 코드 세그먼트들이 모두 할당되었다.

다음은 정적으로 관리되는 DATA 데이터 세그먼트가 할당된다. 문자열 리터럴이 복사되어 저장된다. DATA 데이터 세그먼트는 마지막 코드 세그먼트 위쪽에 일정한 크기의 사각형을 그린다. 왼쪽에 DATA라고 데이터 세그먼트 이름을 적는다. 그리고 데이터 세그먼트에는 큰따옴표로 싸여져 있는 문자열을 적고 마지막에 널 문자('\0')를 적는다. C언어에서 널 문자는 문자열을 나타내는 표식(Marker)이다. DATA 데이터 세그먼트에 저장될 문자열 리터럴은 어디에 있는지 확인해 보자.

Input 함수에서 scanf 함수 호출 문장의 첫 번째 매개변수로 적힌 문자열 리터럴이 있다. 두 개의 scanf 함수 호출 문장이 있으므로 두 개의 문자열 리터럴이 DATA 데이터 세그먼트에 저장되어야 한다.

```
C코드
046 : void Input(UShort (*correctAnswers), UShort (*answers)[QUESTIONS]) {
...
051 :        scanf("%hu", correctAnswers + i);
...
056 :             scanf("%hu", answers[i] + j);
059 : }
```

Output 함수에서 printf 함수 호출 문장의 첫 번째 매개변수로 적힌 문자열 리터럴이 있다. 다섯 개의 printf 함수 호출 문장이 있으므로 다섯 개의 문자열 리터럴이 DATA 데이터 세그먼트에 저장되어야 한다.

C코드

```
109 : void Output(UShort (*scores), UShort (*ranks), char (*marks)) {
...
112 :    printf("=====================================\n");
113 :    printf("번호\t점수\t등수\t표시\n");
114 :    printf("-------------------------------------\n");
115 :    for( i = 0; i < STUDENTS; i++) {
116 :        printf("%d\t%d\t%d\t%c\n", i + 1,
117 :                scores[i], ranks[i], marks[i]);
118 :    }
119 :    printf("-------------------------------------\n");
120 : }
```

DATA 데이터 세그먼트에 아래쪽에서 위쪽으로 왼쪽에서 오른쪽으로 차례로 저장된다. 큰
따옴표에 적힌 문자열을 적고, 마지막에 널 문자를 적도록 해야 한다.

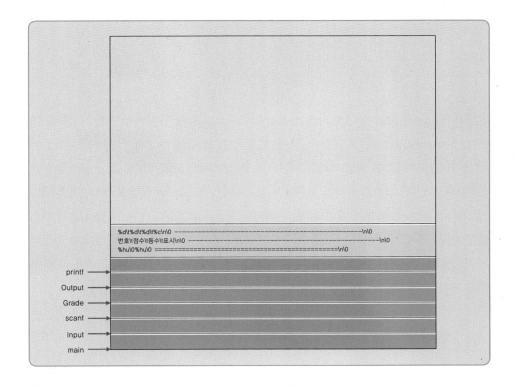

이렇게 정적으로 관리되는 코드 세그먼트와 DATA 데이터 세그먼트가 할당이 된 후 바로
main 함수가 실행된다. 따라서 main 함수에서 처리되는 변수나 배열을 할당할 main 함
수 스택 세그먼트가 할당된다. 주소가 높은 쪽에서 아래쪽으로 할당된다. 할당된 스택 세

그먼트에 변수와 배열이 할당된다.

메모리 맵을 작도할 때는 위쪽에서부터 아래쪽으로 적당한 사각형을 그린다. 왼쪽에 함수 이름 main을 적는다. 다음은 main 함수를 정의하는 영역을 보고, 변수에 대해서는 하나의 작은 사각형을 그리고 변수 이름을 적당한 위치에 적는다. 배열에 대해서는 배열 크기만큼 배열요소에 대해 연속적으로 작은 사각형을 그리고, 적당한 위치에 배열 이름을 적고, 배열이름으로부터 첫 번째 배열요소의 작은 사각형을 가리키도록 화살표를 그린다.

```
C코드
012 : #define STUDENTS        3    // 학생 수
013 : #define QUESTIONS       10    // 문항의 개수
...
026 : int main(int argc, char *argv[]) {
027 :    UShort correctAnswers[QUESTIONS];
028 :    UShort answers[STUDENTS][QUESTIONS];
029 :    UShort scores[STUDENTS];
030 :    UShort ranks[STUDENTS];
031 :    char marks[STUDENTS];
```

매개변수 argc와 argv에 대해 작은 사각형을 그리고 적당한 위치에 매개변수 이름을 적는다. correctAnswers는 배열이다. 1차원 배열이다. 한 줄에 배열 크기만큼 칸을 만들어야 한다. QUESTIONS 배열 크기가 10이므로 열 개의 배열요소에 대해 작은 사각형을 연속적으로 그린다. 그리고 적당한 위치에 배열 이름 correctAnswers라고 적고, 배열 이름으로부터 시작하여 첫 번째 배열요소를 가리키는 화살표를 그린다. 이는 배열 이름이 주소라는 것을 나타내는 것이다. 주소를 저장하는 기억장소가 없다. 다시 말해, 주소를 저장하는 사각형이 있어 주소를 저장하는 변수가 아니라 상수이다. 여기서 기억할 것은 배열 이름은 주소 상수라는 것이다.

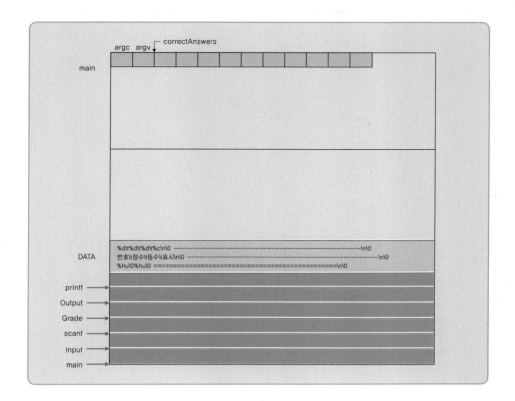

answers도 배열이다. 2차원 배열이다. 먼저 STUDENTS만큼 줄을 그린다. STUDENTS가 3이므로 세 개의 줄을 그린다. 그리고 한 줄마다 QUESTIONS만큼 열 개의 칸을 만든다. 다시 말해서 연속적으로 열 개의 작은 사각형을 그린다. 적당한 위치에 배열 이름 answers를 적고, 배열 이름으로부터 첫 번째 줄의 첫 번째 칸을 가리키도록 화살표를 그린다.

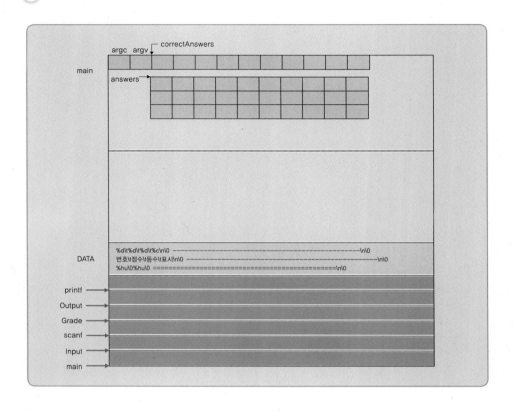

scores, ranks, marks는 1차원 배열이다. 한 줄에 배열 크기만큼 칸을 만든다. 배열 크기는 STUDENTS 3이므로 세 개의 작은 사각형을 연속으로 그린다. 그리고 적당한 위치에 배열 이름을 적고 배열 이름으로부터 첫 번째 배열요소를 가리키는 화살표를 그린다.

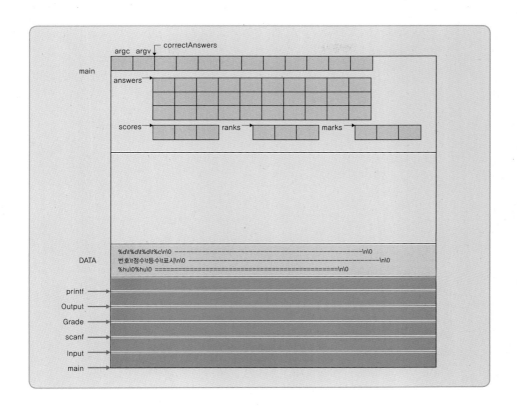

변수나 배열요소에 대해 값을 적는다. 초기화되어 있으면 초깃값으로, 그렇지 않으면 쓰레기로 물음표를 적는다. argc에는 1, argv에는 주소가 저장되므로 별표를 적는다. 배열들에는 초기화되어 있지 않으므로 모든 배열요소에 쓰레기가 저장되었으므로 물음표를 적는다.

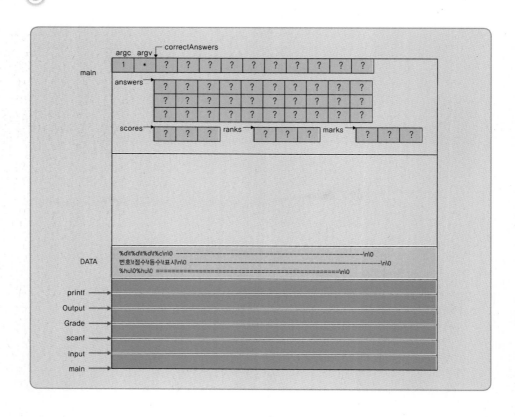

다음은 실행제어가 033번째 줄로 이동한다. Input 함수 호출 문장이다.

```
033 :   Input(correctAnswers, answers);
```

Input 함수가 호출되면, Input 함수 스택 세그먼트가 할당된다. main 함수 스택 세그먼트 아래쪽에 일정한 크기의 사각형을 그린다. 왼쪽에 함수 이름 Input을 적는다.

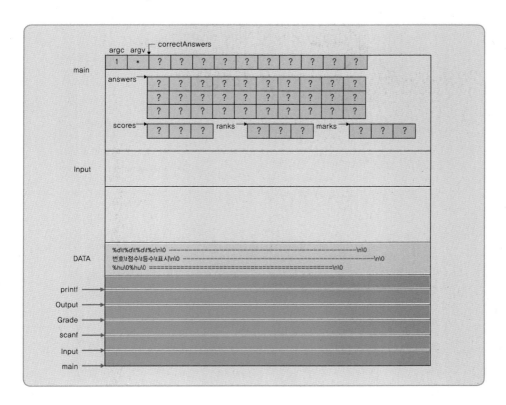

다음은 Input 함수를 정의하는 영역을 참고하여, 변수에 대해 Input 함수 스택 세그먼트 영역에 작은 사각형을 그린다. 그리고 작은 사각형 주위 적당한 위치에 변수 이름을 적는다. 매개변수부터 시작하여 자동변수 순으로 위쪽에서 아래쪽으로, 왼쪽으로 오른쪽으로 선언된 순서대로 작도한다. 따라서 correctAnswers, answers, i, j 순으로 작도한다.

C코드
```
046 : void Input(UShort (*correctAnswers), UShort (*answers)[QUESTIONS]) {
047 :   UShort i;
048 :   UShort j;
```

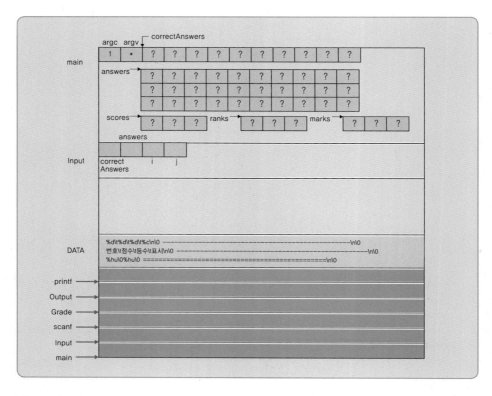

매개변수에 대해서는 호출 문장에서 사용된 값으로 자동변수에 대해서는 초깃값으로 사각형에 값을 적는다. 033번째 Input 함수 호출 문장을 보면, 배열 이름들이 적혀 있다. 배열 이름은 주소이다. 따라서 correctAnswers와 answers가 적힌 사각형에는 별표를 적고 별표로부터 시작하여 main 함수 스택 세그먼트에 할당된 correctAnswers 배열의 첫 번째 배열요소, answers 배열의 첫 번째 배열요소를 가리키도록 화살표를 그린다.

자동변수 i와 j는 초기화되지 않았으므로 쓰레기가 저장되어 있다. 따라서 i와 j가 적힌 작은 사각형에 물음표를 적는다.

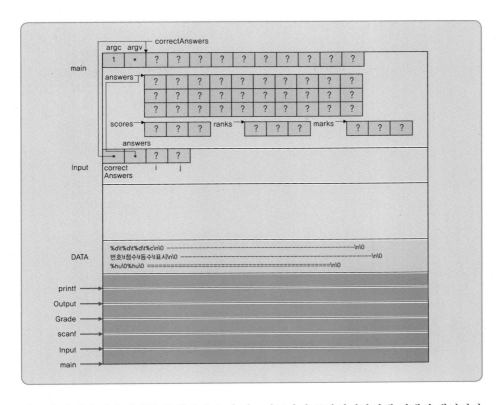

메모리 맵에서 가장 아래쪽에 할당된 스택 세그먼트만이 중앙처리장치에 의해서 데이터가 읽히고 쓰일 수 있는 스택 세그먼트이다. 해당 스택 세그먼트의 함수가 실행제어를 가진다는 말이다. 현재 메모리 맵을 보면, Input 함수 스택 세그먼트가 가장 아래쪽에 할당된 스택 세그먼트이다. 따라서 실행제어는 Input 함수에 있다. 실행제어는 050번째 줄로 이동한다.

C코드

```
050 :    for(i = 0; i < QUESTIONS; i++) {
051 :        scanf("%hu", correctAnswers + i);
052 :    }
```

for 반복문이다. 첫 번째로 반복제어변수의 초기식 i = 0을 평가한다. 초기식은 처음에 한 번만 평가한다. 여기서 평가하면, for 반복문이 끝날 때까지는 평가되지 않는다. 반복제어변수 i를 초기화한다. 메모리 맵에서 i가 적힌 변수에 물음표를 지우고 초깃값 0을 적는다.

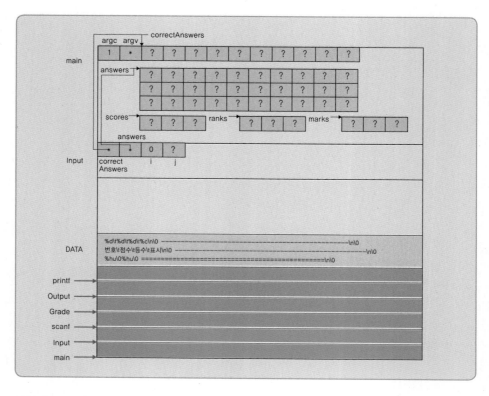

다음은 조건식 i 〈 QUESTIONS를 평가한다. i에 저장된 값 0과 QUESTIONS 10을 읽어 0이 10보다 작은지 관계식을 평가한다. 참이다. for 반복문은 진입 조건 반복구조이므로 참이면 반복하고 거짓이면 탈출한다. 참이므로 반복해서 처리해야 하는 문장으로 이동한다. 051번째 줄로 이동한다. scanf 함수 호출 문장이다. scanf 함수가 호출된다. 그러면 scanf 함수 스택 세그먼트가 Input 함수 스택 세그먼트 아래쪽에 할당된다. 메모리 맵에서 Input 함수 스택 세그먼트 아래쪽에 일정한 크기의 사각형을 그린다. 그리고 왼쪽에 함수 이름 scanf를 적는다.

C코드

```
050 :   for(i = 0; i < QUESTIONS; i++) {
051 :       scanf("%hu", correctAnswers + i);
052 :   }
```

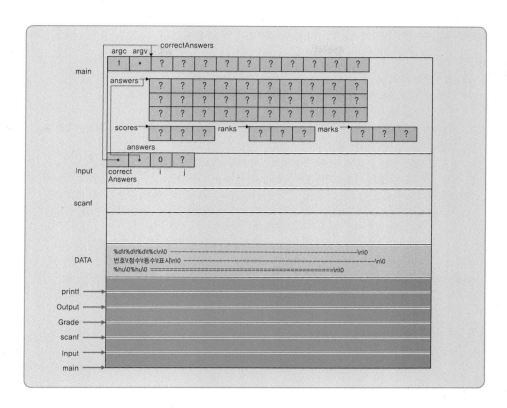

scanf 함수 호출 문장을 보면, 실인수가 "%hu"와 correctAnswers + i 두 개다. scanf 함
수 스택 세그먼트 영역에 작은 사각형을 두 개 그린다. scanf 함수는 라이브러리 함수라서
우리가 만들고 있는 사용자 정의 함수처럼 함수 정의 영역을 확인할 수 없으므로 사각형마
다 이름은 적지 않도록 하자.

먼저 배열요소의 주소를 구하는 형식을 정리하면 다음과 같다.

배열을 선언할 때 배열형을 강조하는 대괄호([])를 사용한 개수에 따라

(1) 1개이면 1차원 배열인데 여러 개의 칸로 구성된 배열이기 때문에 배열요소는 칸이다.

      배열이름(혹은 배열 포인터 변수이름) + 첨자 (칸의 주소)

(2) 2개이면 2차원 배열인데 여러 개의 줄로 구성된 배열이다. 기본적으로 줄은 한 개 이상의 칸으로 구성된다. 따라서 배열요소는 줄이 될 수도 있고, 칸이 될 수도 있다.

      배열이름(혹은 배열 포인터 변수이름)[첨자] (줄의 주소)

      배열이름(혹은 배열 포인터 변수이름)[첨자] + 첨자 (칸의 주소)

(3) 3개이면 3차원 배열인데 여러 개의 면으로 구성된 배열이다. 기본적으로 하나의 면은 한 개 이상의 줄로 구성되고, 줄은 또한, 한 개 이상의 칸으로 구성된다. 따라서 배열요소는 면, 줄 그리고 칸이 될 수 있다.

      배열이름(혹은 배열 포인터 변수이름)[첨자] (면의 주소)

      배열이름(혹은 배열 포인터 변수이름)[첨자][첨자] (줄의 주소)

      배열이름(혹은 배열 포인터 변수이름)[첨자][첨자] + 첨자 (칸의 주소)

결론적으로 차원의 개수보다 하나 적은 대괄호([])와 + 그리고 첨자로 배열요소의 주소를 구하면 된다.

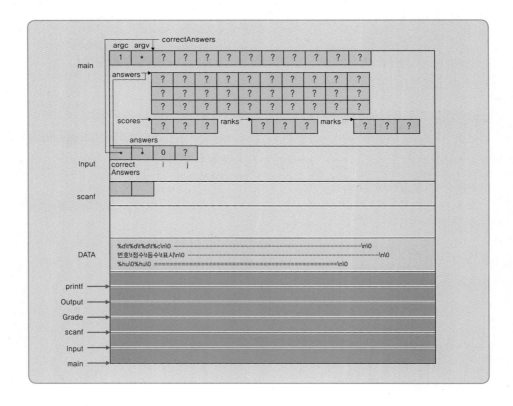

다음은 scanf 함수 스택 세그먼트에 할당된 기억장소에 값을 적어야 한다. scanf 함수 호출

문장을 보면, 첫 번째 실인수가 "%hu"이다. DATA 데이터 세그먼트에 저장된 문자열 리터 럴이다. 문자열 리터럴은 DATA 데이터 세그먼트에 할당된 문자 배열에 문자가 저장된 것이다. 배열 자체는 정보전달에서 입력과 출력에 사용되지 않고, 시작주소가 사용된다는 C언어의 문법에 따라 첫 번째 사각형에는 별표가 적혀야 하고, 별표로부터 시작하여 DATA 데이터 세그먼트에 저장된 문자열 리터럴의 첫 번째 글자 % 기호를 가리키도록 해야 한다.

두 번째 실인수는 correctAnswers + i이다. corretAnswers가 배열 포인터이다. 다시 말해서 배열의 시작주소가 저장된 변수이다. 포인터 변수 뒤에 +는 포인터 산술 연산자이다. 주소를 구하는 연산자이다. 첨자 i에 저장된 배열요소의 시작 주소를 구하는 것이다. i가 0이므로 첫 번째 배열요소의 시작주소를 구하는 것이다. C언어에서는 첨자는 0부터 시작하여 배열 크기 − 1만큼 범위를 가진다는 문법이다. 두 번째 사각형에도 별표가 적혀야 하고, 별표로부터 시작하여 main 함수 스택 세그먼트에 할당된 correctAnswers 배열의 첫 번째 배열요소의 맨 앞쪽을 가리키도록 화살표를 그려야 한다.

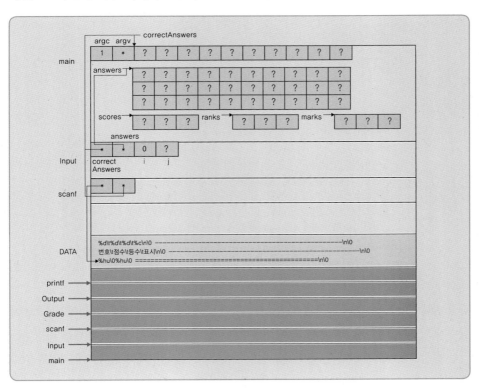

메모리 맵에서 가장 아래쪽에 있는 스택 세그먼트는 scanf 함수 스택 세그먼트이다. 따라서 실행제어는 scanf 함수가 가진다. 이러한 상태에서는 입력 대기 상태가 된다. 사용자가 키보드로 입력할 때까지 기다린다는 것이다. 사용자가 키보드로 앞에서 설계한 입력 데이터 4를 입력하면, 두 번째 기억장소에 저장된 주소를 갖는 기억장소에 4를 저장하게 된다. 메모리 맵을 보면, main 함수 스택 세그먼트에 할당된 배열 correctAnswers 배열의 첫 번째 배열요소에 4가 저장되게 된다. scanf 함수가 할 일을 다 했으므로 끝나게 된다. 따라서 scanf 함수 스택 세그먼트가 할당 해제된다. 메모리 맵에서는 scanf 함수 스택 세그먼트가 지워져야 한다.

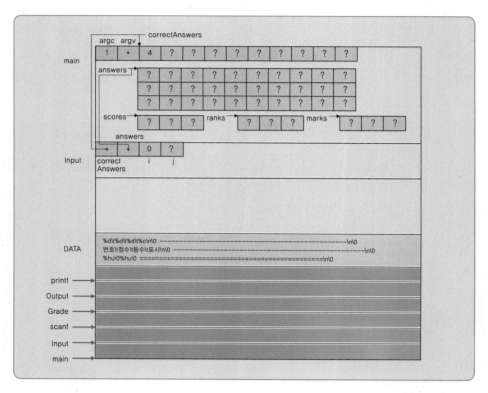

가장 아래쪽에 있는 스택 세그먼트가 Input 함수 스택 세그먼트이므로 실행제어는 Input 함수가 가진다. 따라서 052번째 줄로 이동한다. for 반복문의 제어블록의 끝을 나타내는 닫는 중괄호이므로 050번째 줄로 이동하여 변경식 i++을 평가해야 한다. i에 저장된 값 0을 읽어 1을 더하여 구한 값을 다시 i에 저장하게 한다.

```
050 :    for(i = 0; i < QUESTIONS; i++) {
051 :        scanf("%hu", correctAnswers + i);
052 :    }
```

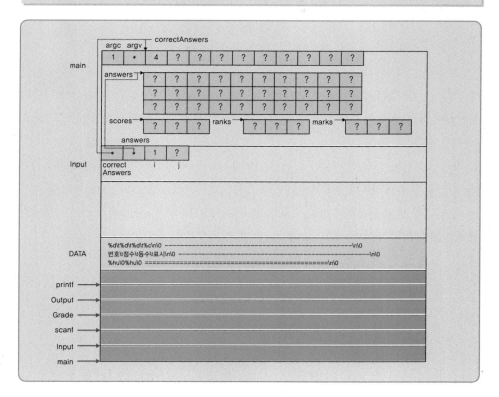

변경식을 평가했으므로 다음은 조건식 i < QUESTIONS를 평가해야 한다. i에 저장된 값 1을 읽고 QUESTIONS 10을 읽어 1이 10보다 작은지 관계식을 평가한다. 참이다. 반복해야 하므로 051번째 줄로 이동한다. scanf 함수 호출 문장이다. scanf 함수가 호출된다. 그러면 scanf 함수 스택 세그먼트가 Input 함수 스택 세그먼트 아래쪽에 할당된다. 메모리맵에서 Input 함수 스택 세그먼트 아래쪽에 일정한 크기의 사각형을 그린다. 그리고 왼쪽에 함수 이름 scanf를 적는다.

```
050 :   for(i = 0; i < QUESTIONS; i++) {
051 :       scanf("%hu", correctAnswers + i);
052 :   }
```

scanf 함수 호출 문장을 보면, 두 개의 실인수 %hu와 correctAnswers + i가 있다. 따라서 scanf 함수 스택 세그먼트에 두 개의 작은 사각형을 그린다. 그리고 첫 번째 인수가 문자열 리터럴이다. DATA 데이터 세그먼트에 할당된 문자 배열이다. 배열 자체는 정보전달에 사용되지 않고, 배열의 시작 주소가 사용된다. 그래서 첫 번째 사각형에 별표를 적고, 별표로부터 시작하여 DATA 데이터 세그먼트에 저장된 문자열 리터럴의 첫 번째 글자 % 기호를 가리키도록 화살표를 그린다. 두 번째 실인수 correctAnswers + i이 포인터 산술식이다. 주소를 구하는 식이다. i에 저장된 값이 1이므로 두 번째 배열요소의 시작 주소를 구하는 식이다. 두 번째 사각형에 별표를 적고, 별표로부터 시작하여 main 함수 스택 세그먼트에 할당된 배열의 두 번째 배열요소를 가리키도록 화살표를 그린다.

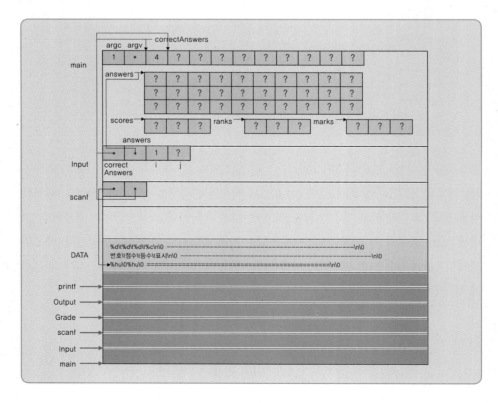

이러한 상태에서는 중앙처리장치에 의해서 데이터가 읽히고 쓰이는 함수 스택 세그먼트는 scanf 함수 스택 세그먼트이다. scanf 함수가 실행제어를 가진다. 사용자가 키보드로 데이터를 입력할 때까지 대기하게 된다. 사용자가 키보드로 3을 입력하게 되면, 두 번째 실인수로 복사된 주소를 갖는 기억장소인 main 함수 스택 세그먼트에 할당된 correctAnswers 배열의 두 번째 배열요소에 3을 저장하게 된다. 그리고 scanf 함수 스택 세그먼트가 할당 해제 된다. 메모리 맵에서 scanf 함수 스택 세그먼트가 지워져야 한다.

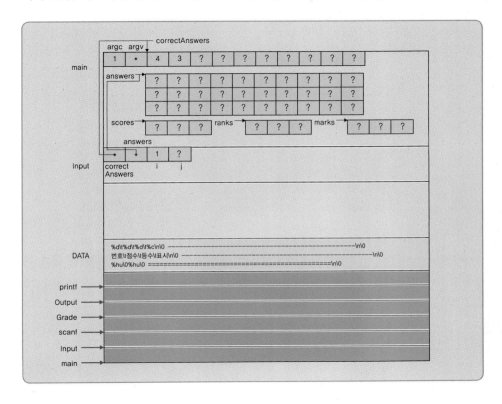

다시 Input 함수가 실행제어를 가지게 된다. 052번째 줄로 이동하는 데 for 반복문의 닫는 중괄호이므로 050번째 줄로 이동하여 i++ 변경식을 평가한다. 여기서부터 아홉 번째 배열요소까지 여러분이 직접 메모리 맵을 작도해 보도록 하자.

아홉 번째 배열요소에 키보드로 데이터가 입력된 후의 메모리 맵은 어떠할까. 앞에 설계된 입력데이터들로 메모리 맵을 작도해 보자.

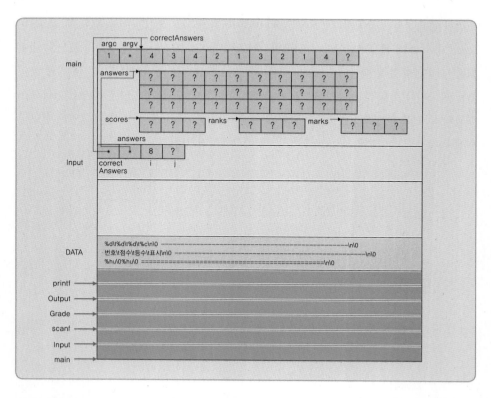

052번째 줄로 이동한다. for 반복문의 끝을 나타내는 닫는 중괄호이다. 050번째 줄로 이동하여 i++ 변경식을 평가해야 한다. i에 저장된 값 8을 읽어 1을 더하여 9를 구하여 i에 다시 저장한다.

C코드

```
050 :   for(i = 0; i < QUESTIONS; i++) {
051 :       scanf("%hu", correctAnswers + i);
052 :   }
```

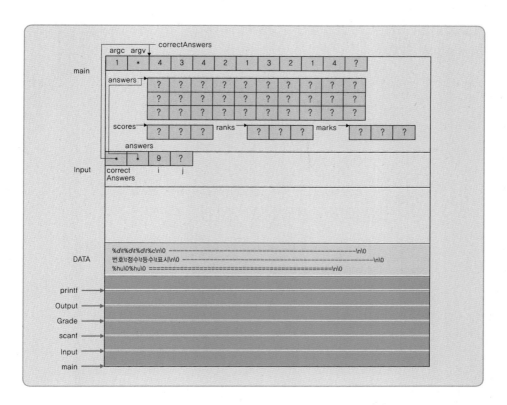

다음은 i < QUESTIONS 변경식을 평가한다. i에 저장된 값 9를 읽고 QUESTIONS 10
을 읽어 9가 10보다 작은지 관계식을 평가한다. 참이다. for 반복문장은 참이면 반복하는
진입 조건 반복구조이므로 051번째 줄로 이동한다. scanf 함수 호출 문장이다. "%hu"와
correctAnswers + i 두 개의 실인수가 적혀 있다. 둘 다 주소이다. C언어에서는 문자열 자
료형을 제공하지 않고, 문자 배열로 문자열을 표현하는 데 배열을 정보전달에 사용할 때
는 배열의 시작주소를 사용해야 한다. 포인터 변수에 사용되는 +는 포인터 산술 연산자로
특히 배열의 시작주소가 저장된 포인터 변수이면, i에 저장된 첨자가 9이므로 열 번째 배
열요소의 주소이다.

따라서 Input 함수 스택 세그먼트 아래쪽에 일정한 크기의 사각형을 그리고 왼쪽에 함수
이름 scanf를 적어 scanf 함수 스택 세그먼트를 그린다. 그리고 scanf 함수 스택 세그먼
트에 두 개의 작은 사각형을 그린다. 첫 번째 사각형에는 별표를 적고, 별표로부터 시작
하여 DATA 데이터 세그먼트에 할당된 문자 배열에 저장된 "%hu"의 첫 번째 글자 % 기
호를 가리키도록 화살표를 그린다. 두 번째 사각형에는 별표를 적고, 별표로부터 시작하

여 main 함수 스택 세그먼트에 할당된 correctAnswers의 열 번째 배열요소를 가리키도록 화살표를 그린다.

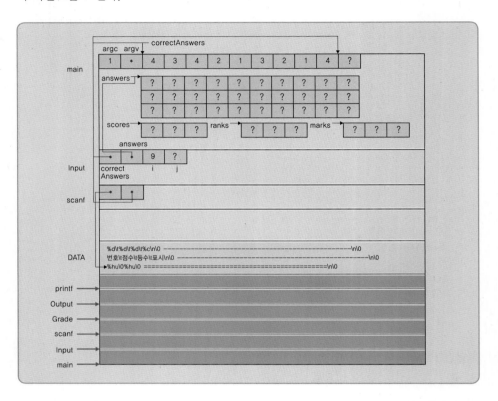

scanf 함수 스택 세그먼트가 가장 아래쪽에 그려져 있으므로 scanf 함수가 실행제어를 가진다. 사용자가 키보드로 입력할 때까지 대기한다. 사용자가 키보드로 2를 입력하면, main 함수 스택 세그먼트에 할당된 correctAnswers 배열의 열 번째 배열요소에 2가 저장된다. 그리고 scanf 함수는 끝나게 된다. 따라서 scanf 함수 스택 세그먼트가 할당 해제된다.

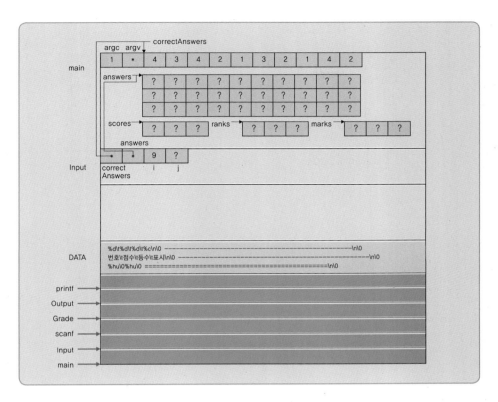

051번째 scanf 함수 호출 문장이 실행되었기 때문에 다음은 052번째 줄로 이동한다. for 반복문의 제어블록의 끝을 나타내는 닫는 중괄호이므로 050번째로 이동하여 i++ 변경식을 평가해야 한다. i에 저장된 값 9를 읽어 1을 더하여 구한 값 10을 i에 저장한다.

```
050 :   for(i = 0; i < QUESTIONS; i++) {
051 :       scanf("%hu", correctAnswers + i);
052 :   }
```

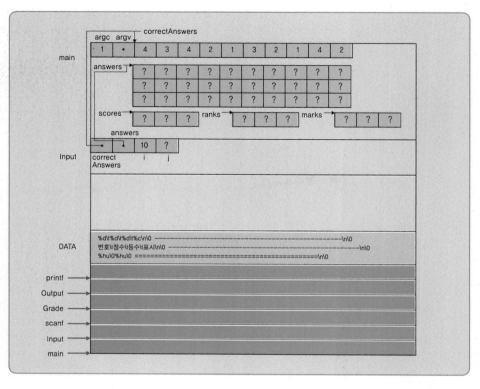

```
050 :    for(i = 0; i < QUESTIONS; i++) {
051 :        scanf("%hu", correctAnswers + i);
052 :    }
```

반복구조이므로 변경식을 평가했으면, 다음은 조건식을 평가하여 계속할지 아니면 탈출할지를
결정해야 한다. i 〈 QUESTIONS 관계식을 평가하자. i에 저장된 값 10을 읽고 QUESTIONS
10을 읽어 10이 10보다 작은지 관계식을 평가한다. 10이 10보다 작지 않아 거짓으로 평가된다.
for 반복문은 진입 조건 반복구조이므로 조건식을 평가했을 때 거짓이면 탈출한다. 따라서
for 반복문의 제어블록을 건너뛰어 054번째 줄로 이동한다.

다음은 학생들의 답안들을 입력하는 반복문이다. 054번째 줄의 for 반복문에서 초기식으
로 반복제어변수 i에 0을 저장한다.

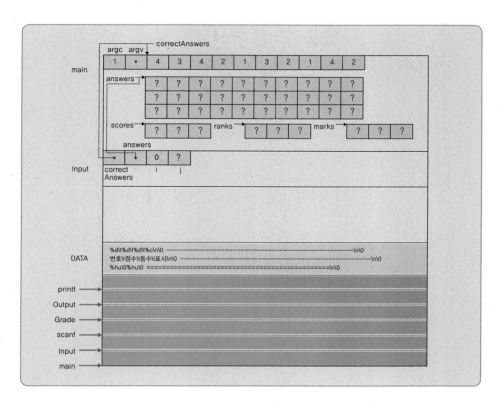

다음은 반복문이므로 i < STUDENTS 조건식을 평가한다. i에 저장된 값 0을 읽고 STUDENTS 3을 읽어 1이 3보다 작은지 관계식을 평가한다. 참이다. for 반복문은 진입 조건 반복구조이므로 조건식을 평가했을 때 참이면 반복한다. 따라서 055번째 줄로 이동한다. for 반복문이다. j = 0 초기식을 평가해야 한다. j에 0을 저장한다.

C코드

```
054 :   for(i = 0; i < STUDENTS; i++) {
055 :       for(j = 0; j < QUESTIONS; j++) {
056 :           scanf("%hu", answers[i] + j);
057 :       }
058 :   }
```

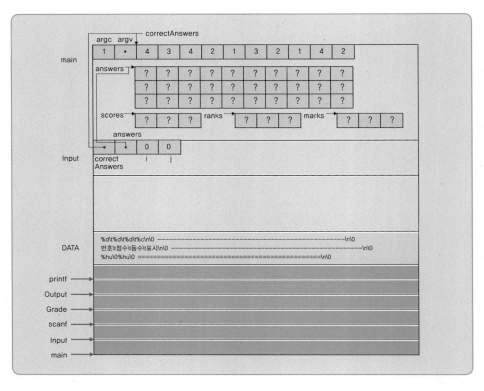

```
054 :   for(i = 0; i < STUDENTS; i++) {
055 :       for(j = 0; j < QUESTIONS; j++) {
056 :           scanf("%hu", answers[i] + j);
057 :       }
058 :   }
```

다음은 j〈QUESTIONS 조건식을 평가한다. j에 저장된 값 0을 읽고 QUESTIONS 10을
읽어 0이 10보다 작은지 관계식을 평가한다. 참이다. for 반복문이므로 조건식을 평가하
여 참이므로 반복해야 한다. 따라서 056번째 줄로 이동한다. scanf 함수 호출 문장이다.
scanf 함수 스택 세그먼트가 할당된다. Input 함수 스택 세그먼트 아래쪽에 일정한 크기
의 사각형을 그린다. 그리고 왼쪽에 scanf 함수 이름을 적는다. scanf 함수 호출 문장을 보
면, 두 개의 실인수가 있다. 따라서 작은 사각형 두 개를 scanf 함수 스택 세그먼트 영역에
그린다. 첫 번째 사각형에는 첫 번째 실인수 "%hu"에 대해 값을 적으면 된다. 문자열 리
터럴이다. 메모리 맵의 DATA 데이터 세그먼트를 보면 문자 배열로 할당되어 저장되어 있

다. 배열 자체는 정보전달에 사용되지 않고, 배열의 시작주소가 사용된다. 그래서 첫 번째 사각형에 별표를 적고, 별표로부터 시작하여 DATA 데이터 세그먼트에 저장된 문자열 리터럴의 첫 번째 글자 % 기호를 가리키도록 화살표를 그린다.

배열요소의 주소를 구하는 형식을 정리하면 다음과 같다.

정리

배열을 선언할 때 배열형을 강조하는 대괄호([])를 사용한 개수에 따라
(1) 1개이면 1차원 배열인데 여러 개의 칸로 구성된 배열이기 때문에 배열요소는 칸이다.
  배열이름(혹은 배열 포인터 변수이름) + 첨자 (칸의 주소)
(2) 2개이면 2차원 배열인데 여러 개의 줄로 구성된 배열이다. 기본적으로 줄은 한 개 이상의 칸으로 구성된다. 따라서 배열요소는 줄이 될 수도 있고, 칸이 될 수도 있다.
  배열이름(혹은 배열 포인터 변수이름)[첨자] (줄의 주소)
  배열이름(혹은 배열 포인터 변수이름)[첨자] + 첨자 (칸의 주소)
(3) 3개이면 3차원 배열인데 여러 개의 면으로 구성된 배열이다. 기본적으로 하나의 면은 한 개 이상의 줄로 구성되고, 줄은 또한, 한 개 이상의 칸으로 구성된다. 따라서 배열요소는 면, 줄 그리고 칸이 될 수 있다.
  배열이름(혹은 배열 포인터 변수이름)[첨자] (면의 주소)
  배열이름(혹은 배열 포인터 변수이름)[첨자][첨자] (줄의 주소)
  배열이름(혹은 배열 포인터 변수이름)[첨자][첨자] + 첨자 (칸의 주소)
결론적으로 차원의 개수보다 하나 적은 대괄호([])와 + 그리고 첨자로 배열요소의 주소를 구하면 된다.

두 번째 사각형에는 두 번째 실인수 answers[i] + j에 대해 값을 적으면 된다. answers[i]는 배열 이름이다. 따라서 주소이다. 왜 그러할까? 컴퓨터에서는 2차원 배열의 배열요소는 배열이다. 여기서는 열 개의 칸을 배열요소로 갖는 배열이다. 따라서 첨자 i로 첨자 연산자를 사용하면 배열 요소에 저장된 값이다. 배열요소에 저장된 값이 1차원 배열이므로, 다른 말로는 배열 이름이므로 배열의 시작 주소이다. i에 저장된 값이 0이므로 첫 번째 배열요소에 저장된 값이므로 첫 번째 줄에 열 개의 배열요소로 구성된 1차원 배열의 시작 주소이다.

+는 첨자를 이용하여 첨자에 해당하는 번째의 배열요소의 주소를 구하는 포인터 산술 연산자이다. answers[i]는 1차원 배열의 시작주소이므로 + j는 j에 저장된 값이 0이므로 첨자 0에 해당하는 answers 배열의 첫 번째 줄의 첫 번째 배열요소의 주소를 구하게 된다.

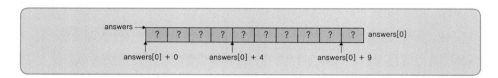

따라서 두 번째 사각형에는 별표를 적고, 별표로부터 시작하여 첫 번째 줄의 첫 번째 칸의 시작위치를 가리키도록 화살표를 그린다.

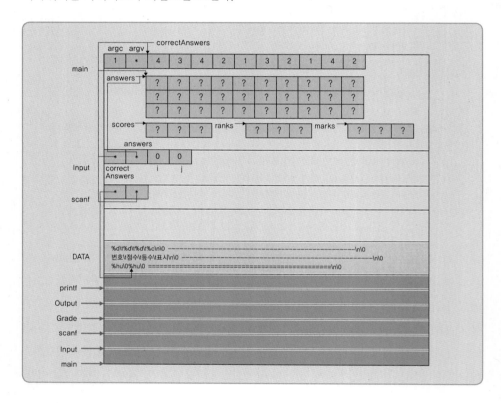

이 상태에서 사용자가 키보드로 데이터를 입력할 때까지 대기한다. 사용자가 키보드로 4 를 입력하면, 첫 번째 줄의 첫 번째 칸에 4가 저장된다.

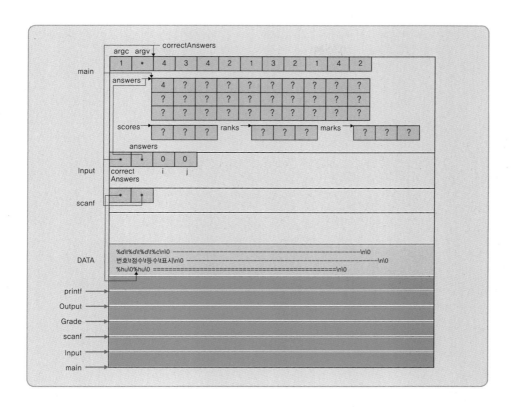

그리고 scanf 함수는 끝나게 된다. scanf 함수 스택 세그먼트가 할당 해제된다. Input 함수 스택 세그먼트가 중앙처리장치에 의해서 데이터가 읽히고 쓰일 수 있는 스택 세그먼트이다. 따라서 실행제어는 Input 함수로 이동된다. 057번째 줄로 실행제어가 이동하는 데, j를 반복제어변수로 하는 for 반복문의 끝을 나타내는 닫는 중괄호이다. 따라서 055번째 줄로 이동하는데, j++ 변경식을 평가해야 한다. j에 저장된 값인 0을 읽어 1을 더하여 구한 값 1을 j에 다시 저장한다.

C코드

```
054 :   for(i = 0; i < STUDENTS; i++) {
055 :       for(j = 0; j < QUESTIONS; j++) {
056 :           scanf("%hu", answers[i] + j);
057 :       }
058 :   }
```

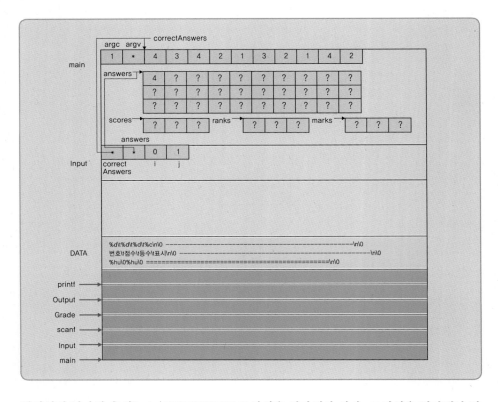

변경식이 평가된 후에는 j 〈 QUESTIONS 조건식을 평가해야 한다. 조건식을 평가해야 반복할지 탈출할지를 결정할 수 있기 때문이다. j에 저장된 값 1과 QUESTIONS 10을 읽어 1이 10보다 작은지를 평가한다. 작다. 조건식을 평가한 값이 참이므로 반복해야 한다. 실행제어가 056번째 줄로 이동한다. scanf 함수 호출 문장이다. scanf 함수가 실행된다. scanf 함수 스택 세그먼트가 할당되고, 두 개의 값이 복사되므로 최소한 기억장소 두 개가 할당될 것이고, 복사된 값이 저장될 것이다.

첫 번째 실인수 문자열 리터럴 "%hu" 에 대해 첫 번째 사각형에 별표를 적고, 별표로부터 시작하여 DATA 데이터 세그먼트에 저장된 문자열 리터럴의 첫 번째 글자 % 기호를 가리키도록 화살표를 그린다.

두 번째 실인수 answers[i] + j에 대해 두 번째 사각형에는 별표를 적고, i에 저장된 값이 0이므로 첫 번째 줄, j에 저장된 값이 1이므로 두 번째 칸을 가리키도록 화살표를 작도하면 된다.

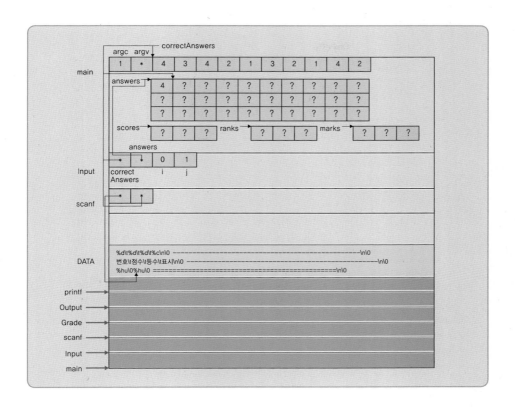

입력 대기 상태이다. 사용자가 키보드로 수를 입력할 때까지 대기하게 된다. 사용자가 키보드로 3을 입력하면, 첫 번째 줄의 두 번째 칸에 3이 저장된다.

```
054 :   for(i = 0; i < STUDENTS; i++) {
055 :       for(j = 0; j < QUESTIONS; j++) {
056 :           scanf("%hu", answers[i] + j);
057 :       }
058 :   }
```

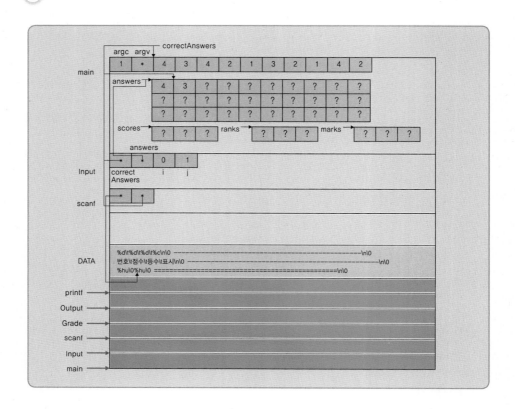

입력이 끝나게 되면, scanf 함수 스택 세그먼트가 할당 해제된다.

```
054 :    for(i = 0; i < STUDENTS; i++) {
055 :       for(j = 0; j < QUESTIONS; j++) {
056 :            scanf("%hu", answers[i] + j);
057 :       }
058 :    }
```

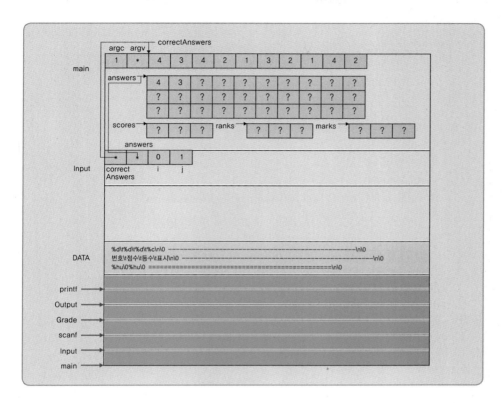

다음은 여러분이 세 번째부터 아홉 번째까지 메모리 맵으로 직접 디버깅해 보자. 귀찮아하지 말고 직접 하도록 하자.

아홉 번째까지 실행했을 때 메모리 맵은 다음과 같다. 여러분이 작성한 메모리 맵과 비교해 보자.

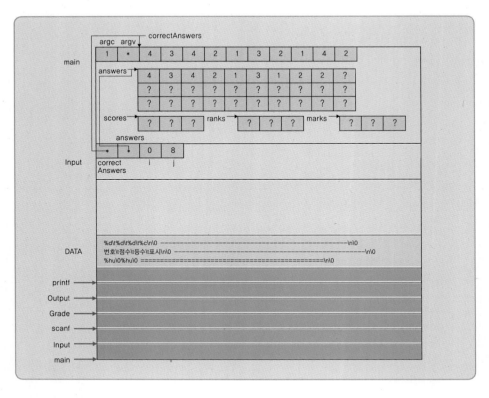

다음은 실행제어가 057번째 줄로 이동하게 된다. j를 반복제어변수로 하는 for 반복문의 제
어블록의 끝을 나타내는 닫는 중괄호이다. 따라서 실행제어는 055번째 줄로 이동하여 변경
식 j++을 평가한다. j에 저장된 값 8을 읽어 1을 더하여 구한 9를 j에 저장한다.

```
054 :    for(i = 0; i < STUDENTS; i++) {
055 :        for(j = 0; j < QUESTIONS; j++) {
056 :            scanf("%hu", answers[i] + j);
057 :        }
058 :    }
```

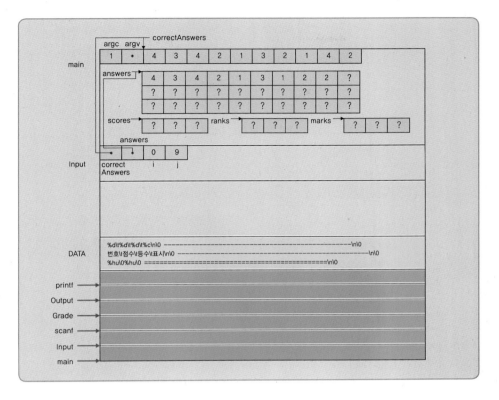

다음은 반복문장이므로 조건식 j 〈 QUESTIONS를 평가한다. 평가한 결과에 따라 반복할지 탈출할지를 결정하게 된다. j에 저장된 값 9와 QUESTIONS 10을 읽어 9가 10보다 작은지를 평가한다. 참이다. for 반복문은 선 검사 반복구조이므로 반복해야 한다. 따라서 실행제어는 056번째 줄로 이동한다. scanf 함수 호출 문장이다. scanf 함수가 실행된다. 따라서 scanf 함수 스택 세그먼트가 할당되고, 두 개의 값이 복사되므로 최소한 기억장소 두 개가 할당될 것이고, 복사된 값이 저장될 것이다.

첫 번째 실인수 문자열 리터럴 "%hu"에 대해 첫 번째 사각형에 별표를 적고, 별표로부터 시작하여 DATA 데이터 세그먼트에 저장된 문자열 리터럴의 첫 번째 글자 % 기호를 가리키도록 화살표를 그린다.

두 번째 실인수 answers[i] + j에 대해 두 번째 사각형에는 별표를 적고, i에 저장된 값이 0이므로 첫 번째 줄 j에 저장된 값이 9이므로 열 번째 칸을 가리키도록 화살표를 작도하면 된다.

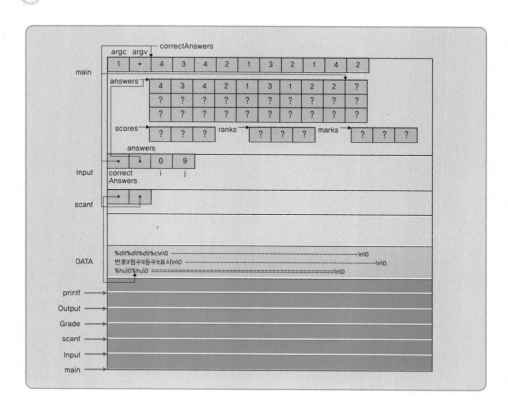

키보드로 4를 입력하자. 첫 번째 줄의 열 번째 칸에 4가 저장된다. 그리고 scanf 함수 스택 세그먼트가 할당 해제된다.

```
054 :    for(i = 0; i < STUDENTS; i++) {
055 :        for(j = 0; j < QUESTIONS; j++) {
056 :            scanf("%hu", answers[i] + j);
057 :        }
058 :    }
```

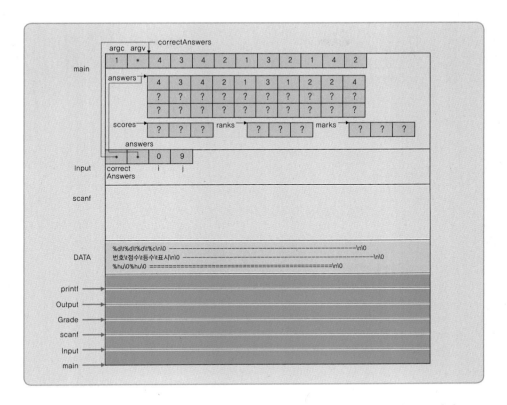

scanf 함수 호출 문장의 실행이 끝났다. 실행제어가 Input 함수로 이동된다. 057번째 줄로
이동한다. j를 반복제어변수로 하는 for 반복문의 제어블록을 나타내는 닫는 중괄호이다.
따라서 실행제어는 055번째 줄의 j++ 변경식으로 이동한다. 변경식을 평가하면, j에 저장
된 값 9를 읽어 1을 더하여 구한 값 10을 j에 저장한다.

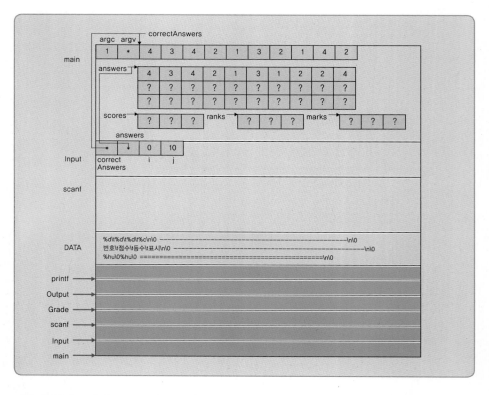

다음은 반복문장이므로 조건식 j 〈 QUESTIONS를 평가한다. 평가한 결과에 따라 반복할지 탈출할지를 결정하게 된다. j에 저장된 값 10과 QUESTIONS 10을 읽어 10이 10보다 작은지를 평가한다. 거짓이다. for 반복문은 선 검사 반복구조이므로 탈출해야 한다.

058번째 줄로 이동한다. i를 반복제어변수로 하는 for 반복문장의 제어블록의 끝을 나타내는 닫는 중괄호이다. 따라서 054번째 줄로 이동하여 i++ 변경식을 평가한다. i에 저장된 값 0을 읽어 1을 더하여 1을 구하고 i에 저장한다.

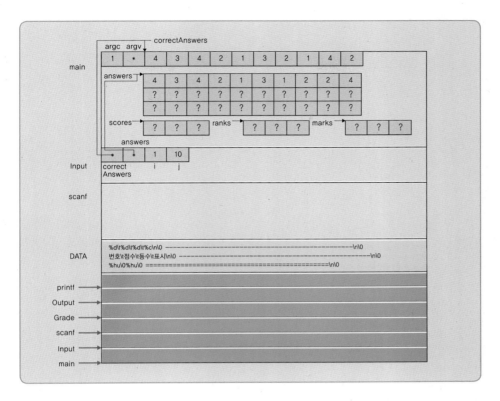

다음은 i < STUDENTS 조건식을 평가한다. i에 저장된 값 1과 STUDENTS 3을 읽어 1이 3보다 작은지에 대해 평가한다. 참이다. for 반복문장이므로 반복해야 한다. 055번째 줄로 이동한다. j = 0 초기식을 평가한다.

C코드

```
054 :    for(i = 0; i < STUDENTS; i++) {
055 :        for(j = 0; j < QUESTIONS; j++) {
056 :            scanf("%hu", answers[i] + j);
057 :        }
058 :    }
```

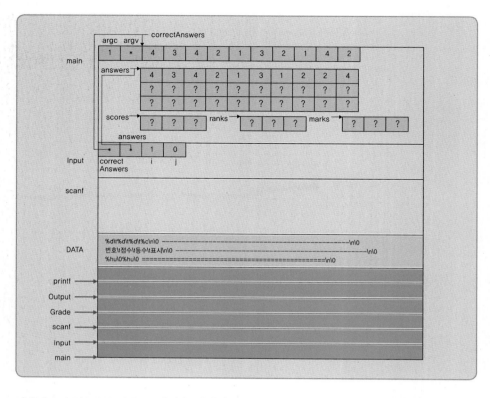

다음은 j 〈 QUESTIONS 조건식을 평가한다. j에 저장된 값 0과 QUESTIONS 10을 읽어 0 이 10보다 작은지에 대해 평가한다. 참이다. 반복해야 해서 056번째 줄로 이동한다. scanf 함수 호출 문장이다. scanf 함수가 실행되면, scanf 함수 스택 세그먼트가 할당되고, 함수 호출 문장에 적힌 실인수 개수만큼 기억장소가 할당되고, 실인수가 복사되어 저장되게 된다.

Input 함수 스택 세그먼트 아래쪽에 일정한 크기의 사각형을 그리고, 왼쪽에 scanf 함수 이름을 적는다. 함수 스택 세그먼트 영역에 작은 사각형을 두 개 그린다.

첫 번째 실인수 문자열 리터럴 "%hu" 에 대해 첫 번째 사각형에 별표를 적고, 별표로부터 시작하여 DATA 데이터 세그먼트에 저장된 문자열 리터럴의 첫 번째 글자 % 기호를 가리 키도록 화살표를 그린다.

두 번째 실인수 answers[i] + j에 대해 두 번째 사각형에는 별표를 적고, i에 저장된 값이 1이 므로 두 번째 줄, j에 저장된 값이 0이므로 첫 번째 칸을 가리키도록 화살표를 작도하면 된다.

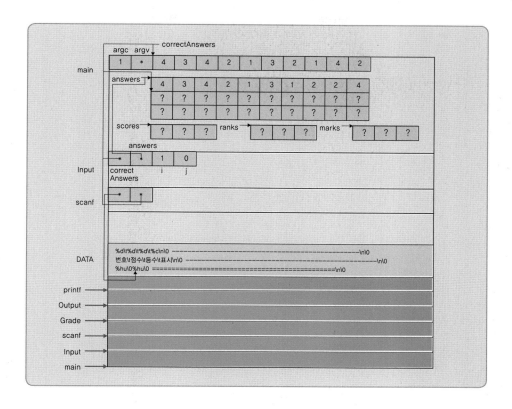

키보드로 3을 입력하자. 어디에 저장될까? 두 번째 줄의 첫 번째 칸에 3이 저장되게 된다. 키보드 처리가 끝나면, scanf 함수의 실행이 끝나게 된다. scanf 함수 스택 세그먼트가 할당 해제된다.

C코드

```
054 :    for(i = 0; i < STUDENTS; i++) {
055 :        for(j = 0; j < QUESTIONS; j++) {
056 :            scanf("%hu", answers[i] + j);
057 :        }
058 :    }
```

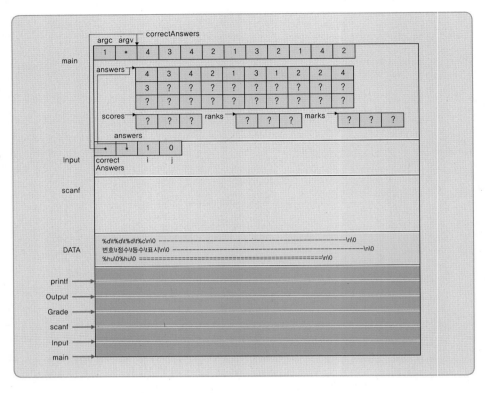

실행제어가 Input 함수로 이동하여 057번째 줄로 이동한다. j가 반복제어변수인 for 반복
문장의 제어블록의 끝을 나타내는 닫는 중괄호이다. 따라서 055번째 줄로 이동하여 j++
변경식을 평가한다. j에 저장된 값인 0을 읽고 1을 더하여 구한 값 1을 j에 저장한다.

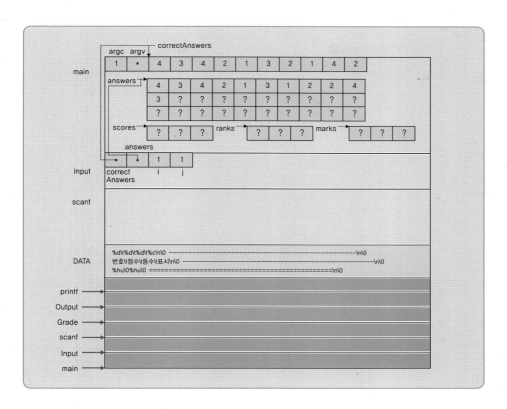

반복문장에서 변경식을 평가한 다음은 조건식을 평가해야 한다. j < QUESTIONS 조건식을 평가해야 한다. j에 저장된 값 1과 QUESTIONS 10을 읽어 1이 10보다 작은지에 대해 평가한다. 참이다. 반복해야 한다.

C코드

```
054 :    for(i = 0; i < STUDENTS; i++) {
055 :        for(j = 0; j < QUESTIONS; j++) {
056 :            scanf("%hu", answers[i] + j);
057 :        }
058 :    }
```

여기서부터는 여러분이 세 번째 줄의 아홉 번째 칸에 답이 저장될 때까지 직접 디버깅하자. 귀찮아하지 말고, 반드시 해 보도록 하자.

세 번째 줄의 아홉 번째 칸까지 디버깅했다면, 다음과 같이 메모리 맵이 작도될 것이다. 여러분이 작성한 메모리 맵과 비교해 보자.

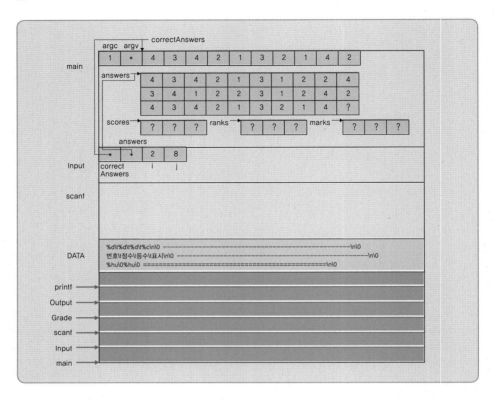

마무리해 보자. 세 번째 줄의 아홉 번째 칸에 수를 저장했다면, scanf 함수 호출 문장의 실행이 끝나 scanf 함수 스택 세그먼트가 할당 해제된다. 따라서 실행제어가 Input 함수로 이동된다. 057번째 줄로 이동한다. j가 반복제어변수인 for 반복문장의 끝을 나타내는 닫는 중괄호이다. 반복문장이므로 반복제어변수 j의 변경식을 평가해야 하므로 055번째 줄로 이동하여 j++ 변경식을 평가해야 한다. j에 저장된 값 8을 읽어 1을 더하여 9를 만든 다음 j에 저장하게 된다.

C코드

```
054 :    for(i = 0; i < STUDENTS; i++) {
055 :       for(j = 0; j < QUESTIONS; j++) {
056 :          scanf("%hu", answers[i] + j);
057 :       }
058 :    }
```

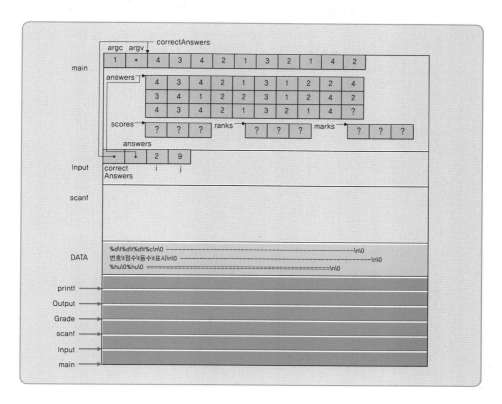

다음은 조건식을 평가해야 한다. j〈QUESTIONS 조건식이다. j에 저장된 값 9와 QUESTIONS 10을 읽어 9가 10보다 작은지에 대해 평가한다. 참이다. for 반복문은 진입 조건 반복구조이므로 반복해야 한다. 056번째 줄로 이동한다. scanf 함수 호출 문장이다.

scanf 함수가 실행되면, scanf 함수 스택 세그먼트가 할당되고, 함수 호출 문장에 적힌 실인수 개수만큼 기억장소가 할당되고, 실인수가 복사되어 저장되게 된다.

Input 함수 스택 세그먼트 아래쪽에 일정한 크기의 사각형을 그리고, 왼쪽에 scanf 함수 이름을 적는다. 함수 스택 세그먼트 영역에 작은 사각형을 두 개 그린다. 첫 번째 실인수 문자열 리터럴 "%hu"에 대해 첫 번째 사각형에 별표를 적고, 별표로부터 시작하여 DATA 데이터 세그먼트에 저장된 문자열 리터럴의 첫 번째 글자 % 기호를 가리키도록 화살표를 그린다.

두 번째 실인수 answers[i] + j에 대해 두 번째 사각형에는 별표를 적고, i에 저장된 값이 2이므로 세 번째 줄, j에 저장된 값이 9이므로 열 번째 칸을 가리키도록 화살표를 작도하면 된다.

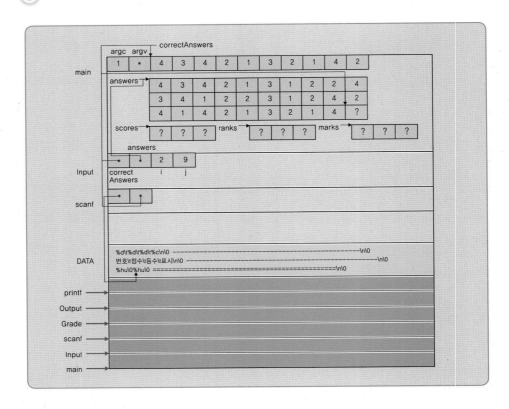

따라서 키보드로 2를 입력하면, 세 번째 줄의 열 번째 칸에 2가 저장된다. scanf 함수는 주소를 갖는 기억장소에 키보드로 입력한 데이터를 저장하기 때문이다.

```
054 :   for(i = 0; i < STUDENTS; i++) {
055 :       for(j = 0; j < QUESTIONS; j++) {
056 :           scanf("%hu", answers[i] + j);
057 :       }
058 :   }
```

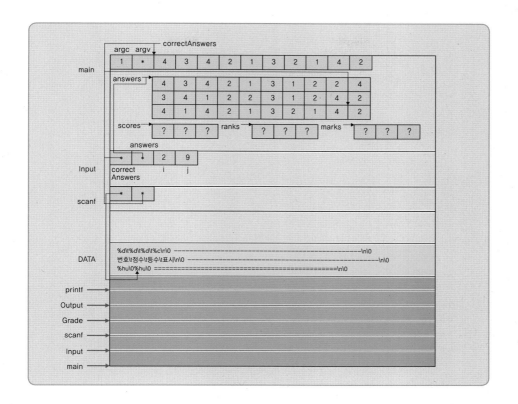

키보드로 입력이 끝났다면, scanf 함수 호출 문장의 실행이 끝난다. 따라서 scanf 함수 스택 세그먼트가 할당 해제된다.

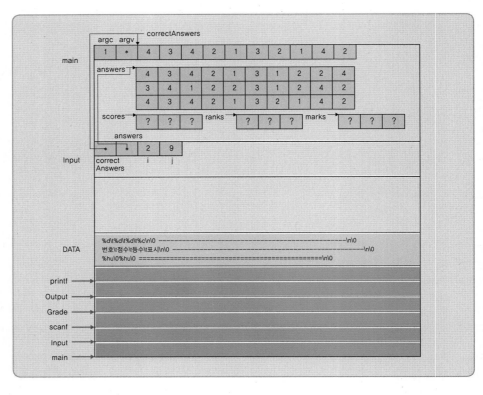

따라서 중앙처리장치에 의해서 데이터가 읽히고 쓰이는 함수 스택 세그먼트의 코드 세그 먼트에서 명령어를 읽어야 하므로 실행제어는 Input 함수로 이동하게 된다. 057번째 줄로 이동한다. j가 반복제어변수인 for 반복문장의 제어블록의 끝을 나타내는 닫는 중괄호이 다. 따라서 055번째 줄로 이동하여 j++ 변경식을 평가해야 한다. j에 저장된 값 9를 읽어 1을 더하여 구한 값 10을 j에 저장한다.

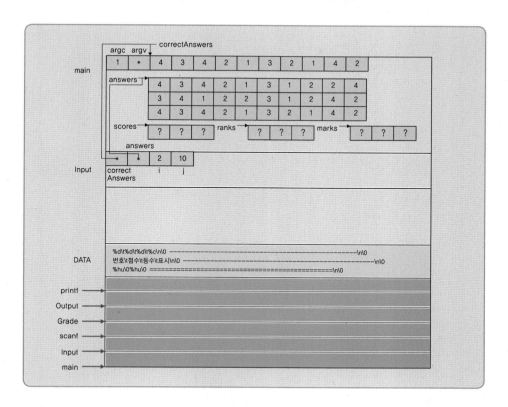

또한, 반복문장이므로 다음은 j 〈 QUESTIONS 조건식을 평가해야 한다. j에 저장된 값 10을 읽고 QUESTIONS 10을 읽어 10이 10보다 작은지를 평가한다. 거짓이다. for 반복문장은 참인 동안 반복하고, 거짓이면 탈출하는 진입 조건 반복구조이다. 거짓이므로 탈출해야 한다.

```
054 :    for(i = 0; i < STUDENTS; i++) {
055 :        for(j = 0; j < QUESTIONS; j++) {
056 :            scanf("%hu", answers[i] + j);
057 :        }
058 :    }
```

055번째 줄부터 057번째까지 for 반복문장의 제어블록을 건너뛴다. 따라서 058번째 줄로 이동한다. i가 반복제어변수인 for 반복문자의 제어블록의 끝을 나타내는 닫는 중괄호이다. 따라서 054번째 줄로 이동한다. i++ 변경식을 평가한다. i에 저장된 값 2를 읽어 1을 더하여 구한 값 3을 i에 저장한다.

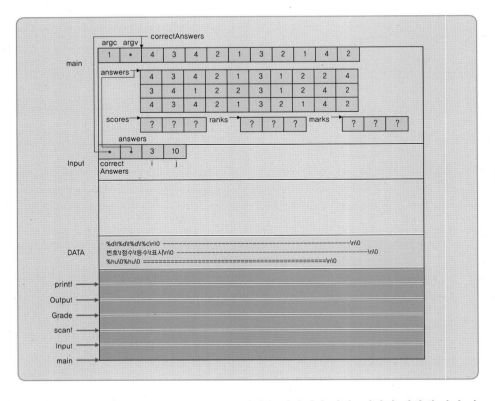

반복문장이므로 다음은 i ⟨ STUDENTS 조건식을 평가해야 한다. 평가한 결과에 따라 반복할지 탈출할지를 결정해야 하기 때문이다. i에 저장된 값 3과 STUDENTS 3을 읽어 3이 3보다 작은지에 대해 평가한다. 거짓이다. for 반복문장이므로 탈출해야 한다. 054번째 줄부터 058번째 줄까지 for 반복문장의 제어블록을 건너뛴다. 따라서 059번째 줄로 이동한다. Input 함수 블록의 끝을 나타내는 닫는 중괄호이다. 함수가 끝남을 나타내는 것이다. Input 함수의 실행이 끝난다. Input 함수 스택 세그먼트가 할당 해제된다.

C코드

```
054 :    for(i = 0; i < STUDENTS; i++) {
055 :        for(j = 0; j < QUESTIONS; j++) {
056 :            scanf("%hu", answers[i] + j);
057 :        }
058 :    }
```

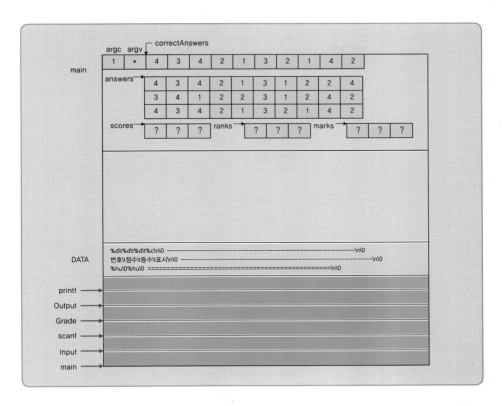

실행제어가 main 함수로 이동한다. 034번째 줄로 이동한다. Grade 함수 호출 문장이다.

C코드

```
034 :    Grade(correctAnswers, answers, scores, ranks, marks);
```

Grade 함수가 실행되면, Grade 함수 스택 세그먼트가 할당된다. main 함수 스택 세그먼트 아래쪽에 일정한 크기의 사각형을 그린다. 왼쪽에 함수 이름 Grade를 적는다. Grade 함수를 정의하는 영역을 참고하여 스택의 내부구조를 작도한다. 매개변수와 자동변수, 다시 말해서 변수의 개수만큼 작은 사각형을 작도한다. 아홉 개다. 아홉 개의 사각형을 그린다. 아홉 개의 작은 사각형 바깥쪽 적당한 위치에 매개변수부터 시작하여 이름을 적는다.

```
067 : void Grade(UShort (*correctAnswers), UShort (*answers)[QUESTIONS],
068 :   UShort (*scores), UShort (*ranks), char (*marks)) {
069 :   UShort i;
070 :   UShort count;
071 :   UShort j;
072 :   UShort rank;
073 :
074 :   // 1. 정답들과 답안들을 입력받는다.
075 :   // 2. 학생 수만큼 반복한다.
076 :   for( i = 0; i < STUDENTS; i++) {
077 :       // 2.1. 점수를 매기다.
078 :       count = 0;
079 :       for(j = 0; j < QUESTIONS; j++) {
080 :           if(correctAnswers[j] == answers[i][j]) {
081 :                   count++;
082 :           }
083 :       }
084 :       scores[i] = count * 10;
085 :       // 2.2. 평가하다.
086 :       ( scores[i] < 60 ) ? (marks[i] = '*') : (marks[i] = ' ');
087 :   }
088 :   // 3. 학생 수만큼 반복한다.
089 :   for(i = 0; i < STUDENTS; i++) {
090 :       // 3.1. 등수를 매기다.
091 :       rank = 1;
092 :       for(j = 0; j < STUDENTS; j++) {
093 :           if(scores[i] < scores[j]) {
094 :                   rank++;
095 :           }
096 :       }
097 :       ranks[i] = rank;
098 :   }
099 :   // 4. 점수들, 등수들 그리고 표시들을 출력한다.
100 :   // 5. 끝내다.
101 : }
```

매개변수는 함수 호출 문장, 자동변수는 선언문장을 참고하여 아홉 개의 사각형에 값을 적는다.

```
034 :   Grade(correctAnswers, answers, scores, ranks, marks);
```

034번째 줄에 적힌 함수 호출 문장을 보면, 실인수로 배열 이름이 적혀 있다. 배열 이름은 주소이다. 주소가 복사되어 매개변수에 저장된다는 것이다. 따라서 correcAnswers,

answers, scores, ranks, marks가 적힌 사각형에 별표를 적고, 각각 main 함수 스택 세
그먼트에 할당된 배열들, correctAnswers, answers, scores, ranks, marks를 가리키도
록 화살표를 작도해야 한다. 배열의 시작주소를 갖는 변수들이다. 이러한 변수들을 배열
포인터(Pointer to Array)라고 한다.

함수 정의 영역의 선두에 적힌 자동변수 선언문을 참고하면, 초기화가 하나도 되어 있지
않다. 따라서 자동변수는 쓰레기를 갖는다. i, count, j, rank에는 쓰레기란 의미로 물음
표를 적는다.

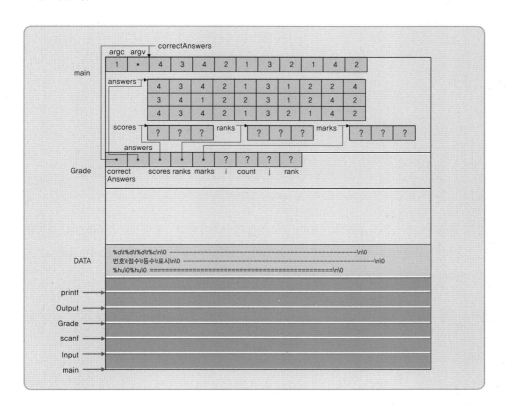

이제는 실행제어가 Grade 함수로 이동된다. 따라서 076번째 줄로 이동한다. for 반복문장
이다. 한번 평가되는 초기식 i = 0을 평가해야 한다. i에 0을 저장한다.

C코드

```
076 :    for( i = 0; i < STUDENTS; i++) {
```

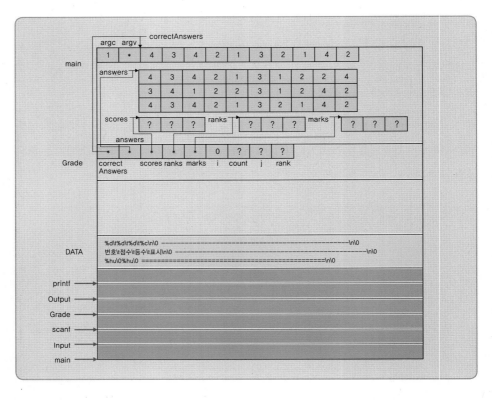

반복문장이므로 다음은 조건식 i < STUDENTS를 평가해야 한다. i에 저장된 값 0과 STUDENTS 3을 읽어 0이 3보다 작은지에 대해 평가한다. 참이다. for 반복문장은 참이면 반복하고, 거짓이면 탈출하는 진입 조건 반복구조이므로 반복한다.

C코드

```
078 :        count = 0;
```

078번째 줄로 이동한다. 0을 읽어 count에 저장한다. 학생 한 명당 맞은 개수를 세기 위해 개수를 0으로 설정하는 처리이다. 이러한 기능을 원위치(Reset)라고 한다.

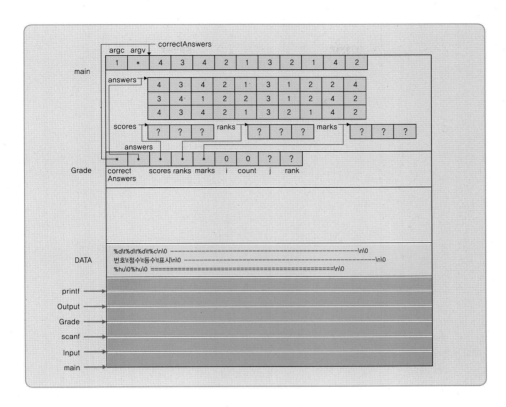

치환식으로만 구성된 식 문장은 순차 구조이므로 아래쪽으로 이동한다. 다음은 079번째
줄로 이동한다. for 반복문장이다. 한번 평가되는 초기식 j = 0을 평가한다. 0을 읽어 j에
저장한다.

C코드

```
079 :        for(j = 0; j < QUESTIONS; j++) {
```

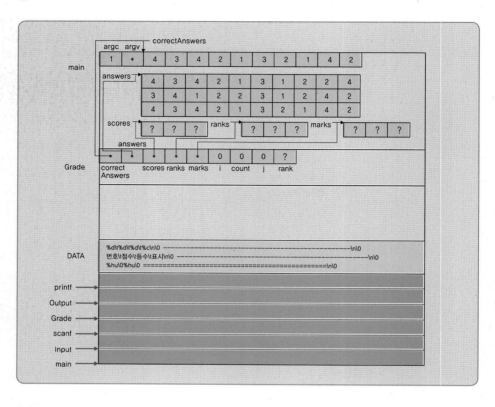

다음은 반복문장이므로 j 〈 QUESTIONS 조건식을 평가해야 한다. j에 저장된 값 0과 QUESTIONS 10을 읽어 0이 10보다 작은지에 대해 평가한다. 참이다. for 반복문장은 참이면 반복, 거짓이면 탈출하는 선 검사 반복 구조이므로 반복한다. 080번째 줄로 이동한다.

```
079 :        for(j = 0; j < QUESTIONS; j++) {
080 :            if(correctAnswers[j] == answers[i][j]) {
081 :                count++;
082 :            }
083 :        }
```

먼저 배열요소에 저장된 값을 구하는 형식을 정리해보자.

> 배열을 선언할 때 배열형을 강조하는 대괄호([])를 사용한 개수만큼 배열 이름 뒤에 적고, 대괄호에 첨자를 적으면 배열요소에 저장된 값을 구할 수 있다.
> (1) 1차원 배열이면 1개이므로
>   배열이름(혹은 배열 포인터 변수이름)[첨자]
> (2) 2차원 배열이면 2개이므로
>   배열이름(혹은 배열 포인터 변수이름)[첨자][첨자]
> (3) 3차원 배열이면 3개이므로
>   배열이름(혹은 배열 포인터 변수이름)[첨자][첨자][첨자]
> 결론적으로 차원의 개수만큼 대괄호([])와 대괄호에 적는 첨자로 배열요소에 저장된 값(내용)을 구하면 된다.

if 선택문장이다. 소괄호에 적힌 조건식을 평가한다. 조건식에 의하면, 배열요소에 저장된 값을 읽어야 한다. 배열요소의 위치인 첨자로 [] 첨자 연산자를 사용해야 한다. 1차원 배열이면 한 개의 첨자 연산자를, 2차원 배열이면 두 개의 첨자 연산자를 사용하면 된다. 배열 포인터이든 배열이든 여하튼 배열의 시작 주소를 의미하므로 배열 포인터를 이용할 때도 배열처럼 똑같이 첨자 연산자를 사용하면 된다.

correctAnswers[i]는 main 함수 스택 세그먼트에 할당된 1차원 배열 correctAnswers에서 i에 저장된 값 0을 첨자로 하여 첫 번째 배열요소에 저장된 값인 4를 읽는다. answers는 2차원 배열 포인터이므로 answers[i][j]는 2차원 배열의 배열요소에 저장된 값이다. i에 저장된 값이 0이고 j에 저장된 값도 0이므로 첫 번째 줄의 첫 번째 칸에 저장된 값인 4를 읽는다. 읽힌 값들이 같다. 따라서 조건식을 평가한 결과는 참이다. if 선택문장이므로 참일 때 처리해야 하는 if 선택문의 제어블록으로 이동한다. 081번째 줄로 이동한다.

081번째 줄에 적힌 식 문장을 실행하면, count++ 식을 평가해야 한다. count에 저장된 값 0을 읽어 1을 더하여 구한 값 1을 count에 저장한다.

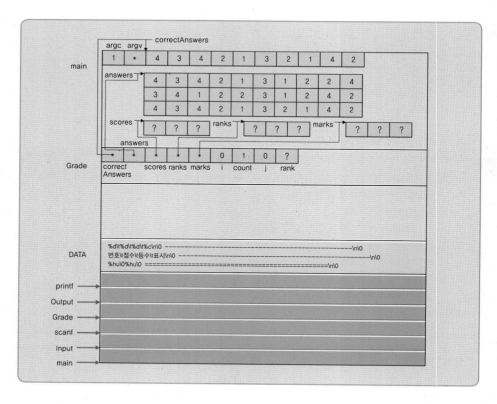

선택 문장이므로 아래쪽으로 실행제어가 이동하여 082번째 if 선택문장의 제어블록의 끝을 나타내는 닫는 중괄호로 이동한다. 따라서 if 선택문장이 끝난다.

```
079 :        for(j = 0; j < QUESTIONS; j++) {
080 :            if(correctAnswers[j] == answers[i][j]) {
081 :                count++;
082 :            }
083 :        }
```

083번째 줄로 이동한다. j를 반복제어변수로 사용하는 for 반복문장의 제어블록의 끝을 나타내는 닫는 중괄호를 만난다. 반복문장이므로 다음은 반복제어변수 j의 변경식을 평가해야 한다. 따라서 079번째 줄로 이동한다. j++ 변경식을 평가한다. 누적이다. j에 저장된 값 0을 읽어 1을 더하여 구한 값인 1을 j에 저장한다.

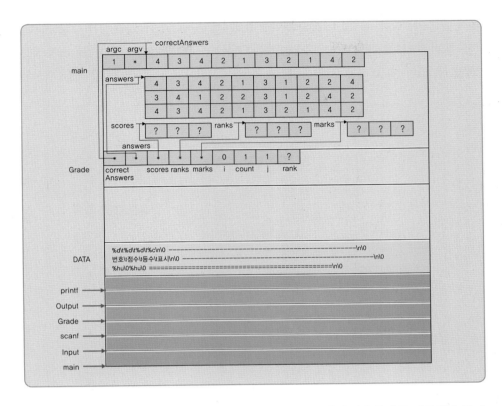

다음은 for 반복문장이므로 조건식을 평가해야 한다. 반복할지 탈출할지를 결정해야 하기 때문이다. j < QUESTIONS 조건식을 평가한다. j에 저장된 값 1을 읽고 QUESTIONS 10을 읽어 1이 10보다 작은지에 대해 평가한다. 참이다. 반복해야 한다. 080번째 줄로 이동한다. if 선택문장이다. 조건식을 평가해야 한다. correctAnswers[j]로 j에 저장된 값이 1이므로 correctAnswers 배열 포인터에 저장된 값인 main 함수 스택 세그먼트에 할당된 배열 correctAnswers 의 시작 주소를 참조하여 main 함수 스택 세그먼트에 할당된 배열 correctAnswers의 두 번째 배열요소에 저장된 값인 3을 읽는다.

answers[i][j]로 answers 배열 포인터에 저장된 값인 main 함수 스택 세그먼트에 할당된 2차원 배열 answers의 시작 주소를 참조하여 main 함수 스택 세그먼트에 할당된 배열 answers에서 i가 0이므로 첫 번째 줄, j가 1이므로 두 번째 칸에 저장된 값인 3을 읽는다. 읽힌 두 개의 값이 같은지를 평가한다. 같으므로 참이다.

if 선택문장에서 조건식을 평가했을 때 참이면 if 선택문장의 제어블록으로 이동한다. 081

번째 줄로 이동한다. 문장(Statement)이란 컴퓨터에 식(Expression)을 평가(Evaluation)
하도록 하는 지시를 말한다. 식 문장이므로 count++ 식을 평가해야 한다. count에 저장
된 값 1을 읽어 1을 더하여 구한 값 2를 count에 저장한다.

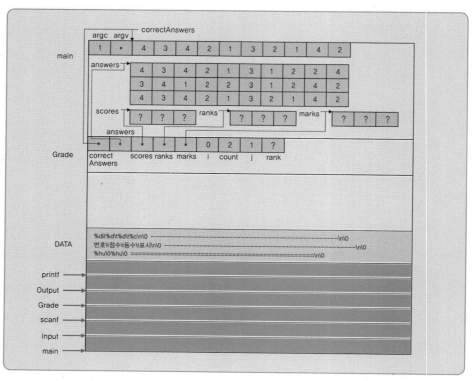

```
079 :        for(j = 0; j < QUESTIONS; j++) {
080 :            if(correctAnswers[j] == answers[i][j]) {
081 :                    count++;
082 :            }
083 :        }
```

식 문장(Expression Statement)은 순차 구조이므로 아래쪽으로 이동한다. 082번째 줄로
이동한다. if 선택문장의 제어블록의 끝을 나타내는 닫는 중괄호이다. if 선택문장이 끝난다.
선택 구조도 순차 구조처럼 한 번만 실행된다. 따라서 083번째 줄로 이동한다. j를 반복제어
변수로 하는 for 반복문장의 제어블록의 끝을 나타내는 닫는 중괄호이므로 다음은 반복제어
변수의 변경식을 평가해야 한다. 반복제어변수 j에 대해 변경식은 j++이다. j++이 적힌 줄
인 079번째 줄로 이동한다. j에 저장된 값인 1을 읽어 1을 더하여 구한 값 2를 j에 저장한다.

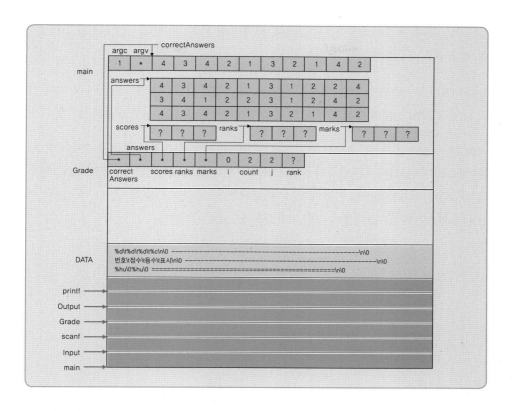

다음은 j < QUESTIONS 조건식을 평가해야 한다. j에 저장된 값 2와 QUESTIONS 10을 읽어 2가 10보다 작은지에 대해 평가한다. 참이다. 반복한다. 080번째 줄로 이동한다. if 선택문장이다. 조건식을 평가해야 한다. correctAnswers에 저장된 값은 주소이다. 저장된 주소는 main 함수 스택 세그먼트에 할당된 1차원 배열 correctAnswers 배열의 시작 주소이다. 배열 포인터이다. 그리고 배열 이름은 주소이다. 따라서 배열 포인터 변수의 이름은 배열 이름과 같은 주소를 의미한다. correctAnswers는 1차원 배열이므로 [] 첨자 연산자 하나만 사용하면 배열요소에 저장된 값이다. correctAnswers[j]는 j에 저장된 값인 2를 첨자로 하여 세 번째 배열요소에 저장된 값이다. 4이다. 4를 읽는다.

answers에 저장된 값은 주소이다. answers에 저장된 주소는 main 함수 스택 세그먼트에 할당된 2차원 배열 answers의 시작 주소이다. answers는 배열의 시작 주소를 저장한 배열 포인터이다. 배열 포인터는 배열의 시작 주소를 갖는다는 점에서는 배열과 같다. answers는 2차원 배열이므로 [] 첨자 연산자 두 개를 사용하여야 배열요소에 저장된 값을 참조할 수 있다. answers[i]는 i에 저장된 값이 0이므로 줄의 개수만큼 배열요소를 갖는 1차원 배열에서 첫 번째 배열요소에 저장된 값이다. 배열이다. 칸의 개수만큼 배열요소를 갖는 1차원 배열이다. 메모리 맵에서 첫 번째 줄이다.

answers[i][j]는 첫 번째 줄인 1차원 배열에서 j에 저장된 값인 2를 첨자로 하여 세 번째 칸의 값을 참조한다. 따라서 첫 번째 줄의 세 번째 칸에 저장된 값인 4를 읽는다.

corretAnswers[j] 와 answers[i][j]로 읽힌 값들, 4와 4로 같은지에 대해 평가해야 한다. 참이다. if 선택문장에서 조건식이 참으로 평가되면, 실행제어는 if 선택문장의 제어블록으로 이동한다. 081번째 줄로 이동한다. 식 문장이다. count++ 식을 평가한다. count에 저장된 값인 2를 읽어 1을 더하여 구한 값인 3을 count에 저장한다.

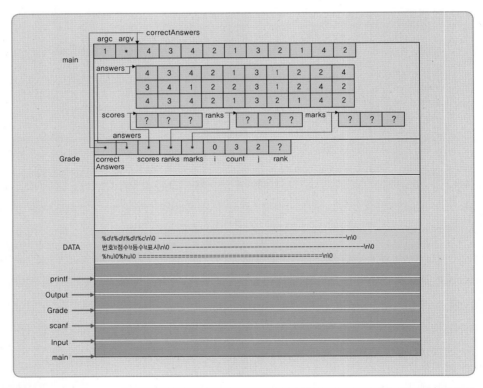

```
C코드
079 :        for(j = 0; j < QUESTIONS; j++) {
080 :            if(correctAnswers[j] == answers[i][j]) {
081 :                count++;
082 :            }
083 :        }
```

식 문장은 순차 구조이므로 식 문장의 실행이 끝나면 아래쪽으로 이동한다. 082번째 줄로 이동한다. if 선택문장의 제어블록의 끝을 나타내는 닫는 중괄호를 만난다. if 선택문장의 실행이 끝난다. if 선택문장이 끝났으므로 순차 구조처럼 아래쪽으로 이동한다. 083번째 줄로 이동한다. j가 반복제어변수인 for 반복문장의 제어블록을 나타내는 닫는 중괄호이다. 다음은 for 반복문장이므로 변경식을 평가해야 한다. 따라서 079번째 줄로 이동해야 한다. j++을 평가해야 한다. j에 저장된 값 2를 읽어 1을 더하여 구한 값인 3을 j에 저장한다.

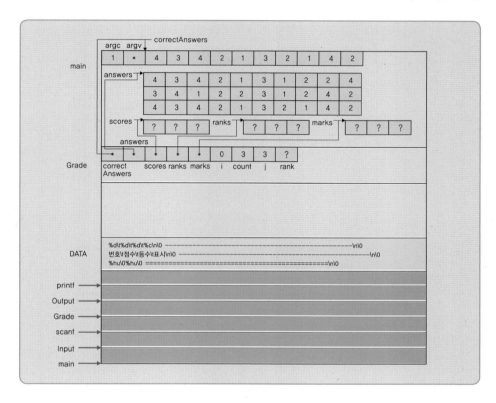

다음은 j 〈 QUESTIONS 조건식을 평가해야 한다. 왜냐하면, for 반복문장이기 때문입니다. for 반복문장은 조건식을 평가하여 구해진 값에 따라 반복할지 탈출할지를 결정하기 때문이다.

j에 저장된 값 3과 QUESTIONS 10을 읽어 3이 10보다 작은지에 대해 평가한다. 참이다. for 반복문장이므로 반복한다. 080번째 줄로 이동한다. if 선택문장이다. correctAnswers[j]로 j에 저장된 값인 3을 첨자로 하여 main 함수 스택 세그먼트에 할당된 1차원 배열 correctAnswers

배열에서 네 번째 배열요소에 저장된 값인 2를 읽는다. answers[i][j]로 i가 0이므로 첫 번째 줄, j가 3이므로 네 번째 칸에 저장된 값인 2를 읽는다. 2와 2로 같은지에 대해 평가한다. 같으므로 참이다. if 선택문장에서 조건식이 참이므로 if 선택문장의 제어블록으로 이동한다. 081번째 줄로 이동한다. 식 문장이 실행된다. count++이 평가된다. count에 저장된 값 3 을 읽고 1을 더하여 구한 값인 4를 count에 저장한다.

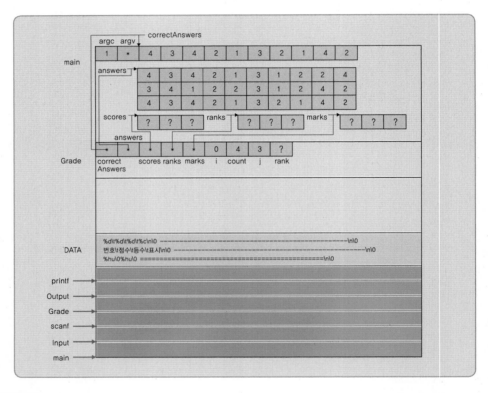

```
079 :      for(j = 0; j < QUESTIONS; j++) {
080 :          if(correctAnswers[j] == answers[i][j]) {
081 :              count++;
082 :          }
083 :      }
```

식 문장은 순차 구조이다. 따라서 실행이 끝나면 아래쪽으로 이동한다. 082번째 줄로 이동한다. if 선택문장의 제어블록의 끝을 나타내는 닫는 중괄호이다. if 선택문장의 실행이 끝났다는 것이다. 순차 구조나 선택 구조는 한 번씩만 실행된다. 따라서 아래쪽으로 이동한다. 083번째 줄로 이동한다. j가 반복제어변수인 for 반복문의 제어블록의 끝을 나타내는 닫는 중괄호이다. 따라서 반복제어변수 j의 변경식을 평가해야 한다. 079번째 줄로 이동한다. j++ 변경식을 평가한다. j에 저장된 값인 3을 읽어 1을 더하여 구한 값인 4를 j에 저장한다.

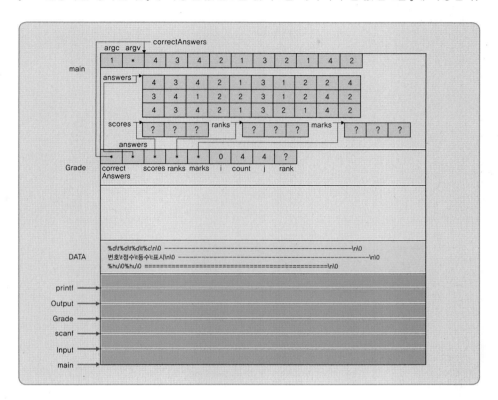

다음은 j 〈 QUESTIONS 조건식을 평가해야 한다. 여기까지 네 번 했다. 다섯 번째와 여섯 번째에 대해서는 여러분이 직접 해보자. 여섯 번째까지 했을 때 count에 어떠한 값이 적혀 있는가? 뒷쪽에 있는 메모리 맵과 비교해 보자. 같지 않다면, 다시 한 번 더 해보자.

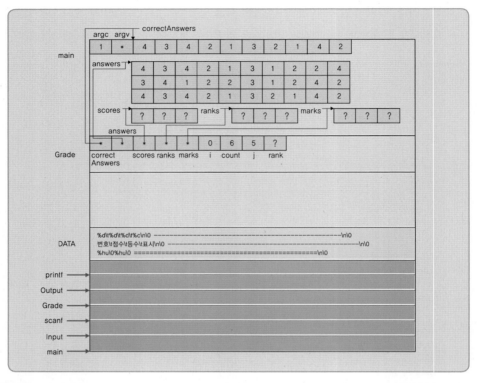

```
C코드  079 :         for(j = 0; j < QUESTIONS; j++) {
       080 :             if(correctAnswers[j] == answers[i][j]) {
       081 :                 count++;
       082 :             }
       083 :         }
```

식 문장과 if 선택문장의 실행이 끝나고, 083번째 줄로 실행제어가 이동한다. j가 반복제어
변수인 for 반복문의 제어블록의 끝을 나타내는 닫는 중괄호이다. 따라서 반복제어변수 j
의 변경식을 평가해야 한다. 079번째 줄로 이동한다. j++ 변경식을 평가한다. j에 저장된
값인 5를 읽어 1을 더하여 구한 값인 6을 j에 저장한다.

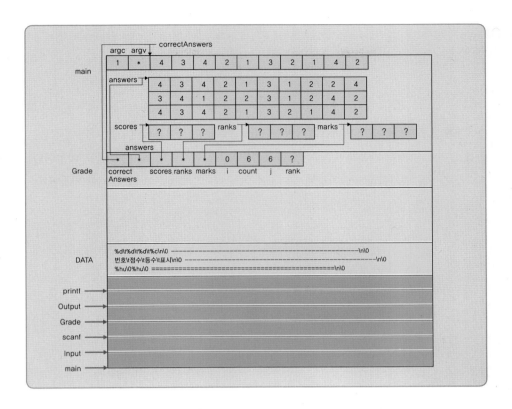

다음은 j 〈 QUESTIONS 조건식을 평가해야 한다. 왜냐하면, for 반복문장이기 때문이다. for 반복문장은 조건식을 평가하여 구해진 값에 따라 반복할지 탈출할지를 결정하기 때문이다.

j에 저장된 값 6과 QUESTIONS 10을 읽어 6이 10보다 작은지에 대해 평가한다. 참이다. for 반복문장이므로 반복한다. 080번째 줄로 이동한다. if 선택문장이다. correctAnswers[j]로 j에 저장된 값인 6을 첨자로 하여 main 함수 스택 세그먼트에 할당된 1차원 배열 correctAnswers 배열에서 일곱 번째 배열요소에 저장된 값인 2를 읽는다. answers[i][j]로 i가 0이므로 첫 번째 줄, j가 6이므로 일곱 번째 칸에 저장된 값인 1을 읽는다. 2와 1이 같은지에 대해 평가한다. 같지 않아 거짓이다. if 선택문장에서 조건식이 거짓이므로 if 선택문장의 제어블록을 건너뛴다. 틀렸으므로 개수를 세지 않는 것이다.

```
079 :          for(j = 0; j < QUESTIONS; j++) {
080 :               if(correctAnswers[j] == answers[i][j]) {
081 :                    count++;
082 :               }
083 :          }
```

083번째 줄로 이동한다. j가 반복제어변수인 for 반복문의 제어블록의 끝을 나타내는 닫는
중괄호이다. 따라서 반복제어변수 j의 변경식을 평가해야 한다. 079번째 줄로 이동한다.
j++ 변경식을 평가한다. j에 저장된 값인 6을 읽어 1을 더하여 구한 값 7을 j에 저장한다.

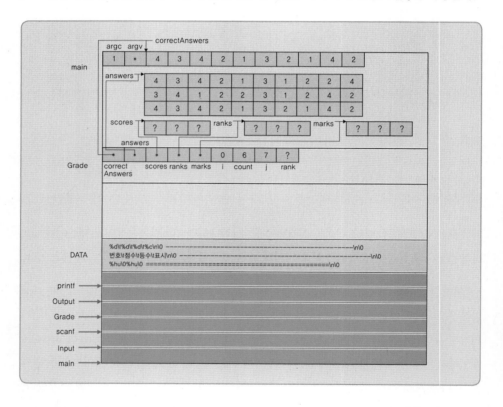

다음은 j〈QUESTIONS 조건식을 평가해야 한다. 왜냐하면, for 반복문장이기 때문이다. for
반복문장은 조건식을 평가하여 구해진 값에 따라 반복할지 탈출할지를 결정하기 때문이다.

j에 저장된 값 7과 QUESTIONS 10을 읽어 7이 10보다 작은지에 대해 평가한다. 참이다. for
반복문장이므로 반복한다. 080번째 줄로 이동한다. if 선택문장이다. correctAnswers[j]로 j에
저장된 값인 7을 첨자로 하여 main 함수 스택 세그먼트에 할당된 1차원 배열 correctAnswers

배열에서 여덟 번째 배열요소에 저장된 값인 1을 읽는다. answers[i][j]로 i가 0이므로 첫 번째
줄, j가 7이므로 여덟 번째 칸에 저장된 값인 2를 읽는다. 1과 2가 같은지에 대해 평가한다.
같지 않아 거짓이다. if 선택문장에서 조건식이 거짓이므로 if 선택문장의 제어블록을
건너뛴다. 틀렸으므로 개수를 세지 않는 것이다.

083번째 줄로 이동한다. j가 반복제어변수인 for 반복문의 제어블록의 끝을 나타내는 닫는
중괄호이다. 따라서 반복제어변수 j의 변경식을 평가해야 한다. 079번째 줄로 이동한다.
j++ 변경식을 평가한다. j에 저장된 값인 7을 읽어 1을 더하여 구한 값 8을 j에 저장한다.

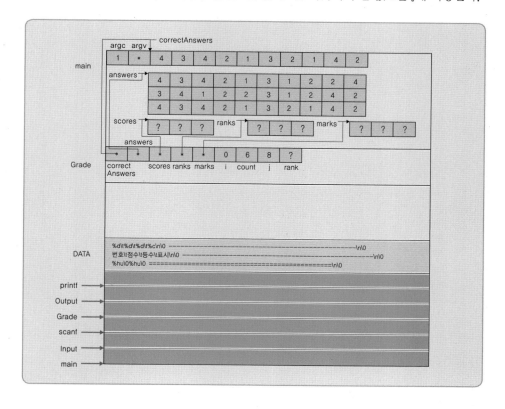

다음은 j 〈 QUESTIONS 조건식을 평가해야 한다. 왜냐하면, for 반복문장이기 때문이다.
for 반복문장은 조건식을 평가하여 구해진 값에 따라 반복할지 탈출할지를 결정하기 때문
이다. 이번은 여러분이 직접 해보자. count가 얼마일까? count가 바뀔까? 바뀌지 않을까?
답은 count가 바뀌지 않는다. 정답과 답안이 같지 않아 if 선택문장에서 조건식을 평가했
을 때 거짓이다. if 선택문장에서 조건식이 거짓이므로 if 선택문장의 제어블록을 건너뛰

다. if 선택문장의 제어블록을 건너뛰다. 083번째 줄로 이동한다. j가 반복제어변수인 for 반복문의 제어블록의 끝을 나타내는 닫는 중괄호이다. 따라서 반복제어변수 j의 변경식을 평가해야 한다. 079번째 줄로 이동한다. j++ 변경식을 평가한다. j에 저장된 값인 8을 읽어 1을 더하여 구한 값 9를 j에 저장한다.

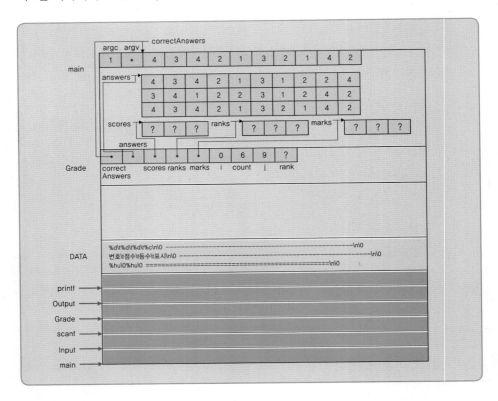

다음은 j 〈 QUESTIONS 조건식을 평가해야 한다. 왜냐하면, for 반복문장이므로 조건식을 평가하여 구해진 값에 따라 반복할지 탈출할지를 결정하기 때문이다.

j에 저장된 값 9와 QUESTIONS 10을 읽어 9가 10보다 작은지에 대해 평가한다. 참이다. for 반복문장이므로 반복한다. 080번째 줄로 이동한다. if 선택문장이다. correctAnswers[j]로 j에 저장된 값인 9를 첨자로 하여 main 함수 스택 세그먼트에 할당된 1차원 배열 correctAnswers 배열에서 열 번째 배열요소에 저장된 값인 2를 읽는다. answers[i][j]로 i가 0이므로 첫 번째 줄, j가 9이므로 열 번째 칸에 저장된 값인 4를 읽는다. 2와 4가 같은지에 대해 평가한다. 같지 않아 거짓이다. if 선택문장에서 조건식이 거짓이므로 if 선택문장의 제어블록을 건너뛰다.

틀렸으므로 개수를 세지 않는 것이다.

083번째 줄로 이동한다. j가 반복제어변수인 for 반복문의 제어블록의 끝을 나타내는 닫는

```
079 :          for(j = 0; j < QUESTIONS; j++) {
080 :              if(correctAnswers[j] == answers[i][j]) {
081 :                  count++;
082 :              }
083 :          }
```

중괄호이다. 따라서 반복제어변수 j의 변경식을 평가해야 한다. 079번째 줄로 이동한다.
j++ 변경식을 평가한다. j에 저장된 값인 9를 읽어 1을 더하여 구한 값 10을 j에 저장한다.

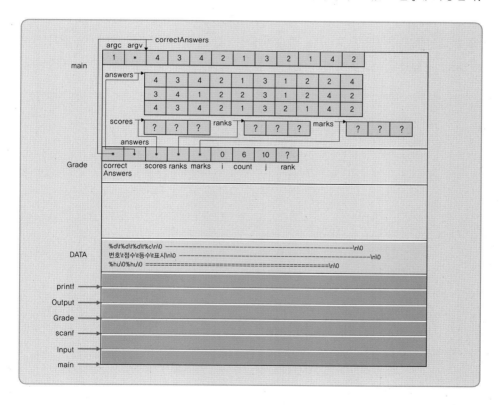

다음은 j < QUESTIONS 조건식을 평가해야 한다. 왜냐하면, for 반복문장이므로 조건식
을 평가하여 구해진 값에 따라 반복할지 탈출할지를 결정하기 때문이다. j에 저장된 값 10
과 QUESTIONS 10을 읽어 10이 10보다 작은지에 대해 평가한다. 거짓이다. for 반복문장

이므로 탈출한다. for 반복문장은 참이면 반복하고, 거짓이면 탈출하는 진입 조건 반복구
조이기 때문이다. 079번째 줄부터 083번째 줄까지 for 반복문장의 제어블록을 건너뛴다.
084번째 줄로 이동한다.

식 문장이다. 먼저 count * 10 산술식을 평가한다. count에 저장된 값인 6을 읽어 10을 곱

```
C코드
084 :        scores[i] = count * 10;
```

하여 60을 구한다. scores에는 main 함수 스택 세그먼트에 할당된 1차원 배열 scores의
시작 주소가 저장되어 있다. 배열 포인터이다. 따라서 배열 포인터 변수에 [] 첨자 연산자
를 하나 사용했으므로 배열요소에 저장된 값을 의미한다. 배열요소는 변수이다. 따라서 왼
쪽 값 개념으로도 사용할 수 있다. 산술식에서 구한 값을 i에 저장된 값 0을 첨자로 하
여 main에 할당된 scores 배열의 첫 번째 배열요소에 치환으로 저장한다. 60이 저장된다.

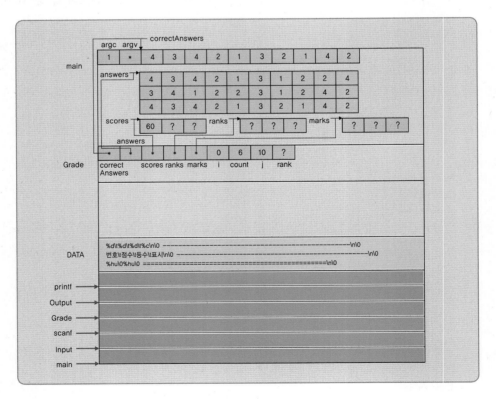

식 문장은 순차 구조이므로 실행이 끝나면, 실행제어가 아래쪽으로 이동한다. 086번째 줄로 이동한다.

```
085 :        // 2.2. 평가하다.
086 :        ( scores[i] < 60 ) ? (marks[i] = '*') : (marks[i] = ' ');
```

3항 조건 연산자로 구성된 식 문장이다. (scores[i] < 60) 조건식을 평가해서 참이면, (marks[i] = '*')을 평가하고, 거짓이면, (marks[i] = ' ')을 평가한다. i에 저장된 값이 0이므로 첨자 연산자로 main 함수 스택 세그먼트에 할당된 1차원 배열 scores의 첫 번째 배열요소에 저장된 값인 60을 읽고 정수형 상수 60을 읽어 60이 60보다 작은지를 평가한다. 작지 않아 거짓이다. 따라서 (marks[i] = ' ') 치환식을 평가한다. marks에 main 함수 스택 세그먼트에 할당된 1차원 배열 marks의 시작 주소가 저장되어 있다. 1차원 배열이므로 첨자 연산자 하나를 사용하면 배열요소에 저장된 값을 참조할 수 있다. i에 저장된 값이 0이므로 main 함수 스택 세그먼트에 할당된 marks 배열의 첫 번째 배열요소에 공백문자를 저장하게 된다. 메모리 맵에서는 쓰레기를 치우므로 물음표를 지우고, 어떠한 표시도 없이 공란으로 처리하도록 한다.

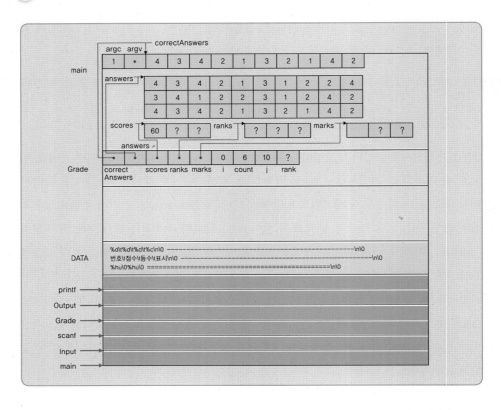

식 문장은 순차 구조이므로 실행이 끝나면, 아래쪽으로 이동한다. 087번째 줄로 이동한다.

```
076 :   for( i = 0; i < STUDENTS; i++) {
077 :       // 2.1. 점수를 매기다.
078 :       count = 0;
079 :       for(j = 0; j < QUESTIONS; j++) {
080 :           if(correctAnswers[j] == answers[i][j]) {
081 :                   count++;
082 :           }
083 :       }
084 :       scores[i] = count * 10;
085 :       // 2.2. 평가하다.
086 :       ( scores[i] < 60 ) ? (marks[i] = '*') : (marks[i] = ' ');
087 :   }
```

i가 반복제어변수인 for 반복문의 제어블록의 끝을 나타내는 닫는 중괄호를 만난다. 따라서 반복제어변수의 변경식을 평가해야 한다. 076번째 줄로 이동한다. i++ 변경식을 평가한다. i에 저장된 값인 0을 읽고 1을 더하여 구한 값 1을 i에 저장한다.

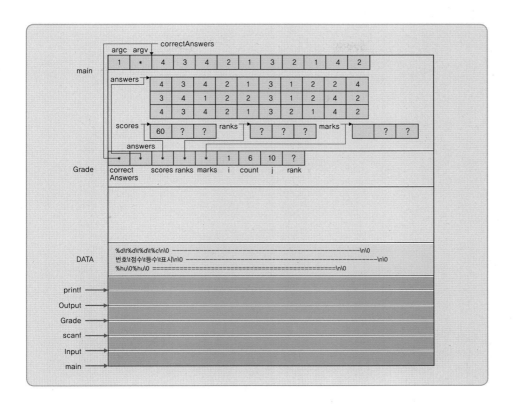

다음은 반복문장이므로 i < STUDENTS 조건식을 평가해야 한다. i에 저장된 값 1과 STUDENTS 3을 읽어 1이 3보다 작은지에 대해 평가한다. 참이다. for 반복문장은 조건식을 평가했을 때 참이면, 반복하고, 거짓이면 탈출하는 진입 조건 반복구조이므로 반복해야 한다. 078번째 줄로 이동한다. 두 번째 학생에 대해 채점한다.

```
077 :        // 2.1. 점수를 매기다.
078 :        count = 0;
```

치환으로 count에 0을 저장한다. count에 0을 저장하지 않으면 count에는 첫 번째 학생이 맞힌 개수가 저장되어 있다. 이러한 상태에서 계속해서 개수를 세면 첫 번째 학생이 맞힌 개수에다 두 번째 학생이 맞힌 개수를 더 하게 되므로 두 번째 학생이 맞힌 개수를 정확하게 알 수 없다. 그래서 두 번째 학생이 맞힌 개수를 세기 위해서 다시 0으로 원위치해야 한다.

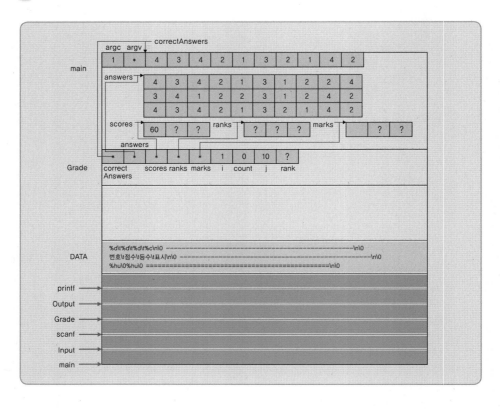

치환식으로만 구성된 식 문장은 순차 구조이므로 아래쪽으로 이동한다. 다음은 079번째 줄로 이동한다. for 반복문장이다. 한번 평가되는 초기식 j = 0을 평가한다. 0을 읽어 j에 저장한다.

```
079 :        for(j = 0; j < QUESTIONS; j++) {
080 :            if(correctAnswers[j] == answers[i][j]) {
081 :                count++;
082 :            }
083 :        }
```

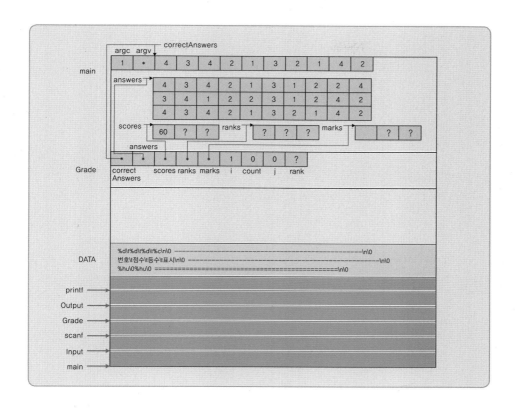

반복문장이므로 다음은 j < QUESTIONS 조건식을 평가해야 한다. j에 저장된 값 0과 QUESTIONS 10을 읽어 0이 10보다 작은지에 대해 평가한다. 참이다. for 반복문장이므로 반복해야 해서 080번째 줄로 이동한다. if 선택문장이다. 조건식을 평가해서 if 선택문장의 제어블록을 실행시킬지를 결정해야 한다.

correctAnswers[j]로 j가 0이므로 main 함수 스택 세그먼트에 할당된 배열 correctAnswers의 첫 번째 배열요소에 저장된 값 4를 읽는다. answers[i][j]로 i가 1이므로 main 함수 스택 세그먼트에 할당된 배열 answers의 두 번째 줄, j가 0이므로 첫 번째 칸에 저장된 값 3을 읽는다. 읽힌 값들, 4와 3으로 같은지에 대해 평가한다. 거짓이다.

거짓이므로 080번째 줄부터 082번째 줄까지 if 선택문장의 제어블록을 건너뛴다. 083번째 줄로 이동한다. j가 반복제어변수인 for 반복문장의 제어블록의 끝을 나타내는 닫는 중괄호이므로 다음은 반복제어변수의 변경식을 평가해야 한다. 079번째 줄로 이동한다. j++ 변경식을 평가한다. j에 저장된 값인 0을 읽고 1을 더하여 구한 값 1을 j에 저장한다.

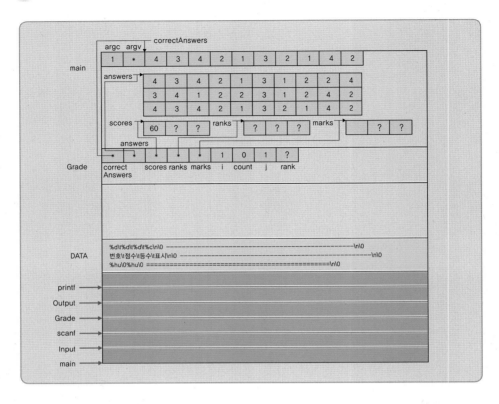

반복문장이므로 다음은 j < QUESTIONS 조건식을 평가해야 한다. 여러분이 직접 디버깅하자.

여러분이 직접 아홉 문항에 대해 채점해 보자. j가 반복제어변수인 for 반복문장이 끝난 후 메모리 맵은 아래와 같다. 여러분이 작도하는 메모리 맵과 비교해 보자. 설계된 입력데이터들을 보고, 먼저 맞힌 개수가 맞는지 확인하자.

[모범답안]

4	3	4	2	1	3	2	1	4	2

[학생답안] 두 번째 학생의 답안이다.

3	4	1	2	2	3	1	2	4	2

4번, 6번, 9번, 10번이 맞았다. 따라서 맞힌 개수는 4이어야 한다.

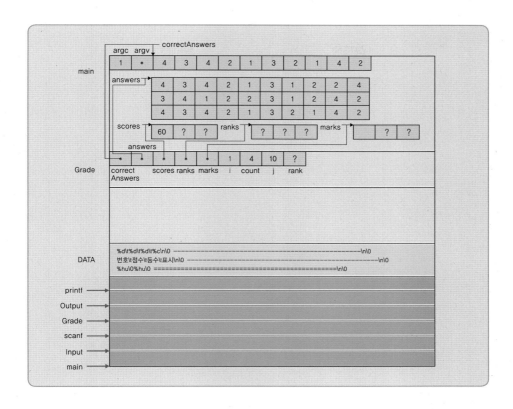

for 반복문장이 끝났으므로, 079번째 줄부터 083번째 줄까지 for 반복문장의 제어블록을 건너뛴다. 084번째 줄로 이동한다.

`C코드`

```
084 :          scores[i] = count * 10;
```

산술식과 치환식으로 구성된 식 문장이다. 먼저 count * 10 산술식을 평가한다. count에 저장된 값인 4를 읽어 10을 곱하여 40을 구한다. scores에는 main 함수 스택 세그먼트에 할당된 1차원 배열 scores의 시작 주소가 저장되어 있다. 배열 포인터이다. 따라서 배열 포인터 변수에 [] 첨자 연산자를 하나 사용했으므로 배열요소에 저장된 값을 의미한다. 배열요소는 변수이다. 따라서 왼쪽 값 개념으로도 사용할 수 있다. i에 저장된 값인 1을 첨자로 하여 main에 할당된 scores 배열의 두 번째 배열요소에 치환으로 산술식에서 구한 값 40을 저장한다.

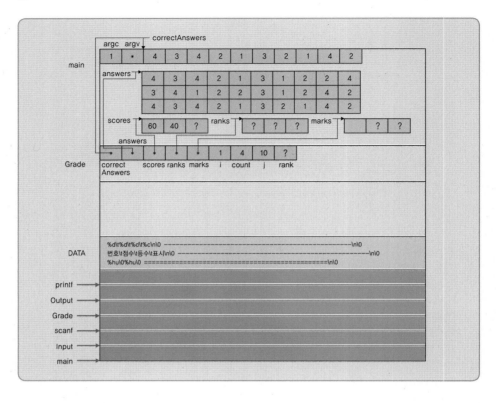

식 문장은 순차 구조이므로 실행이 끝나면, 실행제어가 아래쪽으로 이동한다. 086번째 줄로 이동한다.

```
085 :          // 2.2. 평가하다.
086 :          ( scores[i] < 60 ) ? (marks[i] = '*') : (marks[i] = ' ');
```

3항 조건 연산자로 구성된 식 문장이다. (scores[i] < 60) 조건식을 평가해서 참이면, (marks[i] = '*')을 평가하고, 거짓이면, (marks[i] = ' ')을 평가한다. i에 저장된 값이 1이므로 첨자 연산자로 main 함수 스택 세그먼트에 할당된 1차원 배열 scores의 두 번째 배열요소에 저장된 값인 40을 읽고 정수형 상수 60을 읽어 40이 60보다 작은지를 평가한다. 작아서 참이다. 따라서 (marks[i] = '*') 치환식을 평가한다. marks에 main 함수 스택 세그먼트에 할당된 1차원 배열 marks의 시작 주소가 저장되어 있다. 첨자 연산자 하나를 사용하면 배열요소에 저장된 값을 참조할 수 있다. i에 저장된 값이 1이므로 main 함수 스택 세그먼트에 할당된 marks 배열의 두 번째 배열요소에 별표를 저장하게 된다.

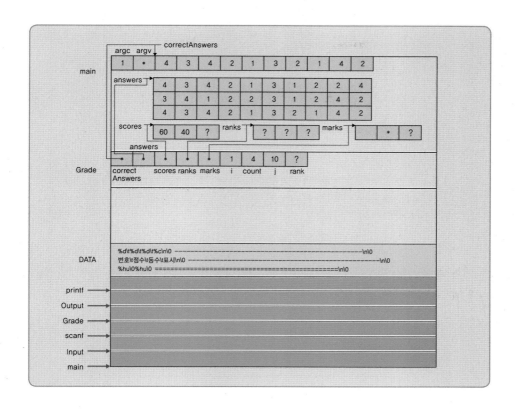

설계된 입력데이터들을 보고, 맞힌 개수, 점수, 표시가 맞는지 확인하자.

[모범답안]

4	3	4	2	1	3	2	1	4	2

[학생답안] 두 번째 학생의 답안이다.

3	4	1	2	2	3	1	2	4	2

4번, 6번, 9번, 10번이 맞았다. 따라서 맞힌 개수는 4, 점수는 40이고, 표시는 별표가 적혀 있어야 한다. 메모리 맵에서 count에 4, main 함수 스택 세그먼트에 할당된 scores, marks 배열의 두 번째 배열요소에 각각 40과 별표가 저장되어 있다.

다음은 3항 조건 연산자로 구성된 식 문장은 순차 구조이므로 실행이 끝나면, 아래쪽으로 이동한다. 087번째 줄로 이동한다.

```
076 :    for( i = 0; i < STUDENTS; i++) {
077 :        // 2.1. 점수를 매기다.
078 :        count = 0;
079 :        for(j = 0; j < QUESTIONS; j++) {
080 :            if(correctAnswers[j] == answers[i][j]) {
081 :                count++;
082 :            }
083 :        }
084 :        scores[i] = count * 10;
085 :        // 2.2. 평가하다.
086 :        ( scores[i] < 60 ) ? (marks[i] = '*') : (marks[i] = ' ');
087 :    }
```

i가 반복제어변수인 for 반복문의 제어블록의 끝을 나타내는 닫는 중괄호를 만난다. 따라서 반복제어변수의 변경식을 평가해야 한다. 076번째 줄로 이동한다. i++ 변경식을 평가한다. i에 저장된 값인 1을 읽고 1을 더하여 구한 값 2를 i에 저장한다.

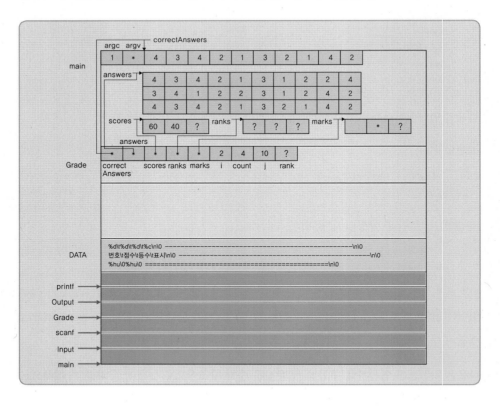

앞에서 배운 내용으로 세 번째 학생에 대해 직접 디버깅으로 채점해 보자. 직접 작도한 메

모리 맵과 아래쪽 메모리 맵을 비교해 보자.

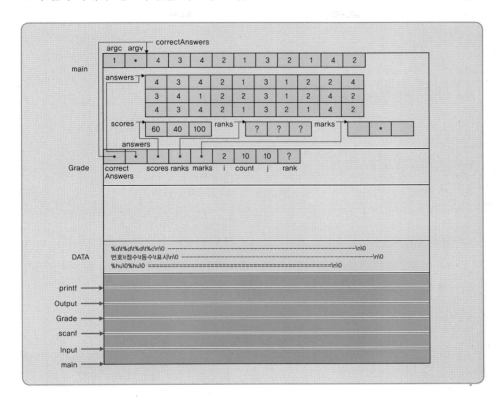

설계된 입력데이터들을 보고, 먼저 맞힌 개수, 점수 그리고 표시를 확인해 보자.

[모범답안]

4   3   4   2   1   3   2   1   4   2

[학생답안] 세 번째 학생의 답안이다.

4   3   4   2   1   3   2   1   4   2

1번부터 10번까지 모두 맞혔다. 맞힌 개수는 10, 점수는 100, 표시는 공백이어야 한다. 메모리맵에서도 count에 10, main 함수 스택 세그먼트에 할당된 scores 배열의 세 번째 배열요소에 100, marks 배열의 세 번째 배열요소는 공백이다.

다음은 3항 조건 연산자로 구성된 식 문장은 순차 구조이므로 실행이 끝나면, 아래쪽으로 이동한다. 087번째 줄로 이동한다.

```
076 :   for( i = 0; i < STUDENTS; i++) {
077 :       // 2.1. 점수를 매기다.
078 :       count = 0;
079 :       for(j = 0; j < QUESTIONS; j++) {
080 :           if(correctAnswers[j] == answers[i][j]) {
081 :               count++;
082 :           }
083 :       }
084 :       scores[i] = count * 10;
085 :       // 2.2. 평가하다.
086 :       ( scores[i] < 60 ) ? (marks[i] = '*') : (marks[i] = ' ');
087 :   }
```

i가 반복제어변수인 for 반복문의 제어블록의 끝을 나타내는 닫는 중괄호를 만난다. 따라서 반복제어변수의 변경식을 평가해야 한다. 076번째 줄로 이동한다. i++ 변경식을 평가한다. i에 저장된 값인 2를 읽고 1을 더하여 구한 값 3을 i에 저장한다.

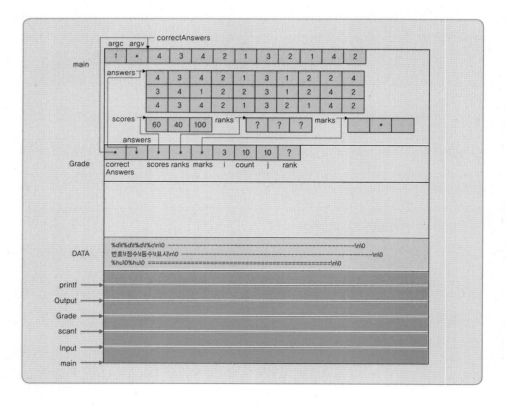

다음은 반복문장이므로 i < STUDENTS 조건식을 평가해야 한다. i에 저장된 값인 3을 읽
고 STUDENTS 3을 읽어 3이 3보다 작은지에 대해 평가한다. 거짓이다. for 반복문장은 선
검사 반복구조이므로 탈출해야 한다. 076번째 줄부터 087번째 줄까지 for 반복문장의 제
어블록을 건너뛴다. 따라서 089번째 줄로 이동한다. 세 명의 학생에 대해 등수를 매긴다.

C코드

```
088 :    // 3. 학생 수만큼 반복한다.
089 :    for(i = 0; i < STUDENTS; i++) {
090 :        // 3.1. 등수를 매기다.
091 :        rank = 1;
092 :        for(j = 0; j < STUDENTS; j++) {
093 :            if(scores[i] < scores[j]) {
094 :                rank++;
095 :            }
096 :        }
097 :        ranks[i] = rank;
098 :    }
```

for 반복문장이다. 먼저 i = 0 초기식을 평가해야 한다. 0을 읽어 치환으로 i에 저장한다.

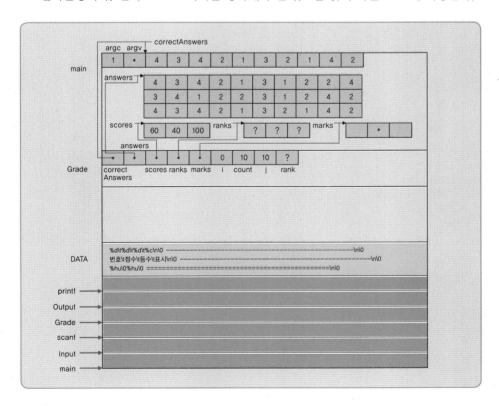

다음은 i < STUDENTS 조건식을 평가한다. i에 저장된 값 0을 읽고 STUDENTS 3을 읽어 0이 3보다 작은지에 대해 평가한다. 참이다. for 반복문장은 전형적인 진입 조건 반복구조 이다. 참이면 반복한다. 091번째 줄로 이동한다.

C코드
```
090 :        // 3.1. 등수를 매기다.
091 :        rank = 1;
```

치환식으로 구성된 식 문장이다. 정수형 상수 1을 읽어 rank에 저장한다.

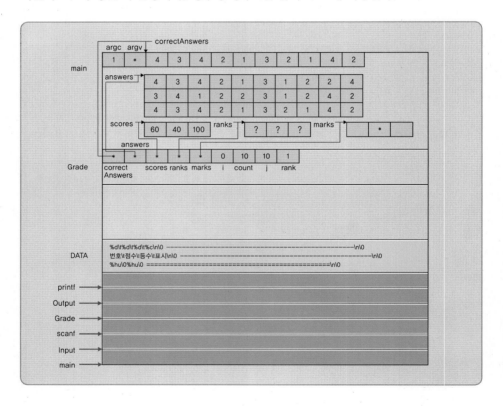

식 문장이므로 실행이 끝나면, 아래쪽으로 이동한다. 092번째 줄로 이동한다.

C코드
```
092 :        for(j = 0; j < STUDENTS; j++) {
093 :            if(scores[i] < scores[j]) {
094 :                rank++;
095 :            }
096 :        }
```

for 반복문장이라 먼저 j = 0 초기식을 평가한다. 정수형 상수 0을 읽어 치환으로 j에 저장한다.

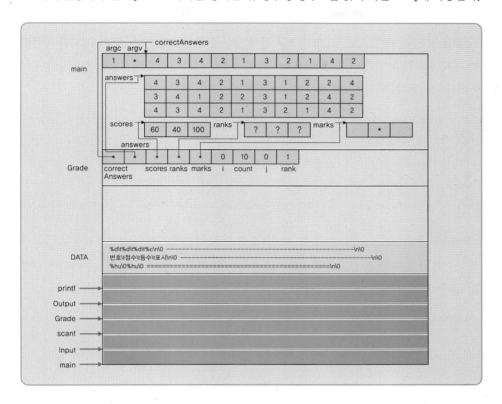

다음은 j 〈 STUDENTS 조건식을 평가한다. j에 저장된 값 0을 읽고, STUDENTS 3을 읽고 0이 3보다 작은지에 대해 평가한다. 참이다. for 반복문장은 참이면 반복하는 진입 조건 반복구조이므로 093번째 줄로 이동한다.

if 선택문장이다. 조건식을 평가해서 참이면 if 선택문장의 제어블록으로 이동하고, 거짓이면 if 선택문장의 제어블록을 건너뛰어야 한다. 먼저 조건식을 평가하자.

scores는 배열 포인터이다. main 함수 스택 세그먼트에 할당된 배열 scores의 시작 주소를 저장하고 있다. 배열 포인터는 배열과 같은 배열의 시작주소를 의미한다. 따라서 배열 포인터에 첨자 연산자를 사용하면, 배열요소에 저장된 값을 참조할 수 있다. 배열요소에 값을 쓰거나 배열요소로부터 값을 읽을 수 있다는 것이다. main 함수 스택 세그먼트에 할당된 배열 scores는 1차원 배열이므로 [] 첨자 연산자를 하나 사용하면 배열요소에 저장된 값을 참조할 수 있다.

scores[i]는 i에 저장된 값이 0이므로 첫 번째 배열요소에 저장된 값 60을 읽는다. scores[j]
는 j에 저장된 값이 0이므로 첫 번째 배열요소에 저장된 값 60을 읽는다. 다시 말해서 같
은 값을 읽는다. 읽힌 값들 60과 60으로 관계 연산을 평가해야 한다. 60이 60보다 작은지
에 대해 평가한다. 거짓이다. 따라서 093번째 줄부터 095번째 줄까지 if 선택문장의 제어
블록을 건너뛴다. 따라서 096번째 줄로 이동한다.

```
092 :        for(j = 0; j < STUDENTS; j++) {
093 :            if(scores[i] < scores[j]) {
094 :                rank++;
095 :            }
096 :        }
```

j가 반복제어변수인 for 반복문장의 제어블록의 끝을 나타내는 닫는 중괄호이므로 j++ 변
경식을 평가해야 한다. 092번째 줄로 이동한다. j에 저장된 값 0을 읽고 1을 더하여 구한
값 1을 j에 저장한다.

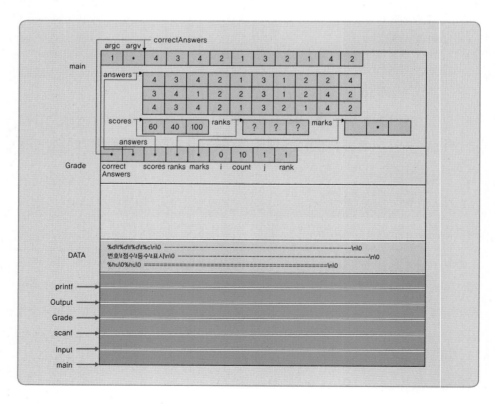

반복문장이므로 j < STUDENTS 조건식을 평가하여 반복할지 탈출할지를 결정해야 한다.
j에 저장된 값 1을 읽고 STUDENTS 3을 읽어 1이 3보다 작은지에 대해 평가한다. 참이다.
진입 조건 반복 구조이므로 093번째 줄로 이동한다.

i가 0이므로 main 함수 스택 세그먼트에 할당된 scores 배열에서 첫 번째 배열요소에 저장
된 값 60을 읽는다. 또한, j가 1이므로 main 함수 스택 세그먼트에 할당된 scores 배열에서
두 번째 배열요소에 저장된 값 40을 읽는다. 그리고 60이 40보다 작은지에 대해 평가하면
거짓이다. 따라서 if 선택문장의 제어블록을 건너뛴다. 096번째 줄로 이동한다.

096번째 줄에 적힌 닫는 중괄호는 j가 반복제어변수인 for 반복문장의 제어블록이 끝났음
을 나타내는 것이다. 그래서 j++ 변경식을 평가해야 한다. 092번째 줄로 이동한다. j에 저
장된 값 1을 읽고 1을 더하여 구한 값 2를 j에 저장한다.

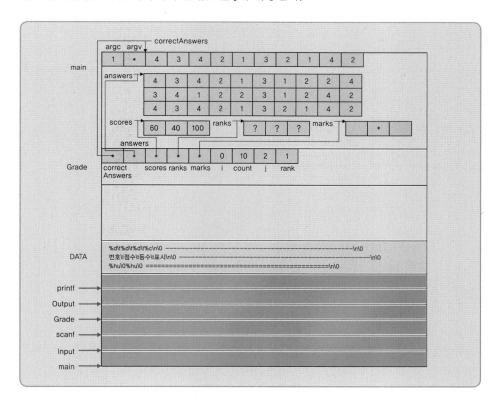

반복문장이므로 j < STUDENTS 조건식을 평가하여 반복할지 탈출할지를 결정해야 한다.
j에 저장된 값 2를 읽고 STUDENTS 3을 읽어 2가 3보다 작은지에 대해 평가한다. 참이다.

알고리듬을 만들 때 배열이 어떻게 사용될까 353

진입 조건 반복 구조이므로 093번째 줄로 이동한다.

i가 0이므로 main 함수 스택 세그먼트에 할당된 scores 배열에서 첫 번째 배열요소에 저장된 값 60을 읽는다. 또한, j가 2이므로 main 함수 스택 세그먼트에 할당된 scores 배열에서 세 번째 배열요소에 저장된 값 100을 읽는다. 그리고 60이 100보다 작은지에 대해 평가하면 참이다. 따라서 if 선택문장의 제어블록으로 094번째 줄로 이동한다.

산술식으로 누적하는 식 문장이다. rank에 저장된 값 1을 읽고 1을 더하여 구한 값 2를 rank에 저장한다.

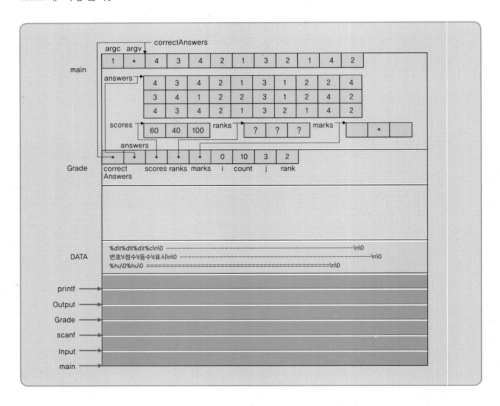

식 문장이 실행되어 끝났으므로 아래쪽으로 이동한다. 095번째 줄로 이동한다. if 선택문장의 제어블록의 끝을 나타내는 닫는 중괄호이다. if 선택문장이 끝났다. 선택 구조도 순차구조처럼 한 번 실행되므로 실행이 끝났으면 아래쪽으로 이동한다.

096번째 줄에 적힌 닫는 중괄호는 j가 반복제어변수인 for 반복문장의 제어블록이 끝났음을 나타내는 것이다. 그래서 j++ 변경식을 평가해야 한다. 092번째 줄로 이동한다. j에 저장된 값 2를 읽고 1을 더하여 구한 값 3을 j에 저장한다.

반복문장이므로 j〈STUDENTS 조건식을 평가하여 반복할지 탈출할지를 결정해야 한다. j에 저장된 값 3을 읽고 STUDENTS 3을 읽어 3이 3보다 작은지에 대해 평가한다. 거짓이다. 진입 조건 반복 구조이므로 탈출하여 097번째 줄로 이동한다.

C코드

```
088 :    // 3. 학생 수만큼 반복한다.
089 :    for(i = 0; i < STUDENTS; i++) {
090 :        // 3.1. 등수를 매기다.
091 :        rank = 1;
092 :        for(j = 0; j < STUDENTS; j++) {
093 :            if(scores[i] < scores[j]) {
094 :                    rank++;
095 :            }
096 :        }
097 :        ranks[i] = rank;
098 :    }
```

치환식으로 구성된 식 문장이다. ranks는 배열 포인터이다. main 함수 스택 세그먼트에 할당된 배열 ranks의 시작 주소를 저장하고 있다. 따라서 배열 포인터로 [] 첨자 연산자를 사용하여 배열요소를 참조할 수 있다. 첨자로 지정된 배열요소에 값을 쓰고, 배열요소에서 값을 읽을 수 있다. main 함수 스택 세그먼트에 할당된 ranks 배열은 1차원 배열이다. 따라서 한 개의 [] 첨자 연산자를 사용하면 배열요소를 참조할 수 있다.

ranks[i]는 i에 저장된 값이 0이므로 ranks 배열의 첫 번째 배열요소이다. 식 문장에 의하면 rank에 저장된 값 2를 읽어 main 함수 스택 세그먼트에 할당된 ranks 배열의 첫 번째 배열요소에 저장하여야 한다.

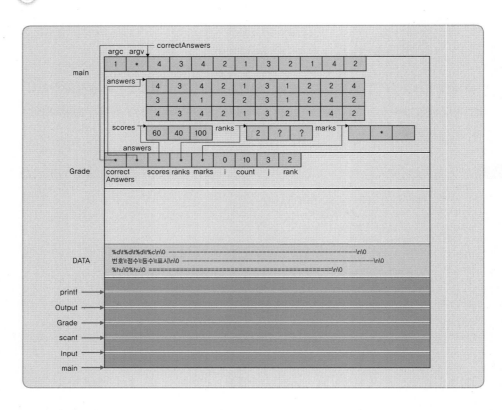

식 문장이 실행되고 끝나면, 아래쪽으로 이동한다. 098번째 줄로 이동한다.

C코드

```
088 :     // 3. 학생 수만큼 반복한다.
089 :     for(i = 0; i < STUDENTS; i++) {
090 :         // 3.1. 등수를 매기다.
091 :         rank = 1;
092 :         for(j = 0; j < STUDENTS; j++) {
093 :             if(scores[i] < scores[j]) {
094 :                 rank++;
095 :             }
096 :         }
097 :         ranks[i] = rank;
098 :     }
```

098번째 줄에 만나는 닫는 중괄호는 i가 반복제어변수인 for 반복문의 제어블록의 끝을 나타내므로 i 반복제어변수의 변경식을 평가해야 한다. 따라서 089번째 줄로 이동한다. i++을 평가해야 한다. i에 저장된 값 0을 읽어 1을 더하여 구한 값 1을 i에 저장한다.

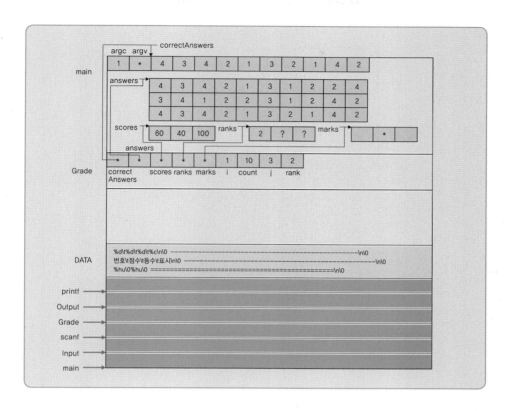

다음은 i 〈 STUDENTS 조건식을 평가한다. i에 저장된 값 1을 읽고 STUDENTS 3을 읽어 1이 3보다 작은지에 대해 평가한다. 참이다. for 반복문장이다. 전형적인 진입 조건 반복구 조이다. 참이면 반복한다. 091번째 줄로 이동한다.

치환식으로 구성된 식 문장이다. 정수형 상수 1을 읽어 rank에 저장한다. 두 번째 학생에 대해 등수를 매겨야 하므로 원위치해야 한다.

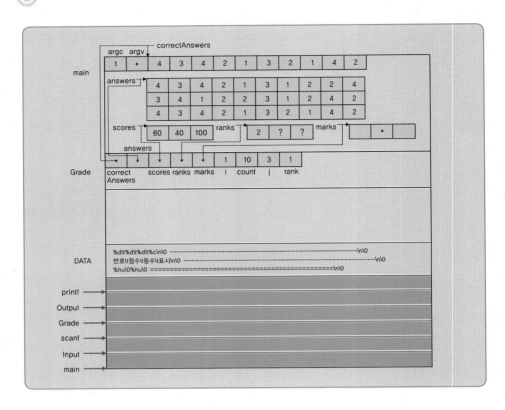

식 문장이므로 실행이 끝나면, 아래쪽으로 이동한다. 092번째 줄로 이동한다.

C코드

```
092 :        for(j = 0; j < STUDENTS; j++) {
093 :            if(scores[i] < scores[j]) {
094 :                rank++;
095 :            }
096 :        }
```

for 반복문장이라 먼저 j = 0 초기식을 평가한다. 정수형 상수 0을 읽어 치환으로 j에 저장한다.

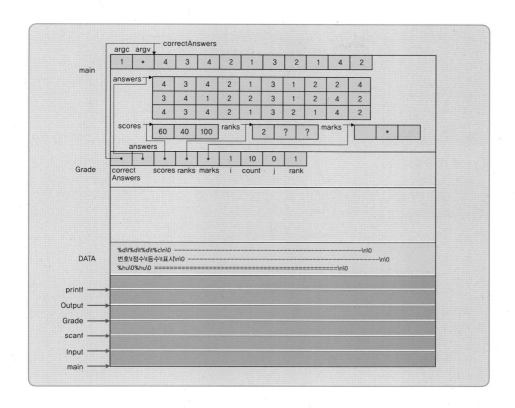

다음은 j 〈 STUDENTS 조건식을 평가한다. j에 저장된 값 0을 읽고, STUDENTS 3을 읽고 0이 3보다 작은지에 대해 평가한다. 참이다. for 반복문장은 참이면 반복하는 진입 조건 반복구조이므로 093번째 줄로 이동한다.

if 선택문장이다. 조건식을 평가해서 참이면 if 선택문장의 제어블록으로 이동하고, 거짓이면 if 선택문장의 제어블록을 건너뛰어야 한다. 먼저 조건식을 평가하자.

scores[i]는 i에 저장된 값이 1이므로 두 번째 배열요소이다. 두 번째 배열요소에 저장된 값 40을 읽는다. scores[j]는 j에 저장된 값이 0이므로 첫 번째 배열요소에 저장된 값 60을 읽는다. 40이 60보다 작은지에 대해 평가한다. 참이다. 따라서 if 선택문장의 제어블록으로 094번째 줄로 이동한다.

```
C코드
092 :            for(j = 0; j < STUDENTS; j++) {
093 :                if(scores[i] < scores[j]) {
094 :                    rank++;
095 :                }
096 :            }
```

산술식으로 누적하는 식 문장이다. rank에 저장된 값 1을 읽고 1을 더하여 구한 값 2를 rank에 저장한다.

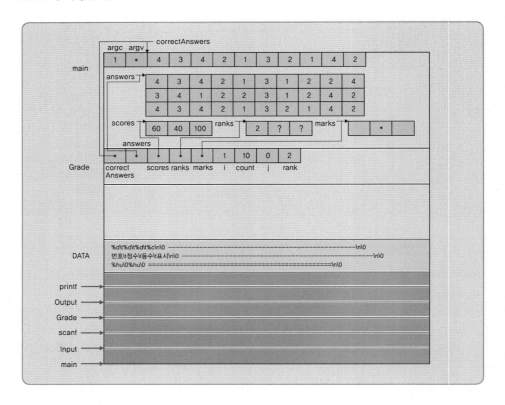

식 문장이 실행되어 끝났으므로 아래쪽으로 이동한다. 095번째 줄로 이동한다. if 선택문장의 제어블록의 끝을 나타내는 닫는 중괄호이다. if 선택문장이 끝났다. 선택 구조도 순차 구조처럼 한 번 실행되므로 실행이 끝났으면 아래쪽으로 이동한다. 096번째 줄로 이동한다.

096번째 줄에 적힌 닫는 중괄호는 j가 반복제어변수인 for 반복문장의 제어블록이 끝났음을 나타내는 것이다. 그래서 j++ 변경식을 평가해야 한다. 092번째 줄로 이동한다. j에 저장된 값 0을 읽고 1을 더하여 구한 값 1을 j에 저장한다.

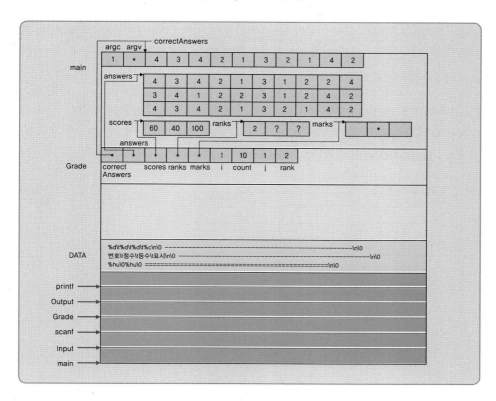

다음은 j < STUDENTS 조건식을 평가한다. j에 저장된 값 1을 읽고, STUDENTS 3을 읽고 1이 3보다 작은지에 대해 평가한다. 참이다. for 반복문장은 진입 조건 반복구조이므로 093번째 줄로 이동한다.

if 선택문장이다. 조건식을 평가해서 참이면 if 선택문장의 제어블록으로 이동하고, 거짓이면 if 선택문장의 제어블록을 건너뛰어야 한다. 먼저 조건식을 평가하자.

scores[i]는 i에 저장된 값이 1이므로 두 번째 배열요소이다. 두 번째 배열요소에 저장된 값 40을 읽는다. scores[j]는 j에 저장된 값이 1이므로 두 번째 배열요소에 저장된 값 40을 읽는다. 읽힌 값들이 같으므로 관계식을 평가하면 거짓이다. 따라서 if 선택문장의 제어블록을 건너뛰어 096번째 줄로 이동한다.

j가 반복제어변수인 for 반복문장의 제어블록의 끝을 나타내는 닫는 중괄호이므로 j++ 변경식을 평가해야 한다. 092번째 줄로 이동한다. j에 저장된 값 1을 읽고 1을 더하여 구한 값 2를 j에 저장한다.

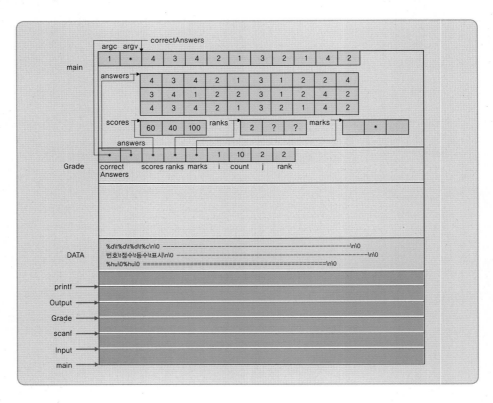

다음은 j < STUDENTS 조건식을 평가한다. j에 저장된 값 2를 읽고, STUDENTS 3을 읽고 2가 3보다 작은지에 대해 평가한다. 참이다. for 반복문장이므로 093번째 줄로 이동한다.

```
092 :          for(j = 0; j < STUDENTS; j++) {
093 :              if(scores[i] < scores[j]) {
094 :                  rank++;
095 :              }
096 :          }
```

if 선택문장이다. 조건식을 평가해서 참이면 if 선택문장의 제어블록으로 이동하고, 거짓이면 if 선택문장의 제어블록을 건너뛰어야 한다. 먼저 조건식을 평가하자.

scores[i]는 i에 저장된 값이 1이므로 두 번째 배열요소이다. 두 번째 배열요소에 저장된 값 40을 읽는다. scores[j]는 j에 저장된 값이 2이므로 세 번째 배열요소에 저장된 값 100을 읽는다. 40이 100보다 작은지에 대해 평가한다. 참이다. 따라서 if 선택문장의 제어블록으로 094번째 줄로 이동한다.

산술식으로 누적하는 식 문장이다. rank에 저장된 값 2를 읽고 1을 더하여 구한 값 3을 rank에 저장한다.

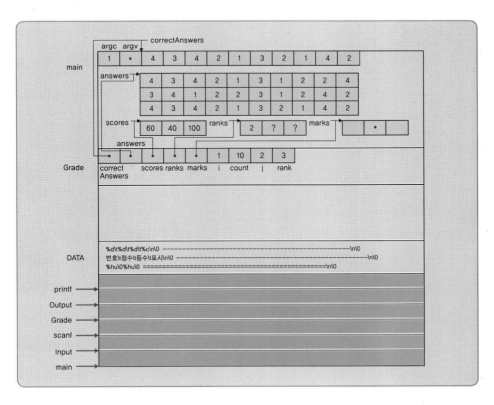

식 문장이 실행되어 끝났으므로 아래쪽으로 이동한다. 095번째 줄로 이동한다. if 선택문장의 제어블록의 끝을 나타내는 닫는 중괄호이다. if 선택문장이 끝났다. 선택 구조도 순차 구조처럼 한 번 실행되므로 실행이 끝났으면 아래쪽으로 이동한다.

096번째 줄에 적힌 닫는 중괄호는 j가 반복제어변수인 for 반복문장의 제어블록이 끝났음을 나타내는 것이다. 그래서 j++ 변경식을 평가해야 한다. 092번째 줄로 이동한다. j에 저장된 값 2를 읽고 1을 더하여 구한 값 3을 j에 저장한다.

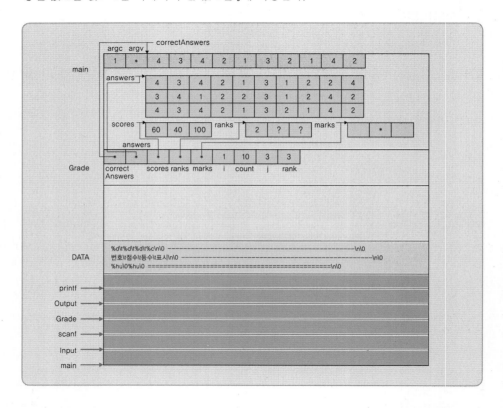

반복문장이므로 j 〈 STUDENTS 조건식을 평가하여 반복할지 탈출할지를 결정해야 한다. j에 저장된 값 3을 읽고 STUDENTS 3을 읽어 3이 3보다 작은지에 대해 평가한다. 거짓이다. 진입 조건 반복 구조이므로 탈출하여 097번째 줄로 이동한다.

C코드

```
088 :     // 3. 학생 수만큼 반복한다.
089 :     for(i = 0; i < STUDENTS; i++) {
090 :         // 3.1. 등수를 매기다.
091 :         rank = 1;
092 :         for(j = 0; j < STUDENTS; j++) {
093 :             if(scores[i] < scores[j]) {
094 :                 rank++;
095 :             }
096 :         }
097 :         ranks[i] = rank;
098 :     }
```

치환식으로 구성된 식 문장이다. ranks[i]는 i에 저장된 값이 1이므로 ranks 배열의 두 번째 배열요소이다. 식 문장에 의하면 rank에 저장된 값 3을 읽어 main 함수 스택 세그먼트에 할당된 ranks 배열의 두 번째 배열요소에 저장하여야 한다.

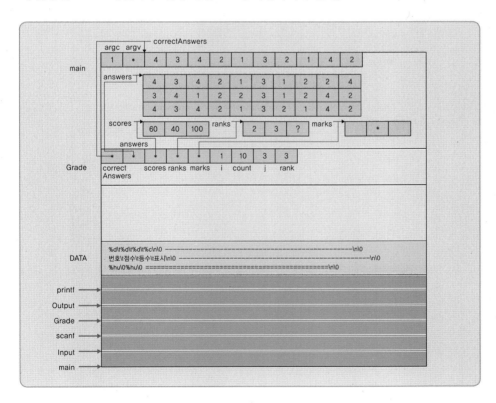

식 문장이 실행되고 끝나면, 아래쪽으로 이동한다. 098번째 줄로 이동한다.

```
088 :    // 3. 학생 수만큼 반복한다.
089 :    for(i = 0; i < STUDENTS; i++) {
090 :        // 3.1. 등수를 매기다.
091 :        rank = 1;
092 :        for(j = 0; j < STUDENTS; j++) {
093 :            if(scores[i] < scores[j]) {
094 :                rank++;
095 :            }
096 :        }
097 :        ranks[i] = rank;
098 :    }
```

098번째 줄에 만나는 닫는 중괄호는 i가 반복제어변수인 for 반복문의 제어블록의 끝을 나타내므로 i 반복제어변수의 변경식을 평가해야 한다. 따라서 089번째 줄로 이동한다. i++을 평가해야 한다. i에 저장된 값 1을 읽어 1을 더하여 구한 값 2를 i에 저장한다.

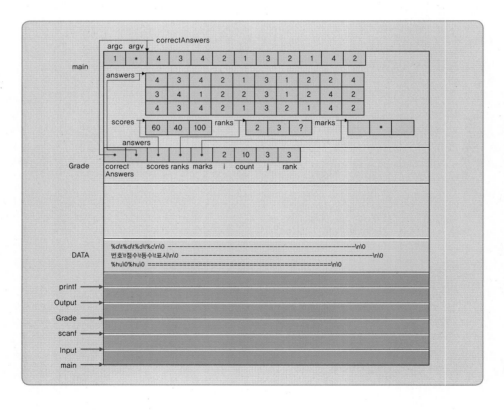

다음은 i < STUDENTS 조건식을 평가한다. i에 저장된 값 2를 읽고 STUDENTS 3을 읽어 2가 3보다 작은지에 대해 평가한다. 참이다. for 반복문장이다. 반복해야 한다. 세 번

째 학생에 대해서는 여러분이 직접 디버깅해 보자. 세 번째 학생의 등수가 매겨진 후 메모리 맵은 다음과 같다.

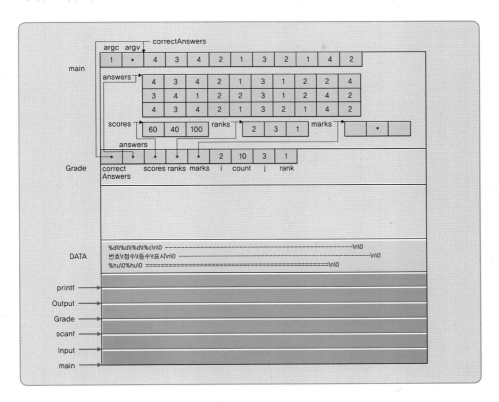

main 함수 스택 세그먼트에 할당된 ranks 배열의 세 번째 배열요소에 값을 저장하는 식 문장이 실행되고 끝나면, 아래쪽으로 이동한다. 098번째 줄로 이동한다.

098번째 줄에 만나는 닫는 중괄호는 i가 반복제어변수인 for 반복문의 제어블록의 끝을 나타내므로 i 반복제어변수의 변경식을 평가해야 한다. 따라서 089번째 줄로 이동한다. i++을 평가해야 한다. i에 저장된 값 2를 읽어 1을 더하여 구한 값 3을 i에 저장한다.

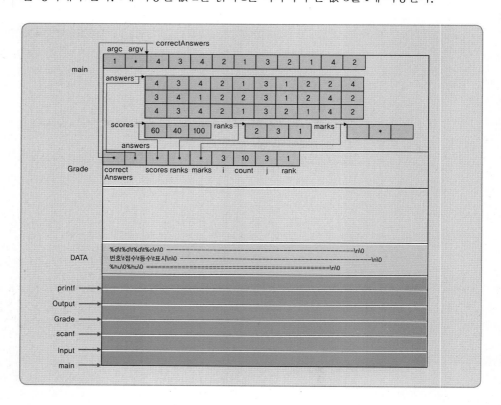

다음은 i 〈 STUDENTS 조건식을 평가한다. i에 저장된 값 3을 읽고 STUDENTS 3을 읽어 3이 3보다 작은지에 대해 평가한다. 거짓이다. for 반복문장이다. 전형적인 진입 조건 반복구조이다. 거짓이면 탈출한다. 089번째 줄부터 098번째 줄까지 for 반복문장의 제어블록을 건너뛴다. 101번째 줄로 이동한다.

```
067 : void Grade(UShort (*correctAnswers), UShort (*answers)[QUESTIONS],
068 :   UShort (*scores), UShort (*ranks), char (*marks)) {
069 :   UShort i;
070 :   UShort count;
071 :   UShort j;
072 :   UShort rank;
073 :
074 :   // 1. 정답들과 답안들을 입력받는다.
075 :   // 2. 학생 수만큼 반복한다.
076 :   for( i = 0; i < STUDENTS; i++) {
077 :       // 2.1. 점수를 매기다.
078 :       count = 0;
079 :       for(j = 0; j < QUESTIONS; j++) {
080 :           if(correctAnswers[j] == answers[i][j]) {
081 :               count++;
082 :           }
083 :       }
084 :       scores[i] = count * 10;
085 :       // 2.2. 평가하다.
086 :       ( scores[i] < 60 ) ? (marks[i] = '*') : (marks[i] = ' ');
087 :   }
088 :   // 3. 학생 수만큼 반복한다.
089 :   for(i = 0; i < STUDENTS; i++) {
090 :       // 3.1. 등수를 매기다.
091 :       rank = 1;
092 :       for(j = 0; j < STUDENTS; j++) {
093 :           if(scores[i] < scores[j]) {
094 :               rank++;
095 :           }
096 :       }
097 :       ranks[i] = rank;
098 :   }
099 :   // 4. 점수들, 등수들 그리고 표시들을 출력한다.
100 :   // 5. 끝내다.
101 : }
```

Grade 함수 블록의 끝을 나타내는 닫는 중괄호이다. 따라서 Grade 함수의 실행이 끝난다.
Grade 함수 스택 세그먼트가 할당 해제된다.

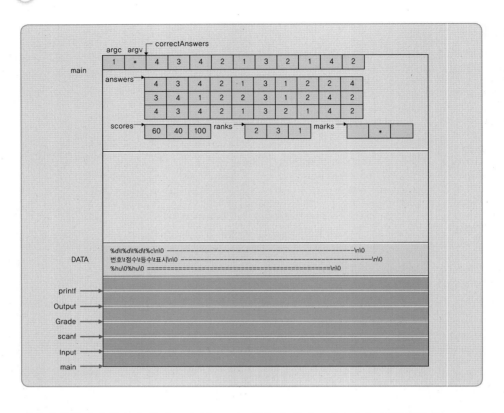

메모리에 할당된 함수 스택 세그먼트는 main 함수 스택 세그먼트이다. 실행제어가 main 함수로 이동한다. 함수 호출 문장은 전형적인 순차 구조이다. Grade 함수 호출에 대해 Grade 함수 실행이 끝났으므로 아래쪽으로 이동한다. 035번째 줄로 이동한다.

C코드

```
035 :   Output(scores, ranks, marks);
```

Output 함수 호출 문장이다. Output 함수가 실행된다. 따라서 Output 함수 스택 세그먼트가 할당되고, 함수 스택 세그먼트에 매개변수와 자동변수에 대해 기억장소가 할당된다. 매개변수는 실인수로 자동변수는 초깃값으로 값이 저장된다.

Output 함수 호출 문장을 보고, main 함수에서 Output 함수를 호출하므로, main 함수 스택 세그먼트 아래쪽에 일정한 크기의 사각형을 그리고 왼쪽에 함수 이름 Ouput을 적는다. Output 함수 정의 영역을 보고, 함수 스택 세그먼트에 scores, ranks, marks 세 개의 매개변수와 i 한 개의 자동변수에 대해 작은 사각형을 네 개를 그린다. 사각형 바깥쪽에 적당한 위치에 이름을 적는다.

C코드
```
103 : /***********************************************************
104 :    함수 이름 : Output
105 :    기    능 : 점수들, 등수들, 표시들을 모니터에 출력한다.
106 :    입    력 : 점수들, 등수들, 표시들
107 :    출    력 : 없음
108 :    ***********************************************************/
109 : void Output(UShort (*scores), UShort (*ranks), char (*marks)) {
110 :    UShort i;
111 :
112 :    printf("=================================\n");
113 :    printf("번호\t점수\t등수\t표시\n");
114 :    printf("---------------------------------\n");
115 :    for( i = 0; i < STUDENTS; i++) {
116 :       printf("%d\t%d\t%d\t%c\n", i + 1,
117 :             scores[i], ranks[i], marks[i]);
118 :    }
119 :    printf("---------------------------------\n");
120 : }
```

Output 함수 호출문장을 보고, scores, ranks, marks에 값을 적는다. Output 함수 호출문장에 적인 실인수는 배열 이름이다. 배열 이름은 주소이다. 따라서 scores, ranks, marks에 별표를 적고, main 함수 스택 세그먼트에 할당된 배열들, 각각 scores, ranks, marks의 첫 번째 배열요소를 가리키는 화살표를 그린다.

i 자동변수는 Output 함수를 정의하는 영역에서 선언문장을 보면, 초기화되어 있지 않다. 쓰레기가 저장되어 있으므로 물음표를 적는다.

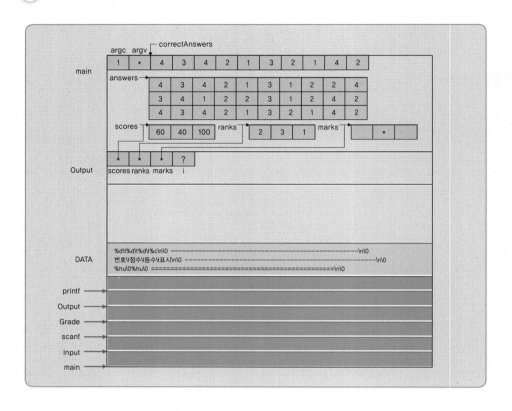

중앙처리장치에 의해 데이터가 읽히고 쓰일 수 있는 함수 스택 세그먼트는 Output 함수 스택 세그먼트이다. 실행제어가 Output 함수로 이동된다. 112번째 줄로 이동한다.

```
112 :    printf("===================================\n");
```

printf 함수 호출 문장이다. printf 함수가 실행된다. printf 함수 스택 세그먼트가 할당된다. printf 함수는 라이브러리 함수이므로 스택 내부 구조를 정확하게 작도할 수 없으나 실인수(들)에 대해서는 값(들)을 저장해야 하므로 실인수만큼 사각형만 그리고, 실인수로 값을 적도록 하자.

Output 함수 스택 세그먼트 아래쪽에 일정한 크기의 사각형을 그리고 왼쪽에 함수 이름 printf를 적자. 실인수가 한 개이므로 작은 사각형을 스택 세그먼트 영역에 그리자. 실인수가 문자열 리터럴이다. DATA 데이터 세그먼트에 할당된 배열에 마지막 문자는 널 문자

('\0')가 저장된 문자들이다. 다시 말해서 실인수는 배열이다. 배열 자체는 시작주소이다.
따라서 작은 사각형에 별표를 적고, 별표로부터 시작하여 DATA 데이터 세그먼트에 저장
된 문자배열의 첫 번째 글자를 가리키는 화살표를 그리자.

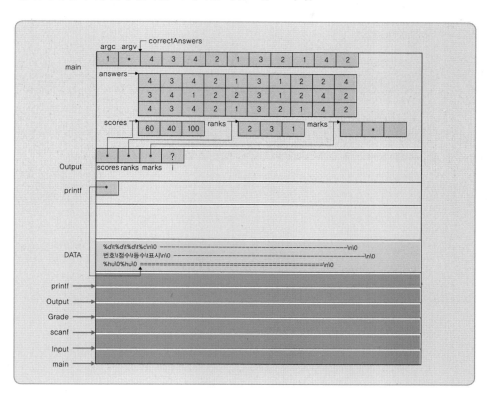

printf 함수로 콘솔 윈도우에 구분선이 출력되고, '\n' 문자로 다음 줄로 프롬프트가 이동
되게 된다. 콘솔 윈도우에 출력이 되면, printf 함수의 실행이 끝나 printf 함수 스택 세그
먼트가 할당 해제된다. printf 함수 호출 문장은 전형적인 순차 구조이므로 아래쪽으로 이
동하여 113번째 줄로 이동한다.

```
113 :   printf("번호\t점수\t등수\t표시\n");
114 :   printf("-----------------------------------\n");
```

printf 함수 호출 문장이다. 112번째 줄의 printf 함수 호출 문장처럼 작동한다. 특이한 점은
'\t' 문자로 단어들 사이에 여덟 개의 공백문자가 출력된다는 것이다. 114번째 줄의 printf

함수 호출 문장도 마찬가지이다. 여러분이 메모리 맵을 직접 작도해 보자.

이렇게 해서 제목이 출력되면, 다음은 115번째 줄로 이동한다.

```
C코드
115 :   for( i = 0; i < STUDENTS; i++) {
116 :       printf("%d\t%d\t%d\t%c\n", i + 1,
117 :             scores[i], ranks[i], marks[i]);
118 :   }
```

for 반복문장이다. 먼저 i = 0 초기식을 평가해야 한다. 정수형 상수 0을 읽어 반복제어변수 i에 저장한다.

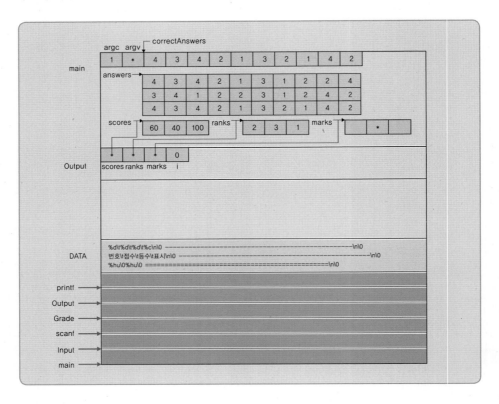

반복문장이므로 다음은 i 〈 STUDENTS 조건식을 평가해야 한다. i에 저장된 값 0을 읽고 STUDENTS 3을 읽어 0이 3보다 작은지에 대해 평가해야 한다. 참이다. for 반복문장은 참이면 반복하는 진입 조건 반복 구조이다. 따라서 반복한다. for 반복문장의 제어블록으로 이동한다. 116번째 줄로 이동한다.

printf 함수 호출 문장이다. printf 함수가 실행된다. printf 함수 스택 세그먼트가 할당되고, 함수 호출 문장에 적힌 실인수가 복사되어 저장되어야 한다.

Output 함수 스택 세그먼트 아래쪽에 일정한 크기의 사각형을 그리고 왼쪽에 함수 이름 printf를 적는다. 함수 호출 문장에 적힌 실인수가 다섯 개이므로 printf 함수 스택 세그먼트에 다섯 개의 작은 사각형을 그린다. 라이브러리 함수이므로 함수 정의 영역을 볼 수 없으므로 이름은 적지 않도록 하자.

첫 번째 실인수가 "%dWt%dWt%dWt%cWn" 문자열 리터럴이므로 첫 번째 사각형에는 문자열 리터럴에 대해 주소를 저장해야 하므로 별표를 적고, DATA 데이터 세그먼트에 저장된 문자열 리터럴의 첫 번째 글자 % 기호를 가리키도록 화살표를 그린다.

두 번째 실인수는 i + 1식이므로 i에 저장된 값 0에 1을 더하여 구한 값 1을 두 번째 사각형에 적는다.

먼저 배열요소에 저장된 값을 구하는 형식을 정리해보자.

정리

배열을 선언할 때 배열형을 강조하는 대괄호([])를 사용한 개수만큼 배열 이름 뒤에 적고, 대괄호에 첨자를 적으면 배열요소에 저장된 값을 구할 수 있다.
(1) 1차원 배열이면 1개이므로
    배열이름(혹은 배열 포인터 변수이름)[첨자]
(2) 2차원 배열이면 2개이므로
    배열이름(혹은 배열 포인터 변수이름)[첨자][첨자]
(3) 3차원 배열이면 3개이므로
    배열이름(혹은 배열 포인터 변수이름)[첨자][첨자][첨자]
결론적으로 차원의 개수만큼 대괄호([])와 대괄호에 적히는 첨자로 배열요소에 저장된 값(내용)을 구하면 된다.

세 번째 실인수는 scores[i]이다. scores는 배열 포인터이다. main 함수 스택 세그먼트에 할당된 1차원 배열 scores의 시작주소이다. 1차원 배열이라 [] 첨자 연산자 하나만을 사용하면, 배열요소에 저장된 값이다. i에 저장된 값이 0이므로 main 함수 스택 세그먼트에 할당된 scores 배열의 첫 번째 배열요소에 저장된 값 60이다. 따라서 세 번째 사각형에 60을 적는다.

네 번째 실인수는 ranks[i]이다. ranks는 배열 포인터이다. main 함수 스택 세그먼트에 할당된 1차원 배열 ranks의 시작주소이다. 1차원 배열이라 [] 첨자 연산자 하나만을 사용하면 배열요소에 저장된 값이다. i에 저장된 값이 0이므로 main 함수 스택 세그먼트에 할당된 ranks 배열의 첫 번째 배열요소에 저장된 값 2이다. 따라서 네 번째 사각형에 2를 적는다.

다섯 번째 실인수는 marks[i]이다. marks도 배열 포인터이다. main 함수 스택 세그먼트에 할당된 1차원 배열 marks의 시작주소이다. i에 저장된 값이 0이므로 main 함수 스택 세그먼트에 할당된 marks의 배열의 첫 번째 배열요소에 저장된 값인 공백문자가 다섯 번째 사각형에 적는다.

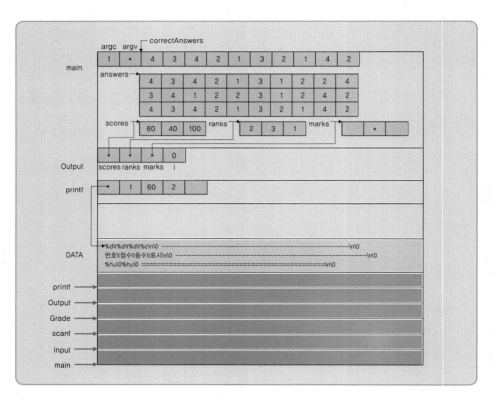

콘솔 모니터에 첫 번째 학생에 대해 번호로 1을 출력하고, 여덟 칸을 띄우면서 점수로 60, 등수로 2, 표시는 공백문자를 출력할 것이다. 출력이 끝나면, printf 함수 스택 세그먼트가 할당 해제된다. 그러면 실행제어가 Output 함수로 이동하고, printf 함수 호출 문장은 전형적인 순차 구조이므로 아래쪽으로 실행제어가 이동한다. 118번째 줄로 이동한다.

C코드
```
115 :    for( i = 0; i < STUDENTS; i++) {
116 :        printf("%d\t%d\t%d\t%c\n", i + 1,
117 :            scores[i], ranks[i], marks[i]);
118 :    }
```

118번째 줄의 닫는 중괄호는 for 반복문장의 제어블록의 끝을 나타낸다. 닫는 중괄호를 만나면, 다음은 반복제어변수의 변경식을 평가해야 한다. 115번째 줄로 이동하여 i++ 변경식을 평가한다. i에 저장된 값 0을 읽어 1을 더하여 구한 값 1을 i에 저장한다.

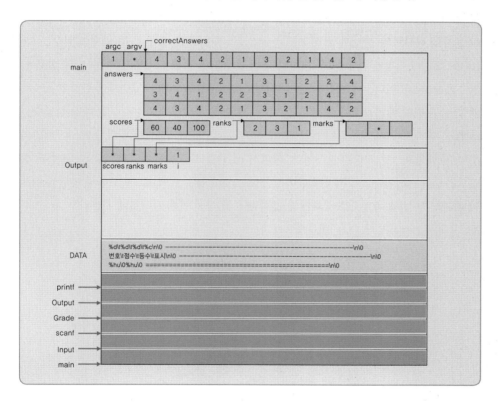

반복문장이므로 다음은 i < STUDENTS 조건식을 평가해야 한다. i에 저장된 값 1을 읽고 STUDENTS 3을 읽어 1이 3보다 작은지에 대해 평가한다. 참이다. 반복해야 한다. for 반복문장의 제어블록으로 이동한다. 116번째 줄로 이동한다.

printf 함수 호출 문장이다. printf 함수가 실행된다. printf 함수 스택 세그먼트가 할당되고, 함수 호출 문장에 적힌 실인수가 복사되어 저장되어야 한다.

Output 함수 스택 세그먼트 아래쪽에 일정한 크기의 사각형을 그리고 왼쪽에 함수 이름 printf를 적는다. 함수 호출 문장에 적힌 실인수가 다섯 개이므로 printf 함수 스택 세그먼트에 다섯 개의 작은 사각형을 그린다. 라이브러리 함수이므로 함수 정의 영역을 볼 수 없으므로 이름은 적지 않도록 하자.

첫 번째 실인수가 "%dＷt%dＷt%dＷt%cＷn" 문자열 리터럴이므로 첫 번째 사각형에는 문자열 리터럴에 대해 주소를 저장해야 하므로 별표를 적고, DATA 데이터 세그먼트에 저장된 문자열 리터럴의 첫 번째 글자 %를 가리키도록 화살표를 그린다. 두 번째 실인수는 $i + 1$식이므로 i에 저장된 값 1에 1을 더하여 구한 값 2를 두 번째 사각형에 적는다. 세 번째 실인수는 scores[i]이다. i에 저장된 값이 1이므로 main 함수 스택 세그먼트에 할당된 scores 배열의 두 번째 배열요소에 저장된 값 40을 세 번째 사각형에 적는다. 네 번째 실인수는 ranks[i]이다. i에 저장된 값이 1이므로 main 함수 스택 세그먼트에 할당된 ranks 배열의 두 번째 배열요소에 저장된 값 3이다. 따라서 네 번째 사각형에 3을 적는다. 다섯 번째 실인수는 marks[i]이다. i에 저장된 값이 1이므로 main 함수 스택 세그먼트에 할당된 marks의 배열의 두 번째 배열요소에 저장된 값인 별표를 다섯 번째 사각형에 적는다.

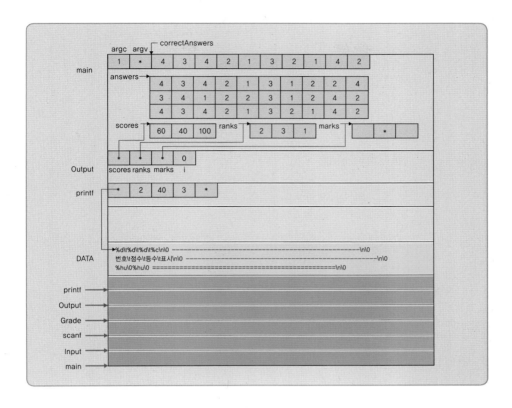

콘솔 모니터에 두 번째 학생에 대해 번호로 2를 출력하고, 여덟 칸을 띄우고 점수로 40을 출력하고, 여덟 칸을 띄우고, 등수로 3을 출력하고, 여덟 칸을 띄우고 별표를 출력할 것이다. 출력이 끝나면, printf 함수 스택 세그먼트가 할당 해제된다. 그러면 실행제어가 Output 함수로 이동하고, printf 함수 호출 문장은 전형적인 순차 구조이므로 아래쪽으로 실행제어가 이동한다. 118번째 줄로 이동한다.

```
115 :    for( i = 0; i < STUDENTS; i++) {
116 :        printf("%d\t%d\t%d\t%c\n", i + 1,
117 :            scores[i], ranks[i], marks[i]);
118 :    }
```

118번째 줄의 닫는 중괄호는 for 반복문장의 제어블록의 끝을 나타낸다. 닫는 중괄호를 만나면, 다음은 반복제어변수의 변경식을 평가해야 한다. 115번째 줄로 이동하여 i++ 변경식을 평가한다. i에 저장된 값 1을 읽어 1을 더하여 구한 값 2를 i에 저장한다.

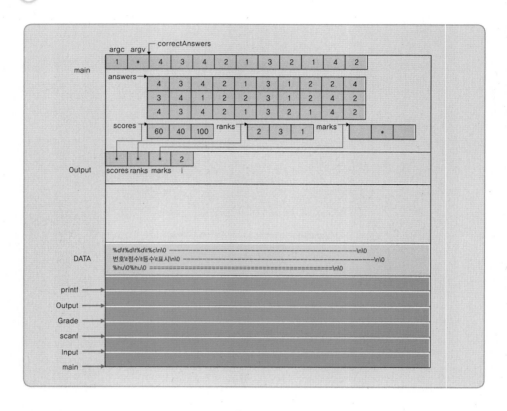

반복문장이므로 다음은 i < STUDENTS 조건식을 평가해야 한다. i에 저장된 값 2를 읽고 STUDENTS 3을 읽어 2가 3보다 작은지에 대해 평가한다. 참이다. 반복해야 한다. for 반복문장의 제어블록으로 이동한다. 116번째 줄로 이동한다.

```
115 :    for( i = 0; i < STUDENTS; i++) {
116 :       printf("%d\t%d\t%d\t%c\n", i + 1,
117 :          scores[i], ranks[i], marks[i]);
118 :    }
```

printf 함수 호출 문장이다. printf 함수가 실행된다. printf 함수 스택 세그먼트가 할당되고, 함수 호출 문장에 적힌 실인수가 복사되어 저장되어야 한다.

Output 함수 스택 세그먼트 아래쪽에 일정한 크기의 사각형을 그리고 왼쪽에 함수 이름 printf를 적는다. 함수 호출 문장에 적힌 실인수가 다섯 개이므로 printf 함수 스택 세그먼트에 다섯 개의 작은 사각형을 그린다. 라이브러리 함수이므로 함수 정의 영역을 볼 수 없으므로 이름은 적지 않도록 하자.

첫 번째 실인수가 "%dWt%dWt%dWt%cWn" 문자열 리터럴이므로 첫 번째 사각형에는 문자열 리터럴에 대해 주소를 저장해야 하므로 별표를 적고, DATA 데이터 세그먼트에 저장된 문자열 리터럴의 첫 번째 글자 %를 가리키도록 화살표를 그린다. 두 번째 실인수는 i + 1식이므로 i에 저장된 값 2에 1을 더하여 구한 값 3을 두 번째 사각형에 적는다. 세 번째 실인수는 scores[i]이다. i에 저장된 값이 2이므로 main 함수 스택 세그먼트에 할당된 scores 배열의 세 번째 배열요소에 저장된 값 100을 세 번째 사각형에 적는다. 네 번째 실인수는 ranks[i]이다. i에 저장된 값이 2이므로 main 함수 스택 세그먼트에 할당된 ranks 배열의 세 번째 배열요소에 저장된 값 1이다. 따라서 네 번째 사각형에 1을 적는다. 다섯 번째 실인수는 marks[i]이다. i에 저장된 값이 2이므로 main 함수 스택 세그먼트에 할당된 marks의 배열의 세 번째 배열요소에 저장된 값인 공백문자를 다섯 번째 사각형에 적는다.

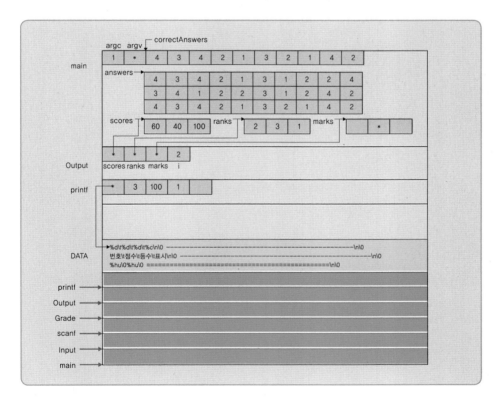

콘솔 모니터에 세 번째 학생에 대해 번호로 3을 출력하고, 여덟 칸을 띄우고 점수로 100을

출력하고, 여덟 칸을 띄우고, 등수로 1을 출력하고, 여덟 칸을 띄우고 공백문자를 출력할
것이다. 출력이 끝나면, printf 함수 스택 세그먼트가 할당 해제된다. 그러면 실행제어가
Output 함수로 이동하고, printf 함수 호출 문장은 전형적인 순차 구조이므로 아래쪽으로
실행제어가 이동한다. 118번째 줄로 이동한다.

```
C코드
115 :    for( i = 0; i < STUDENTS; i++) {
116 :        printf("%d\t%d\t%d\t%c\n", i + 1,
117 :            scores[i], ranks[i], marks[i]);
118 :    }
```

118번째 줄의 닫는 중괄호는 for 반복문장의 제어블록의 끝을 나타낸다. 닫는 중괄호를 만
나면, 다음은 반복제어변수의 변경식을 평가해야 한다. 115번째 줄로 이동하여 i++ 변경
식을 평가한다. i에 저장된 값 2를 읽어 1을 더하여 구한 값 3을 i에 저장한다.

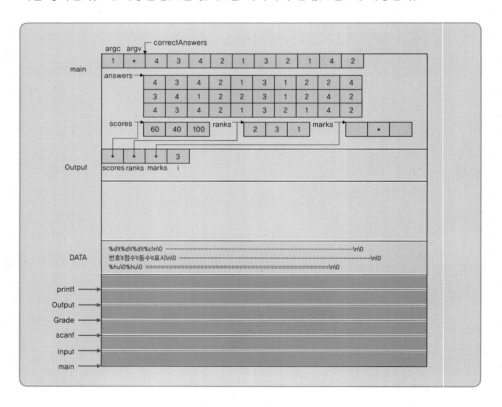

반복문장이므로 다음은 i 〈 STUDENTS 조건식을 평가해야 한다. i에 저장된 값 3을 읽고

STUDENTS 3을 읽어 3이 3보다 작은지에 대해 평가한다. 거짓이다. 탈출해야 한다. for 반복문장의 제어블록을 건너뛴다. 119쪽으로 이동한다.

```
119 :   printf("-------------------------------------\n");
120 : }
```

printf 함수 호출 문장이다. 메모리 맵은 직접 작도해 보자. 콘솔 모니터에 구분선을 출력하고 printf 함수 호출 문장의 실행이 끝난다. 그러면 실행제어가 아래쪽으로 이동하여 120번째 줄로 이동한다. 120번째 줄의 닫는 중괄호는 Output 함수 블록의 끝을 나타내는 것이다. 따라서 Output 함수의 실행이 끝난다는 것이다. Output 함수 스택 세그먼트가 할당 해제된다. 그러면 실행제어가 main 함수로 이동한다. Output 함수 호출 문장이 끝났으므로 아래쪽으로 실행제어가 이동한다. 따라서 037번째 줄로 이동하게 된다.

```
037 :   return 0;
038 : }
```

037번째 줄의 return 문장으로 중앙처리장치에 장착된 기억장치인 레지스터에 0을 복사한다. 그리고 038번째 줄로 이동하는 데 038번째 줄의 닫는 중괄호는 main 함수 블록의 끝을 나타낸다. main 함수가 끝난다는 것이다. main 함수 스택 세그먼트가 할당 해제된다. 이러한 상태라면, 중앙처리장치에 의해서 데이터가 읽히고 쓰이는 함수 스택 세그먼트가 하나도 있지 않으므로 프로그램이 끝나게 된다.

왼쪽 메모리 맵과 253쪽 모니터에 출력된 내용을 보면, 정확하게 처리되었음을 알 수 있다. 이렇게 많은 데이터를 입력받아 처리할 때는 배열을 이용하는 것이 더 효율적이라는 것을 알 수 있다.

정리하면, 배열(Array)은 하나의 이름으로 위치에 의해 값을 쓰고 읽을 수 있는 기억장소, 다시 말해 변수의 집합이다. 많은 데이터를 처리하기 위해 많은 기억장소가 필요할 때 기억장소의 집합인 배열을 이용하면 편리하다.

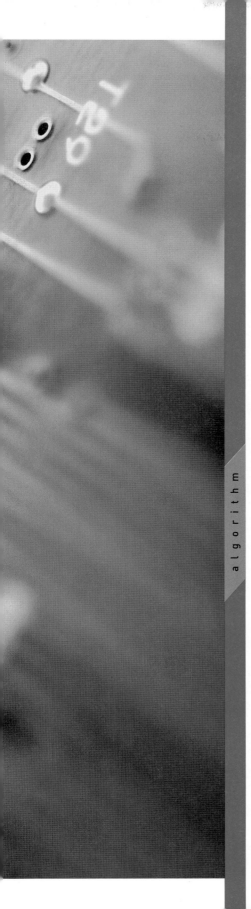

정리와 연습문제

08
|CHAPTER|
정리와 연습문제

정리하면, 배열(Array)은 하나의 이름으로 위치에 의해 값을 쓰고 읽을 수 있는 기억장소, 다시 말해 변수의 집합이다. 많은 데이터를 처리하기 위해 많은 기억장소가 필요할 때 기억장소의 집합인 배열을 이용하면 편리하다. 배열이란 새로운 개념이 아니라 기억장소의 집합이므로 기억장소의 원리만 확실히 알고 있으면 결코 두려워할 내용이 아니고 아주 유용한 개념이다.

배열은 입력과 동시에 바로 처리할 수 없을 때, 코드화된 데이터를 다룰 때, 모든 데이터가 저장되어 있으므로 검색(Search), 정렬(Sort), 병합(Merge)하고자 할 때 사용할 수 있다.

다음 권에서는 많은 데이터를 처리하는데, 자료형도 같고 의미도 같을 때는 배열을 사용하면 되는데, 자료형은 같지만 의미가 다른 데이터들이거나 자료형이 다른 데이터들을 어떻게 처리하는지를 배워 보자.

연습문제

1. 키를 재어 보자.
   안개 숲에는 백설공주와 일곱 명의 난쟁이가 함께 살고 있다. 일곱 명의 난쟁이의 키가 입력으로 주어진다. 이 중에서 키가 가장 큰 난쟁이와 두 번째 큰 난쟁이의 키를 출력하자.
   [입력]
   일곱 명의 난쟁이의 키가 차례로 입력된다. 주어지는 난쟁이의 키는 100보다 작은 자연수이다
   [출력]
   한 줄에는 가장 키가 큰 난쟁이의 키와 두 번째로 키가 큰 난쟁이의 키를 출력한다.
   [예시]
   79 57 88 72 95 84 64 (Enter ↵)

95, 88

2. 석차를 매기자.
학생 10명의 총점이 번호순으로 정렬되어 입력될 때, 개인석차를 구하여 번호, 총점, 석차 순으로 함께 출력하자.
[입력]
열 명의 학생의 총점이 차례로 입력된다.
[출력]
번호들과 총점들, 그리고 석차들이 출력된다.
[예시]
256 265 241 298 ... 307 (Enter ↵)

번호	총점	석차
1	256	4
2	265	3
3	241	5
4	298	2
...	...	...
10	307	1

3. 수들을 배열하다.
10개의 숫자를 읽어 오름차순으로 정렬한 후 정렬하기 전의 숫자들과 정렬한 후의 숫자들을 출력하자. 초등학교에 입학할 때 입학식을 하기 위해 키 크기로 학생들을 줄 세우는 방식으로 정렬하도록 하자.
[입력]
10개의 숫자(자연수)들이 입력된다.
[출력]
입력받은 순서대로의 숫자들과 오름차순으로 정렬된 숫자들이 차례로 출력된다.
[예시]
1 7 4 2 5 3 9 10 8 6 (Enter ↵)
1 2 3 4 5 6 7 8 9 10

4. 숫자들을 하나로 모아 정리하자.
배열은 열 개의 배열요소로 구성된다. 이러한 두 개의 배열이 오름차순으로 정렬되어 있을 때, 스무개의 배열요소로 구성된 배열에 병합하여 출력하자.
[입력]
오름차순으로 정렬된 숫자 열 개를 두 번 입력 받는다.
[출력]
위의 숫자들을 병합한 결과를 차례로 출력한다.

[예시]
1 3 5 7 9 11 13 15 17 19 (Enter ↵)

2 4 6 8 10 12 14 16 18 20 (Enter ↵)

1 2 3 4 5 6 7 8 9 10 11 12 13 14 15 16 17 18 19 20

5. 데이터를 찾자.

10개의 데이터가 입력된 후 찾고자 하는 데이터가 입력될 때 찾고자 하는 데이터가 있을 때 그 위치를 출력하고, 없을 때는 적당한 메시지를 출력하라.

[입력]

오름차순으로 정렬된 채로 열 개의 데이터가 입력된다. 입력된 데이터와 같은 데이터는 입력되지 않는다.

[출력]

찾고자 하는 데이터가 있으면 위치를 출력하고, 없으면 "찾고자 하는 데이터가 없습니다."라고 출력한다.

[예시]

3 4 7 8 9 10 15 16 17 18 (Enter ↵)

10 (Enter ↵)

6

1 2 3 4 5 6 7 9 10 11 (Enter ↵)

8 (Enter ↵)

찾고자 하는 데이터가 없습니다.

6. 평가하자.

열 명의 점수를 읽어 점수의 평균과 각 학생의 점수와 평균과의 차를 구하시오.

[입력]

한 줄에 한 개의 점수를 입력한다.

[출력]

한 줄에 한 명의 점수와 차를 출력한다. 마지막 줄에는 평균을 출력한다.

[예시] 다섯 명을 입력했을 때

30 (Enter ↵)

40 (Enter ↵)

70 (Enter ↵)

80 (Enter ↵)

10 (Enter ↵)

==============================

점수 차

----

30 −16

40 −6

70 24

80 34

10 −26

==============================

평균 : 46

7. 채점해보자.

선수 10명의 점수가 입력된다. 올림픽 체조경기에서 7명의 채점위원이 채점하는데 그중에서 최고 점수와 최하 점수를 빼고, 5명이 채점한 점수의 합으로 개인 득점을 결정하고자 한다. 한 선수에 대해 7개의 점수를 받아서 개인 점수를 구하라. 또한 순위도 매겨야 한다.

[입력]

선수 10명에 대해 한 줄에 한 명의 점수를 입력받는다. 한 줄에 선수 한 명에 대해 일곱 개의 점수를 입력받는다.

[출력]

개인 득점과 순위를 출력한다.

[예시]

```
7 4 6 5 8 9 10  Enter↵
6 5 5 6 6 8 9  Enter↵
10 9 9 9 9 10 8  Enter↵
9 9 9 9 9 9 9  Enter↵
==================================
득점    순위
----------------------------------
35      3
34      4
46      1
45      2
```

8. 별들을 찍어보자.

[출력] 2차원 배열 하나씩에 다음과 같이 저장하고 출력하라.

*				*
	*		*	
		*		
	*		*	
*				*

*		*		*
	*		*	
*		*		*
	*		*	
*		*		*

*	*	*	*	*
	*	*	*	
		*		
	*	*	*	
*	*	*	*	*

9. 수들을 채워보자.

[출력] 2차원 배열 하나씩에 다음과 같이 저장하고 출력하라.

1	2	3	4	5
10	9	8	7	6
11	12	13	14	15
20	19	18	17	16
21	22	23	24	25

1	4	5	16	17
2	3	6	15	18
9	8	7	14	19
10	11	12	13	20
25	24	23	22	21

0	0	1	0	0
0	1	2	1	0
1	2	3	2	1
0	1	2	1	0
0	0	1	0	0

이렇게 하면 나도 프로그램을 잘 만들 수 있다
| 알고리듬 III |

발행일 | 2015. 10. 1
발행인 | 김석현
발행처 | 나아
　　　　　서울 서초구 서초3동 1554-14 영웅빌딩
　　　　　Tel. (02)587-9424　Fax. (02)587-9464
　　　　　http://www.parkcom.co.kr

편집 · 인쇄 | 진프린트
　　　　　Tel. 02)598-3244 Fax. 02)598-3245
　　　　　E-mail : jinprint3244@naver.com

ISBN 979-11-952948-3-1
　　　979-11-952948-0-0(세트)
CIP 2015025284
　　값 27,000원